客户体验丛书

U0683703

体验测量
从数据洞察到行动指南

刘胜强 龙国富 卢 山／著

EXPERIENCE MEASUREMENT

FROM DATA INSIGHTS TO ACTION GUIDLINE

人民邮电出版社

北京

图书在版编目（CIP）数据

体验测量：从数据洞察到行动指南 / 刘胜强，龙国富，卢山著. -- 北京：人民邮电出版社，2024.（客户体验丛书）. -- ISBN 978-7-115-64984-3

Ⅰ. F274-62

中国国家版本馆 CIP 数据核字第 20241E6Y63 号

内 容 提 要

这是"客户体验丛书"的第三本，也是最具操作性、最基础、内容最多的一本，聚焦体验测量方法、工具和应用。本书包括三大部分：第一部分构建了体验测量的整体框架——客户体验测量和员工体验测量，阐述了二者之间的关联。第二部分主要介绍客户体验测量体系，包括客户体验测量的整体框架、客户体验测量体系的构建与应用、客户体验测量指标、净推荐值（NPS）、客户体验分析、客户体验预测、客户体验行动、客户体验测量规模化、基于客户旅程的测量、客户体验测量工具与平台、客户体验测量的发展趋势，以及从客户体验测量到"可观测性"。第三部分主要介绍员工体验测量体系，包括员工体验测量的整体框架、员工体验测量的实施，以及从客户体验到员工体验。

本书的阅读对象包括客户体验研究与分析、品牌与营销、客户服务管理、人力资源管理，以及体验工具与平台等领域的从业人员。

- ◆ 著　　　　刘胜强　龙国富　卢　山
  　责任编辑　苏　萌
  　责任印制　马振武
- ◆ 人民邮电出版社出版发行　　北京市丰台区成寿寺路 11 号
  　邮编　100164　　电子邮件　315@ptpress.com.cn
  　网址　https://www.ptpress.com.cn
  　北京市艺辉印刷有限公司印刷
- ◆ 开本：720×960　1/16
  　印张：23.5　　　　　　　2024 年 9 月第 1 版
  　字数：332 千字　　　　　2024 年 9 月北京第 1 次印刷

定价：99.80 元

读者服务热线：(010)53913866　印装质量热线：(010)81055316
反盗版热线：(010)81055315
广告经营许可证：京东市监广登字 20170147 号

前言
Preface

　　体验测量既是体验管理的基础能力之一，也是企业开展体验工作最常见的切入点：当你迫切地想要开展体验管理工作，但又不知道从何下手时，那就从体验测量开始吧。因为无论如何，这项工作的成果都不会被浪费，企业迟早都需要它。一个强大的体验测量体系对企业来说至关重要，它不仅可以帮助企业了解当前的体验水平、识别存在的问题；还能深入挖掘影响体验的关键因素，为企业的进一步体验行动提供有价值的洞察和支持；甚至可以作为企业战略决策的重要依据，推动企业进行必要的战略调整。

　　然而，在目前体验测量体系的构建和运营中，很多企业和从业人员对体验测量的定义和目标存在片面、狭隘的理解，实施起来缺乏系统、可操作的方法指引，导致虽然开展了很多体验测量工作，但是并没有取得显著的效果，甚至造成体验团队与业务部门之间的对立，让企业对整个体验管理工作失去信心。针对目前体验测量存在的挑战，本书厘清了体验测量的定义和整体框架，并体系化、详细地阐述了如何从0到1、从1到N地构建和规模化应用体验测量体系。

　　最后需要强调的是，测量不是最终目的，卓越的客户体验也不是测量出来的，而是测量之前的思考和测量之后的行动。体验测量的作用，就是要做好这两者之间的桥梁和纽带，实现它们之间的正向闭环，这就是本书最大的目的。

作者

目录
Contents

第一部分

体验测量体系
的总体架构

第 1 章

体验测量的
概念与框架

本章概要

　　体验测量既是体验管理的基础能力之一，也是企业开展体验管理最常见的切入点。本章首先明确了体验测量的定义，以及体验测量对企业的主要作用；并进一步阐述企业为了实现可持续增长，仅测量客户体验是不够的，还需要实现客户体验与员工体验的均衡发展；在此基础上，构建了体验测量的整体框架：客户体验（CX）+员工体验（EX）。

1.1 为什么要测量客户体验

> 如果你不能测量它，那你就无法管理它。
>
> ——彼得·德鲁克（Peter Drucker），现代管理学之父

客户体验测量既是企业体验管理能力的重要组成部分，也是很多企业开展体验管理最常见的切入点。有效的客户体验测量对于其他体验管理能力至关重要：它有助于指导客户研究，确定客户体验计划的优先级，跟踪新的体验设计是否有效，以及支持企业以客户为中心的文化变革等。

> 客户体验测量是指通过多种形式采集数据，对组织提供的体验质量进行量化，建立体验与组织总体指标之间的关联，并进行持续监测、分析和优化的实践。
>
> ——客户体验101

有效的客户体验测量，可以在以下几个方面为企业内部的客户体验专业人员、各相关部门和团队提供支持。

1. 通过量化体验确定体验质量的目标值

通过测量客户对体验的看法，客户体验专业人员可以为体验设置一个或一系列指标，并跟踪该指标随着时间的推移而产生的变化，不断了解企业提供的体验与客户期望之间的差距，评估是否达到了目标。

2. 为企业的客户体验改进工作提供指引

利用指标作为引导，客户体验团队不仅可以发现客户面临的最大的、最具破坏性的问题，还可以找到关键的、最合适的触点和机会，制定并实施客户体

验改进策略。

3. 将体验与商业关联起来为转型提供依据

可依据客户体验与业务成果的影响进行建模，证明高质量客户体验的好处和必要性，以此作为说服企业高层管理者重视客户体验的有效依据，在企业内不断深入推进体验管理工作。

1.2　为什么测量客户体验还不够

出色的客户体验能推动企业增长，这已经成为一种普遍共识，很多研究和案例也证明了这一点。因此，企业会制定以客户为中心的战略，营造以客户为中心的企业文化，培养客户体验各项专业能力，实施各种客户体验计划，并通过客户体验测量持续优化和提升客户体验。

但所有的战略、计划、行动，最终都需要人来实施。员工，尤其是直接面向客户的一线员工，在客户体验中发挥着核心作用。作为消费者，这种关联似乎显而易见：与员工的每一次互动都可能直接影响自己在实体店、服务热线、社交媒体等各种触点的体验，并会直接影响自己是否购买，以及再次购买、评价和推荐产品。然而，对于企业管理者来说，员工在创造良好的客户体验和推动业务增长方面所扮演的角色往往不那么明确——因为它很难量化。

最近的研究已经开始探索这种关联。福布斯的一项研究（《体验方程式：快乐的员工和客户加速企业增长》）显示，结合客户满意度指数和员工满意度指数的分析，以及对300名企业管理者的问卷调查和访谈，可以得出以下主要结论。

1. 出色的员工体验能推动收入增长

出色的员工体验会带来出色的客户体验，进而推动更强劲的收入增长。事实上，员工体验和客户体验可以通过积极的反馈相互加强。结合客户满意度指数和员工满意度指数，拥有双高表现的企业的增长率几乎是拥有双低表现的企业的两倍，属于这类的企业包括亚马逊、苹果、网飞、希尔顿和西南航空等。

2. 优化员工体验能提升客户体验并推动收入增长

该研究数据还表明存在一种传导关系：员工体验→客户体验→收入增长。这种传导关系说明，为了推动业务扩张，企业应该从员工体验开始。在接受调查的企业管理者中，70%的高管认为员工体验的改善会直接改善客户体验，这个比例是认为好的客户体验会带来更好的员工体验的两倍多。同时，在收入增长高于平均水平的企业中，认为更好的员工体验直接带来更好的客户体验的高管比例更高，达到89%。这种从员工体验到客户体验的传导不仅可以促进更快的业务增长，还可以为企业带来以下几点好处。

● 更强的员工和客户忠诚度。

● 对技术变革更为开放的员工队伍。

● 更好的组织转型能力。

● 员工在工作中与业务目标更加一致。

总之，当员工明白他们的工作对于客户是多么重要时，这种认识就会在多个层面对他们的态度和行为产生积极影响，包括增强纪律性、提高敬业度、激发创新能力、促进协同工作。企业提供优秀的客户体验和员工体验所需的能力在很多方面是相互关联和一致的。

3. 企业必须同时加强员工体验和客户体验

虽然员工体验是提升客户体验并最终实现增长的根本因素，但现实中很多企业对客户体验的重视程度要明显高于员工体验，将客户体验列为企业Top5优先事项的高管比例（65%）明显高于重视员工体验的高管比例（47%）。

这往往是在短期目标压力下的选择。根据上面的传导关系：员工体验→客户体验→收入增长，客户体验对业务收入的增长确实更加直接，因此往往会出现牺牲员工体验来短期内快速提升客户体验，从而推动业务收入增长的情况。但是，这种增长往往是不可持续的，没有员工体验作为基础，客户体验也无法长期保持优势。正如《客户体验101》所述，体验不再是一个或一种体验，而是众多体验构成的生态，企业追求的也不应该是单一的体验，而是整个生态中所有利益相关者体验的动态均衡、总量增长，以及持续发展。

企业想实现可持续的高质量增长，需要从战略层面建立一个有利于所有利益相关者的价值主张，实现员工体验与客户体验的均衡性提升，因为二者是相互促进和相互依存的。福布斯的调查研究显示，改善这二者的最大的组织障碍是企业试图只强调其中一种，而忽视另一种。

所以，将员工体验和客户体验紧密地联系在一起是不可避免的，企业必须同时注重客户体验和员工体验，并通过持续地测量了解二者之间的关联，以及驱动客户体验和员工体验的变量是什么。

1.3 体验测量的整体框架：CX+EX

企业为了实现持续的业务增长，只是测量和优化客户体验是不够的，寻求客户体验与员工体验的均衡发展才是长久之计。因此，建立一个完整的体验测量体系不仅需要测量客户体验，同时也需要测量员工体验，保持二者的协同与均衡，如图1-1所示。

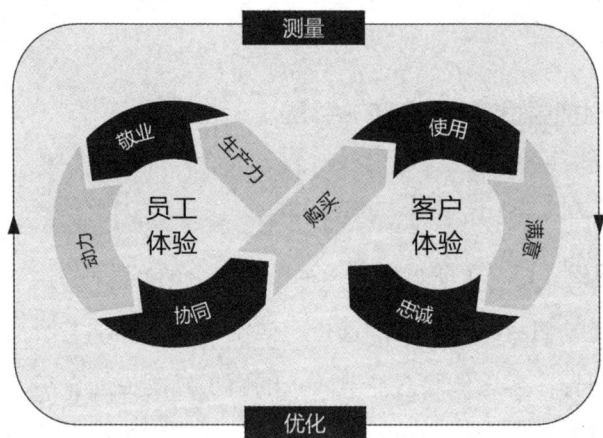

图1-1 体验测量的整体框架

第二部分

客户体验测量体系

第 2 章

客户体验测量
的整体框架

本章概要

　　本章重点围绕体验测量体系中的几个关键问
题进行详细阐述：需要对哪些体验进行测量？有
哪些类型的测量指标？如何进行测量？同时，构
建了客户体验测量体系，并对客户体验测量对
象、客户体验测量指标进行了初步阐述。

2.1 客户体验测量体系的组成

一般来说，一个完整的测量体系需要回答几个核心问题：为什么要测量？测量什么？怎么测量？客户体验测量体系也不例外。相对应地，对这些问题的回答就是客户体验测量体系的构成要素，如图2-1所示。

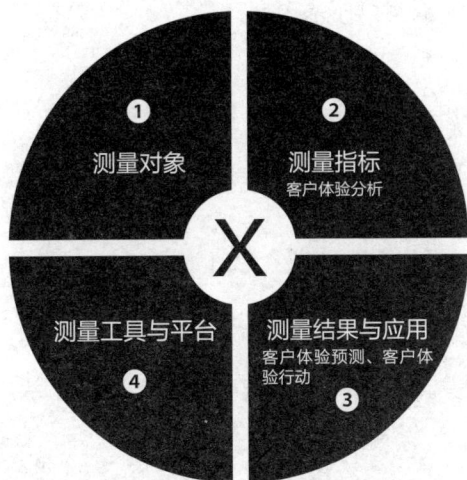

图2-1　客户体验测量体系的构成要素

要素1：测量对象

测量对象是指需要测量哪些体验，包括哪些层面、哪些客户、哪些场景的体验。

要素2：测量指标

测量指标是怎么测量的内容之一，指使用哪些指标对测量对象进行测量。使用这些测量指标的步骤包括选择测量指标的类型、确定具体的指标，以及基于测量指标进行客户体验分析。

要素3：测量结果与应用

回答为什么要测量的问题，指如何应用测量、分析和预测的结果，解决哪些问题，制定什么样的策略，采取哪些体验行动，达到什么目的。

要素4：测量工具与平台

如何进行测量，以及测量之后的结果与应用，都需要使用相应的工具与平台。

企业需要建立一个完整的客户体验测量体系，而不仅仅是定义几个客户体验指标，简单地采集客户反馈数据计算指标的得分，然后每月分发详细的仪表板。一个强大的客户体验测量体系需要具备以下4个特征。

特征1：一致性

整个组织围绕一组关键的客户体验指标进行协同工作。使用一组一致的指标可以帮助企业在内部建立通用的语言，从而更有效地就客户体验行动进行沟通。

特征2：有效果

企业全体员工在日常工作和战略决策中都需要考虑客户体验指标。企业要确定足够有意义的客户体验指标作为指引以推动决策，然后基于这些指标采取行动。

特征3：集成的

各个领域和层级的员工要定期检视这些客户体验指标，并考虑业务变化将如何影响这些指标。企业要将这些客户体验指标集成到所有的决策过程中。

特征4：连续性

企业需要制定、审查客户体验指标，并根据这些指标的反馈不断地进行流程变革和制度规范，让客户体验指标成为推动企业持续运行和改进（不仅仅是测量）的有效工具。

2.2　客户体验测量对象

客户体验测量对象就是企业向客户提供的体验。客户体验发生在3个层面：关系层面、旅程层面、触点层面（也被称作交易层面）。客户体验测量也可以分别在这3个层面进行，如图2-2所示，但每个层面的测量出于不同的原因和目的。

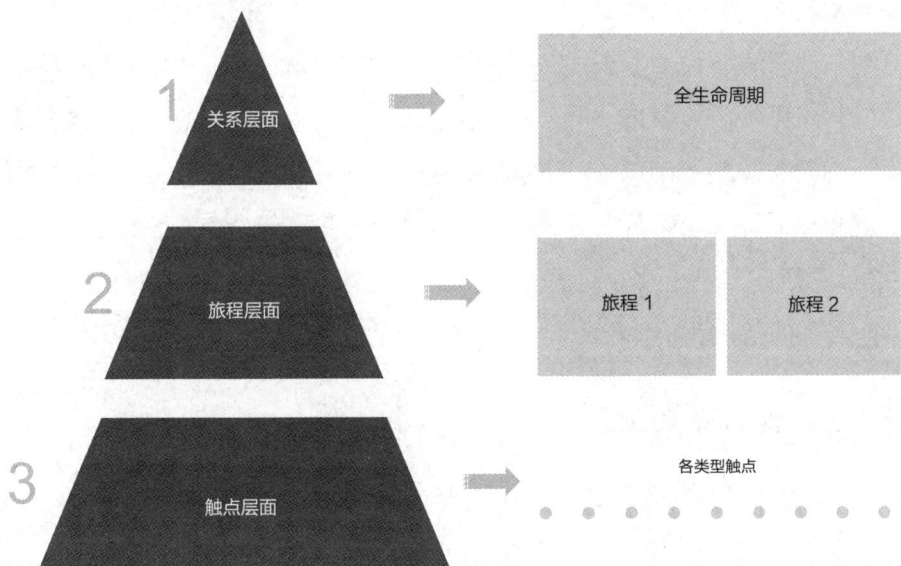

图2-2 客户体验测量的3个层面

1. 关系层面的整体体验可以预测行为

关系层面的客户体验测量可以帮助企业了解客户当下的总体看法，这有助于预测他们将来会做什么。客户在选择与哪家企业开展业务时，会考虑他们在一段时间内与这家企业的整体交互与体验。他们对整体关系这一层面体验的理解，是基于他们对许多交互的累积记忆。

2. 旅程体验可以揭示如何对触点进行整合

关系层面和触点层面之间是第二个层面——旅程层面。每个客户旅程都是由追求某一个目标的一系列步骤组成的，某些步骤（不是全部）是与某一个企业的触点。例如，客户上网搜索到信用卡的利率、年费等信息后，可能会去在线论坛查找其他用户对该信用卡特权的评价，看看这些特权是否有用，是否值得他们选择这张信用卡。在旅程层面进行体验测量可以洞悉客户如何整体看待客户旅程，它通常能够发现触点之间切换造成的体验质量的差距。

3. 重要触点的体验可以揭示具体的机会

触点层面的测量是评估单个触点的具体体验，例如在网站上申请信用卡，通过邮件接收新信用卡，或与呼叫中心客服代表联系以激活新卡。其可帮助客户体验专业人员深入研究具体的细节，这些细节在关系层面的调查中可能会被忽视。例如，询问在过去一年10次访问网站的客户，网站中的内容是否回答了他们的问题，这可以帮助你对网站内容质量有一个大致的了解，但是客户不太可能会记住哪些问题得到了回答，哪些问题没有得到回答。在他们每次结束网站访问前，问他们同样的问题，就可以得到足够及时和详尽的数据，来推动有用的行动。

2.3　客户体验测量指标

客户体验是客户与企业在交互过程中形成的感知，所以最基本的体验测量需要客户感知指标。但是，仅测量客户的感知并不能指导企业提升体验和获得期望的结果。为此，企业需要的客户体验测量框架不仅要包括感知指标，还要包括描述交互过程中发生情况的交互指标，以及跟踪该体验最终效益的结果指标，如图2-3所示。

图2-3　客户体验测量框架

1. 交互指标

（1）测量内容

客户与企业在交互过程中发生了什么。

（2）所起作用

● 将感知场景化：将客户的感知放入具体的使用场景，以便更好地理解客户在特定情境下的感受和需求。

● 将感知运营化：将客户的感知转化为可操作的指标，使之成为企业日常运营决策和流程改进的依据。

（3）指标示例

● 首解率（FCR）：反映了客户在第一次联系客服时问题得到解决的频率。高 FCR 表示客户服务效率高，客户满意度可能更高。

● 等待时间：客户在联系客服时等待响应的时间。较短的等待时间通常与更好的客户体验相关。

● 平均处理时间：从客户问题被接收到问题被解决所需的平均时间。这反映了解决问题的效率。

● 每次访问网站的平均页面数：客户每次访问网站时浏览的平均页面数量，可以反映网站内容的吸引力和客户参与度。

● 客户在网站上停留的总时间：通常与客户的兴趣和参与度成正比。

● 出错次数：在客户与企业互动过程中出现错误（如订单错误、信息错误等）的次数。

2.感知指标

（1）测量内容

客户如何看待发生的事情，以及这些事情如何影响他们对整体体验的评价。

（2）所起作用

评估企业在满足客户对体验质量预期方面的表现。

（3）指标示例

● 客户满意度（CSAT）：衡量客户对产品或服务的满意程度。

● 客户费力度（CES）：衡量客户在使用产品或服务的过程中感受到的费力程度。

3.结果指标

（1）测量内容

基于感知到的体验，客户最后做了什么？

（2）所起作用

将客户的感知质量与具体的业务效果（如财务结果）关联起来，来评估体验对业务的影响。

（3）指标示例

- 净推荐值（NPS）：衡量客户推荐产品或服务给他人的可能性，反映客户的忠诚度和品牌传播潜力。
- 购买可能性：基于客户调查或行为数据预测客户进行购买的可能性。
- 实际购买：客户实际进行的购买行为，可以通过销售数据和交易记录来跟踪。
- 导致客服来电的在线浏览量：客户在联系客服之前在网站上浏览的页面数量，可能反映了客户体验中的问题点。

在数字化时代，客户与企业的触点急剧增多，交互的次数和形式数不胜数，客户旅程中的每一个触点的每一次交互，都会对整体的客户体验产生影响。在这种情况下，对于客户体验测量指标的选择，客户体验专业人员需要具备两个基本的认识：一是不可能只用一个指标就全面测量客户体验水平，因为影响客户体验的触点和交互很多；二是不存在一个普遍适用的体验测量指标体系，因为每一个客户旅程的场景、触点和交互都是不一样的。

因此，客户体验专业人员必须根据实际情况，选择最适合企业和客户的交互指标、感知指标和结果指标。在选择和设计这3类客户体验测量指标时，可以参照以下方法。

方法1：定义与关键业务驱动因素相匹配的结果指标（客观）

定义最佳的结果指标，首先要明确的是：企业想要重点推动哪些业务？如果目标是增加收入，则需要测量客户是否购买了更多的产品，或者有没有推荐公司的品牌和产品。有些情况下，可能会出现客观条件的限制，无法对想重点了解的行为进行跟踪和监测，这时可以使用意图指标——客户打算做什么的意愿陈述（如再次购买的可能性），这种意愿可以作为实际行为的一种预测。

尽管很多时候客户并不是按照他们说的去做，但这让企业有了合理的假设，因此，即使不一定能得到完全准确的数值，也可以得到方向上正确的指标。

方法2：定义可跟踪客户体验质量的感知指标（主观）

如果不能一下子确定要测量哪些感知，可以将客户体验基本内涵的3个"E"（Effectiveness、Ease、Emotion）作为起点，这是客户体验的3个最重要的基本维度，如图2-4所示。客户体验专业人员可以分别从这3个维度设置关键的客户体验质量属性。

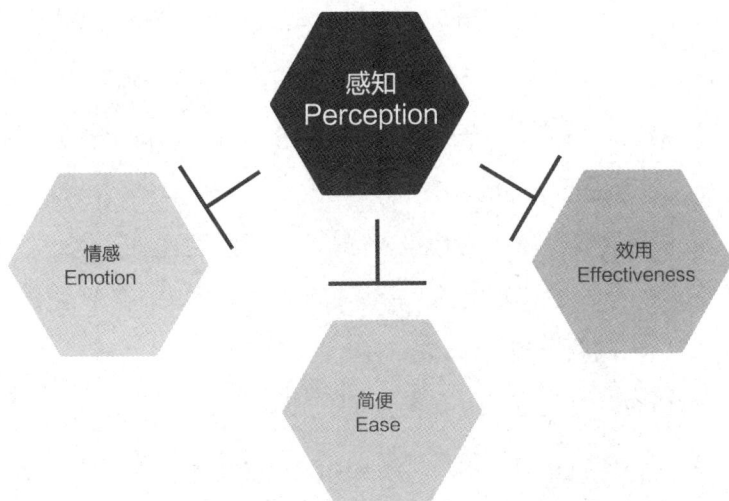

图2-4　客户体验的3个最重要的基本维度

接下来，可以考虑绘制客户旅程地图以了解客户端到端体验，以及对客户体验质量的期望。这将有助于揭示在每一个触点以及完整的客户旅程中，客户体验3个"E"背后的驱动因素。即使无法完成整个客户旅程地图的绘制工作，企业也可以使用客户调查和定性研究中的洞察，来识别一组备选驱动因素。但要注意的是，没有客户旅程地图，企业可能会错过关键时刻，尤其是在客户旅程开始和结束的时候，以及在渠道之间切换的时候。

方法3：确定影响客户感知的交互指标

一旦确定了要监测哪些感知指标，就需要找到可以作为客户感知先导指数的交互指标。可以从感知指标开始，然后识别和确定相应能影响这些感知指标的交互指标。例如，等待时间可以作为一个交互指标，它与客户是否快速接通呼叫中心客服代表的感知相关。企业可以通过分析一段时间内的数据来确定客户通话体验感知开始恶化的阈值，确定这一点后，可以将超出该临界点的呼叫数量作为客户不满意的先导指数。

方法4：选择一个测量体验的"北极星"指标

这是一个高层级的客户体验指标，与企业的一个或多个KPI（关键绩效指标）相关。可以将最高级的客户体验指标用作总体客户体验KPI的代理指标，并在企业内进行公开发布和广泛宣传，以支撑组织的统筹协调。

需要注意的是，没有一个完美的"北极星"指标，每个指标都有其局限性，因为客户体验本身就是多维的。

确定"北极星"指标需要考虑很多因素，但可以通过回答以下3个基本的问题来最终选择一个好的"北极星"指标。

● 支持该指标的调查问题对客户有意义吗？

● 该指标能否激励员工去提升客户体验？

● 对于管理层而言，该指标是不是企业获得成功的先导指标？

一些行业通用和权威的客户体验测量指标（如净推荐值、客户满意度、客户费力度）能够为企业提供关键的洞察，帮助它们评估和改进客户体验。同时，企业也可以根据自身特定的业务模式和战略目标设计自己的"北极星"指标。

方法5：使用回归分析来验证初始假设

企业经常想在设置客户体验测量指标时，提前预判哪种感知指标与所关心的结果最相关。但实际情况往往是，在采集一些数据之后，才能明确这一点。同时，初始的判断很多是不正确或者不完整的，这也是为什么需要尽快建立初始框架。

建立了初始框架并获得一定的真实数据后，就可以使用回归分析之类的分析方法，来确定哪些感知指标对整体体验的影响最大，哪些交互指标对感知的影响最大，以及这两类指标中的哪些指标与结果最相关，如图2-5所示。如果实际的数据显示，最初设定的客户体验测量指标中有些与关心的结果没有显著的相关性，则需要剔除或者合并这些指标。弄清楚哪些东西没有意义与弄清楚哪些东西有意义同样重要。

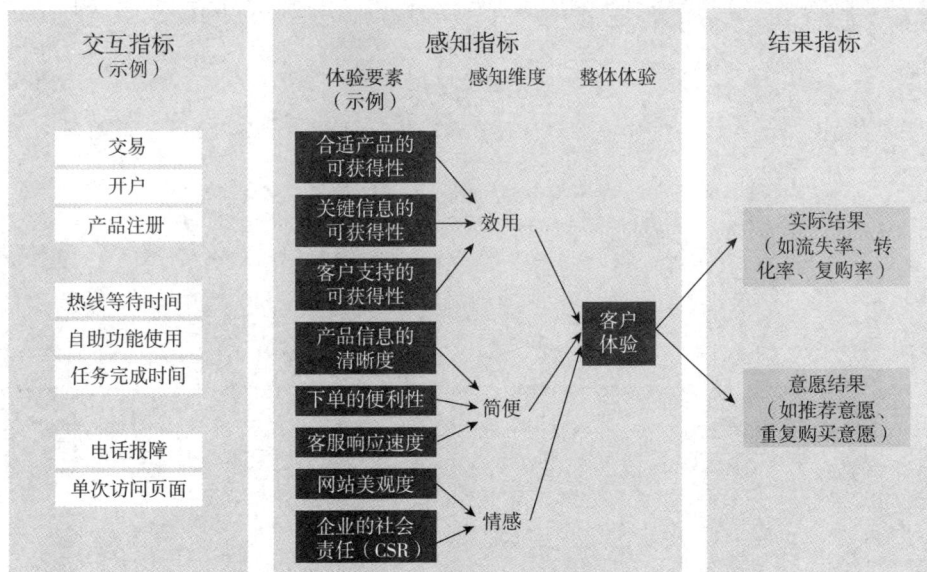

图2-5 3类客户体验测量指标的关联（示例）

方法6：在应用中不断优化客户体验测量指标体系

客户体验测量指标的发展必须与客户期望、企业优先事项，以及客户体验管理成熟度的变化保持同步。持续监测各种客户反馈和其他研究数据来源，识别客户反馈中出现的新问题，然后重复验证过程以确认这些新问题与迄今为止所跟踪的问题相比，是更有意义还是没那么重要。

随着工作重点的转移，企业需要重新审视结果指标，确认客户体验测量框架中的指标仍然能够反映那些驱动企业目标的客户行为。随着客户体验管理的不断成熟，企业可以将客户体验测量指标主要用在具体的客户旅程或关键的客户体验驱动因素的监测上，而不是所有方面。

第 3 章

客户体验测量
体系的构建与
应用

本章概要

　　客户体验测量体系的构建与应用，涉及大量的流程、技术工作，以及企业文化与模式的改变，不可能一蹴而就，需要遵循一定的科学方法，进行建设、应用、推广和创新。企业在客户体验测量体系的构建与应用过程中，总体上需要经历 3 个大的阶段，而在初始构建阶段，一般需要开展 7 个步骤的工作。

3.1 客户体验测量体系建设的基本阶段

客户体验测量体系是整个体验能力体系中非常关键的一部分。企业在构建和完善客户体验测量体系的过程中，通常会经历3个基本阶段。

阶段1：初始构建

企业在构建客户体验测量体系时，要避免一开始就制订非常复杂的客户体验测量计划。相反，从制订一个"最小可行计划"开始更为合适，该计划可以在6～9个月（或者更短的时间）内显示出客户体验测量计划的实际价值，并为将来进一步推进和创新客户体验测量计划奠定基础。下面小节中关于初始构建客户体验测量体系的7个步骤，可以帮助企业制订一个可以重复使用和演进的客户体验测量计划，以更快适应未来的发展。

阶段2：完善并规模化

在这一阶段，首先需要通过设计增长实验来验证初始客户体验测量框架，以确保测量指标与客户和企业的重要事项保持关联。其次，通过关注跨职能的指标，利用工具从非结构化数据中获取洞察，设定适当的目标并以有吸引力的方式共享洞察来完善客户体验测量计划。再次，将初始体验客户测量框架扩展为一个规模化的客户体验测量体系，对正在跟踪的所有客户体验测量指标形成一个统一的视图，它包含了关键交互点、客户旅程、客户体验测量指标，以及它们如何一层一层地关联到企业层级的体验测量。最后，通过编制规范文档、明确责任体系、扩大测量团队来规范化和规模化扩展整个客户体验测量计划。

阶段3：创新

企业即使已经建立了成熟的高级客户体验测量程序，也要不断创新以保持相关性和有效性。在内部环境（如业务发展的重点领域调整）、外部环境（如客户对调查的响应率持续下降）不断变化的情况下，企业的客户体验测量体系必须通过不断地创新来应对这些变化。通过使用现代化的技术手段、高效的流程和有效的分析模型，来提升客户体验测量体系的效果和效率。

3.2 构建客户体验测量体系的7个步骤

在构建客户体验测量体系的初始阶段，很多企业需要从零开始，这时可以参照以下7个常见的步骤来建立自己的第一个客户体验测量体系，如图3-1所示。当然，这些步骤也不是强制和普遍适用的，它们是一个基本选项，企业可以在探索中根据情况进行调整。

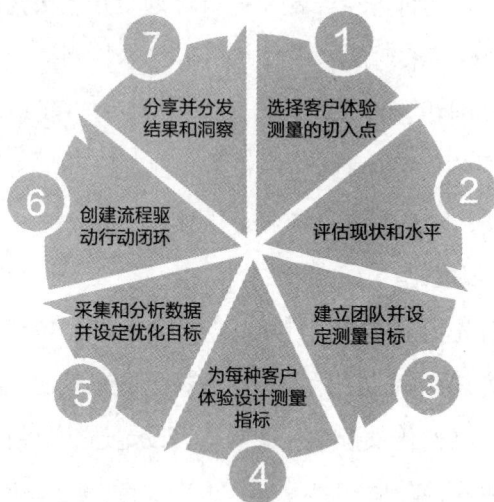

图3-1　构建客户体验测量体系的7个步骤

1.选择客户体验测量的切入点

最好不要试图一开始就创建一个企业范围层面的客户体验测量项目。相反，可以制订一个一定范围内的客户体验测量计划。这样能够有一定的时间（如6～9个月）来尝试和验证，既可以测量客户体验，又可以推动客户体验的实际落地改进。专注于测量客户体验并推动改进行动，也可以为计划的后续规模应用选择合适的模式。在选择客户体验测量的切入点时，企业可以从以下两个方向考虑。

一是确定潜在的重点领域：重点领域可能是一个特定的细分客户群体（如

高净值客户）、特定业务线（如人寿保险）、某一类渠道（如联络中心、官方网站、实体店等），或者某个产品/服务（如 App、智能终端等）。

二是选择有希望获得快速效果的机会：最理想的切入点是找到对业务和客户影响大、领导者和利益相关者支持，且实施难度较低的交叉点。例如，有一家企业现阶段的业务重点是留住客户，客户体验团队知道客户服务在留住客户方面能发挥主导作用，并且联络中心的领导也有很高的意愿参与这个行动计划，因此选择了从联络中心开展客户体验测量工作。

在需要对多个领域和机会进行评估并选择切入点进行客户体验测量时，企业可以从以下4个维度进行评估。

评估维度1：对业务影响大

● 具有非常重要的战略意义。

● 对企业的财务目标有很大影响。

● 与企业的关键绩效指标高度一致。

评估维度2：对客户影响大

● 对高价值的客户关系有较大影响。

● 存在很多影响很大的已知客户痛点。

评估维度3：领导者和利益相关者支持

● 领导者和利益相关者非常想掌握该领域的体验质量。

● 体验质量水平是企业或客户体验部门现阶段战略目标的一部分。

● 领导者和利益相关者愿意投入时间、经费和资源。

● 领导者和利益相关者不会因为以前的失败而放弃尝试。

● 客户体验部门已经与利益相关者建立了良好的工作关系。

评估维度4：实施难度较低

● 客户体验负责人对该领域承担了经营责任（确保KPI指标的达成）。

● 能够提供客户体验测量所需的客户、行为、经营和财务数据。

● 能够提供客户级别的各类数据。

● 有可用于客户体验测量的工具与平台。

2.评估现状和水平

构建客户体验测量体系需要基于现有的情况，包括客户体验管理工作的现状与成熟度，以及企业的组织与业务场景。

（1）客户体验管理工作的现状与成熟度

开始构建客户体验测量体系之前，企业需要了解一下所选领域的客户体验管理工作的总体现状，包括前期开展过的相关工作。如果之前已经有过失败的客户体验测量计划，需要找到失败的原因。新的客户体验测量体系必须以与过去不同的方式吸引利益相关者，采用不同的指标促进内部组织的统一，并且易于理解，便于不同层次的利益相关者采取行动。为了了解客户体验工作的现状，企业可以从以下方面进行评估。

①关于客户体验管理工作的成熟度回答以下问题。

● 所选的重点领域对客户体验是否支持？

● 是否提出了客户体验的愿景？

● 客户体验愿景是被普遍接受的吗？

● 在哪些方面的客户体验能力较强？

● 在哪些方面的客户体验能力较弱？

②关于过往客户体验测量工作回答以下问题。

● 查看和评估以前的客户体验测量调查问卷。

● 查看和评估以前的客户体验测量报告。

● 访谈当时的利益相关者，了解项目当时发生了什么，哪些成功了，哪些失败了，为什么失败了。

（2）企业的组织与业务场景

企业需要深入了解所选领域的利益相关者，包括他们正在使用的软件和工具，以及内部和外部的合作伙伴。可以通过访谈了解利益相关者想掌握客户体验的哪些情况，目前存在的困难和问题有哪些，评估这些访谈工作会对后期的合作产生哪些直接的影响。关于组织与业务情况，可以从以下方面进行评估。

①关于利益相关者和工作流程回答以下问题。

● 谁是所选领域的主要利益相关者？

● 利益相关者最重要的业务目标是什么？

● 他们对客户体验和客户体验测量了解多少？

● 他们如何定义和评估什么样才算是成功了？

● 他们负责哪些决策，在未来半年 / 一年里他们要做哪些重大决定？

● 他们的决策节奏和周期是什么样的？他们通常如何做出这些决定？

● 他们偏好的沟通方式是什么样的？

②关于数据和工具，需要明确访问数据的权限，以及已经开发和使用的软件和工具。

● 利益相关者在日常工作中使用哪些软件和工具（包括生产力工具、呼叫中心工具、分支机构或店面管理软件）？

● 使用哪些软件和工具来管理客户数据（包括客户关系管理系统和其他客户数据库）？

● 如何管理跨渠道运营数据和数据源？

● 使用哪些研究工具（包括用户测试工具、在线研究工具）？

● 使用哪些分析工具和客户体验管理工具（包括文本分析、语音分析、客户旅程分析、在线调查等）？

③确定市场研究、客户研究或设计方面的内外合作伙伴的技能和水平。

● 客户研究技能。

● 设计思维水平。

● 沟通技能。

● 设计调查问卷的能力和数据分析技能。

● 数据分析团队是否可以访问关键数据。

3.建立团队并设定测量目标

首先，企业需要指定一名客户体验测量工作的负责人，也可以由客户体验负责人兼任。理想的人选应该对客户体验和业务都有深刻的理解，拥有很强的商业意识，以及强大的人际交往能力、数据分析技能，并且能够影响利益相关者，推动他们支持和参与客户体验测量工作。

其次，企业需要建立客户体验测量联合团队。客户体验测量项目通常是从有限的资源开始的，起初往往只有一到两个人。为了能涵盖客户体验测量所需要的知识和技能，如图3-2所示，组建一个联合团队往往非常必要。对于客户体验测量项目必需的技能，需要从企业内部招聘具备相应技能的员工（专职或兼职）；对于客户体验测量项目非必需的技能，在需要时能够获得其他部门的支持即可。如果企业内部缺乏足够的人力资源来进行客户体验测量，也可以从外部体验咨询和研究机构获取资源和支持。

知识和技能	负责人	团队成员
·客户体验的基本要素	X	X
·客户体验测量指标与标准	X	X
·商业思维	X	（X）
·人际关系的建立	X	X
·沟通和用数据讲故事	X	X
·客户体验调查问卷的设计	X	（X）
·非结构化数据的分析（如语音分析、文本分析）	（X）	（X）
·定性研究	（X）	（X）
·数据分析	（X）	（X）

注：X-必需技能，（X）-最好拥有的技能

图3-2 客户体验测量团队所需要的知识和技能

最后，客户体验测量团队与领导者、利益相关者就客户体验测量目标和计划达成一致。客户体验测量通过与领导者和利益相关者的沟通，明确制订该项客户体验测量计划的原因，就该项目的目标和预期成果达成一致，确定项目的具体、可量化的目标，设定实现该目标的关键里程碑，如图3-3所示。同时也

利用这个机会向领导者和利益相关者阐述一个良好的客户体验测量项目应该具备哪些要素和特点。

客户体验测量计划的目标：

"我们将测量××渠道（或业务线、产品）的客户体验质量，并在××日之前将这些测量指标与企业其他关键指标关联起来；在××日之前形成一到两个客户体验改进计划；并在××日之前启动一到两项新的客户体验改进计划。"

图3-3　客户体验测量计划的目标（示例）

4.为每种客户体验设计测量指标

针对每种计划测量的客户体验，企业需要设计3种测量指标——感知指标、交互指标和结果指标，并在获得测量数据后进行验证和优化。

（1）确定要测量哪些类型的体验

客户体验负责人在制订客户体验测量计划时，需要确定哪些类型的体验（包括交易型体验、基于事件的体验，以及基于时间的整体关系体验）最为关键，并根据项目范围对这些客户体验测量计划进行优先级排序。

选择要测量的具体关系体验、交易型体验。在选择要测量的客户关系时，要从对企业更重要的客户开始。在计划交易型体验测量时，选择对客户和业务很重要的关键体验，比如想要消除的客户痛点和想要保留的情绪高点。没有数据或洞察支持时，可以选择一个对大多数组织都至关重要的交互或客户旅程，比如成为新客户、使用核心产品或使用客户服务。

（2）制定测量最重要客户期望的感知指标

如果条件允许，可以先开展对客户期望的研究，并针对各项关键期望设计感知指标。也可以直接从客户体验的3个基本维度（效用、简便、情感）开始。定义客户期望后，通过明确数据源和计算规则来创建感知指标。如果需要通过问卷调查采集数据，则可以参考调查设计指南。另外，有必要先检查企业是否已经使用文本或语音分析工具，这些工具可以用来挖掘更多的客户数据源，如呼叫中心录音和服务评分等，或者使用数字化交互分析工具来分析数字交互过程中的行为，并与利益相关者一起评估这些分析工具是否提供了可用作感知指标的情感量化数据。

（3）提出与感知指标相一致的交互指标

大多数企业会收集各种运营指标，需要由客户体验专业人员分析和决定其中哪些指标与感知指标相一致。首先与负责运营数据的同事说明希望测量的感知指标，将能影响这些感知的交互指标作为输入。如果没有适合的运营数据和交互指标，则客户体验专业人员需要与运营数据的同事一起定义新的运营指标，以作为该体验的交互指标。例如，对于客户"快速接通正确的客服代表"的期望，合适的交互测量可以是"呼叫中心平均等待时间"加上"到达正确客服代表的转接次数"的组合。

（4）提出与关键业务驱动因素相一致的结果指标

客户体验专业人员与业务负责人一起设定客户体验的战略性目标，针对每一个目标设计相应的结果指标，并明确计算规则和数据来源。在客户体验测量中，尽量使用实际行为数据，只有在无法获取实际行为数据的情况下，再考虑通过问卷调查收集有价值的客户体验数据。可以让使用文本或语音分析工具的客户体验专业人员探索测量预期的结果指标。客户反馈管理、融合数据分析等技术也可以帮助客户体验专业人员从客服通话、聊天记录，以及客户电子邮件等各种数据来源中，识别预期或实际的客户行为。

（5）规划如何关联感知指标、交互指标和结果指标

通过客户行为记录和客户标识，客户体验专业人员可以在单一客户层面将体验的交互指标、感知指标和结果指标关联起来。如果不能实现到这个程度，也可以基于同一份问卷调查的数据来实现感知指标和结果指标的关联，或者通过对非结构化数据的分析实现这两种指标的关联。

以上是对客户体验测量指标设计的基本介绍，关于详细的指标设计、选择，以及常见的客户体验测量指标，将在后续章节中进一步阐述。

5.采集和分析数据并设定优化目标

在构建客户体验测量体系时，客户体验测量团队需要随时做好准备，回答关键利益相关者的问题，尤其是当某些指标的数据看起来不正确或与利益相关者的体验感觉不一致时，需要进行解释和数据稽核的工作。还需要回答一些不可避免会碰到的问题，如"这个指标达到多少才算好"。为了聚焦如何通过客户体验测量帮助企业改进客户体验并达到好的水平，需要从以下工作开始做起。

（1）通过客户体验测量指标定位需要修复的客户体验

计算并找到客户体验质量低的某个客户体验（如呼叫满意度低），或指标值发生快速变化的客户体验（如网站性能快速下降或对某一问题的投诉迅速增加），这些都是可以进一步深入分析的潜在不良客户体验的切入点。

（2）收集可为客户感知提供上下文的其他信息

需要将数据和指标转化为深刻的洞察，例如，满意度低是否与某个区域、呼叫中心、实体店的某个团队有关？又例如，零售企业可以将访问后的反馈与实体店编号、访问日期、交易时间、交易编号和营业人员标识等相关联，结合客户的感知指标进行分析。在联络中心通过文本和语音分析可以收集更多的信息，了解客户说话的内容、调性、音量，以及是否有沉默或停顿。在电子渠道（Web网站、移动 App 等）中，企业可以收集客户的行为数据，如客户访问页面的数量、类型，以及在每个页面上停留的时间。

（3）验证交互指标、感知指标和结果指标之间的关联

这需要与具有统计分析和数据挖掘技能的专业人员一起进行回归分析。如果交互指标和感知指标之间的假设关联未得到验证，则要将那些不是客户感知的先导和表征的交互指标从指标框架中剔除，重新梳理各项数据，以确定更适合的交互指标。同样，如果感知指标和结果指标之间的假设关联未得到验证，也需要重新调整感知指标。

（4）设定一个基准值和客户体验改进目标

客户体验有没有改进，以及需要改进到什么程度，都需要首先设定一个基

准值。为了设定基准值，通常需要汇聚12～24个月的关系感知数据，以及6～9个月的交易型感知数据。当数据在一个测量期间没有剧烈波动或者主要波动（如天气原因导致的歇业、系统故障导致的网站关闭等）可明确解释时，就可以基于这些数据设定一个合适的基准值。一旦确定基准值，就可以选择一项指标并设定一个目标值。这个目标指标必须有充足的历史数据支持，并能非常简单、清晰地反映客户体验的改进。

6.创建流程驱动行动闭环

客户体验测量指标必须能推动持续的运营改进和战略层面的变革行动，否则就没有任何意义。要创建一个能激发行动和变革的客户体验测量计划，必须做到以下几点。

（1）确定速赢的改进

这些改进是可见的，可以立即从中受益，并且很容易完成。可以从那些测量中得分比较低，但对客户行为有显著影响的客户体验中寻找它们。例如，客户对其所收到的沟通邮件感到困惑和不满意，可能会导致客户联络中心的呼叫量明显增加。为了减少这些呼叫量，可以通过改变邮件中的文字表述或图片设计，使客户更容易理解邮件的内容和目的。

（2）对已确定的速赢问题进行原因分析

进行原因分析时，可以使用像"5WHY"分析法这样的简单方法，尤其是当这些问题相关联时，这个方法非常有用。如果条件允许，还可以利用工具整合更多的数据，进行更高级的分析。

（3）挖掘更大的系统性问题以便解决

除了寻找和解决显而易见的体验问题，企业还应该深入挖掘那些隐藏在数据中的系统性问题，并创建详细的文档记录它们。这些问题通常更难解决，而且需要额外的投入和大范围的变革。例如，一家通信运营商通过分析发现目前的计费系统是大量投诉和净推荐值下降的根本原因，但它也知道无法迅速解决这个系统性问题。

7.共享并分发结果和洞察

在整个企业内分享客户的反馈，以便利益相关者可以使用这些反馈来推动改进。通过定期报告客户体验测量的结果，让各方认识到测量和管理客户体验的重要性，通常可以实施以下措施。

（1）创建一组常规报告和仪表板

一个有效的仪表板可以突出展示最能吸引利益相关者的数据，除了具体的指标，还可以包括指标的具体解释、关键驱动因素分析、主要结论和总结等。利用数据可视化，可以触发关于指标背后原因的讨论，以及探索改进方法。大多数客户体验工具与平台提供了定制仪表板的功能，但即使没有这些工具与平台，像 PowerPoint 这样的简单工具也可以在可视化客户数据方面发挥作用。

（2）通过会议的形式进行客户体验测量的分享

特别是在刚开始分享数据的时候，客户体验测量团队应该尽可能地与关键利益相关者面对面交流，而不是仅向他们发送数据和图表，就期望他们会使用这些数据。面对面交流可以获取利益相关者对指标呈现方式的反馈，并确保这些数据和洞察对决策过程有所帮助。

3.3 构建客户体验测量体系的常见误区

有效的客户体验测量对于其他体验管理能力至关重要，它有助于指导客户研究，确定客户体验计划的优先级，跟踪新的体验设计是否有效，以及支持企业以客户为中心的文化变革等。然而，在实际的客户体验测量工作中，由于对客户体验测量概念理解上的偏差，以及具体实施过程中的方法不当，很多客户体验测量工作并没有取得良好的效果，以下总结分析了 7 种常见的导致客户体验测量失败的原因。

1.误解 —— 客户体验测量 = 客户体验测试

将客户体验测量与客户体验测试混为一谈，是企业最容易犯且最严重的一个失误。虽然只是一字之差，但在理念上存在巨大的差异。

客户体验测试是通过各种测试方式发现企业存在的客户体验问题,从而进行完善和修复。但客户体验测量不仅仅是发现体验问题,而是要对各个层面的客户体验水平进行监测;更重要的是在监测的基础上,识别每一个触点、每一次交互与各级测量指标之间的关联关系,以及与最终商业目标的关联关系,从而明确影响客户体验和商业效果的关键触点和交互,为企业提供具体的体验优化指引。

客户体验测量不等于客户体验测试,其本质是要实时捕捉各个触点的交互,将其与各体验指标和商业转化联系起来,并提供优化指引。

2. 贪婪 —— 试图一次性测量所有

一家国内主流电信运营商的电子渠道部门开始着手建立客户体验测量体系,一开始他们就提出了全业务、全渠道、全触点的"三全"愿景:对所有客户在所有的业务、所有的渠道、所有的触点的体验进行测量。受到这个宏伟目标的激发,客户服务部门和外部咨询机构组建了联合团队,加班加点在很短的时间内建立了庞大的客户体验测量体系,并投入大量的资源实施。

最终的结果是:没有充足的时间对复杂的指标体系进行验证,导致出来的测量结果置信程度较低,并且出现了很多明显与现实相悖、无法解释的测量结果;同时,短时间内积累了大量的客户体验问题,而整个闭环落地机制没有建立起来,导致大部分的客户体验问题不能得到及时处理,引起设计和开发团队的强烈抵触,实际落实优化的比例非常低,整个项目最后转到了以专题测量为主。

从一个产品、一个客户旅程,或者一个细分客户开始,取得有说服力的成效,建立成熟的模式后,再逐步规模化扩展,是成功建立客户体验测量体系更可行的方式。

3. 压力 —— 测量就是为了考核

在国内,很多客户体验测量项目都是由管理者发起的(因为他们掌握着预算),由客户体验或者研究团队实施,而不是由客户体验的设计、开发和交付人员发起。这些管理者发起的客户体验测量,其最大的目的就是考核与检验直接相关的各个部门和团队，包括客户体验的设计、开发和交付人员等。

基于这样的出发点，客户体验测量在一线员工眼里就是在挑战他们的工作，他们可能会出现抵触情绪，会想尽各种办法来应对，而不是将精力放在实质性、系统性地提升客户体验的工作上。同时，这也让负责建立和实施客户体验测量的客户体验团队成了众矢之的，无法与其他团队进行有效的合作。

客户体验测量最重要的作用不是用于上级对下级的考核，而是用于对一线员工赋能，支持他们的客户体验交付和优化工作。

4.狭隘 —— 只关注一种指标

在建立客户体验测量体系时，很多团队将精力耗费在了是选择客户满意度作为测量指标，还是选择净推荐值作为测量指标。其实，不管是客户满意度指标还是净推荐值指标，其有效性都是有限的，已经有很多实证研究指出了这一点。

要真正准确、及时地发现问题和关联性，并且最终能落地到具体的措施，一定需要多维度（定性定量、主观客观等）、多层次（关系层面、旅程层面、触点层面）地测量客户体验。想用一个总体指标解决客户体验测量问题从根本上是不现实的，也达不到最终的目的。每个企业的运营模式和业务形态各不相同，因此并不存在普遍适用的统一指标，企业必须根据自身的具体情况来研究和设计客户体验测量指标体系。对于那些过分强调单一指标并将其视为万能解决方案的咨询公司，企业应该保持警惕。

不要纠结于某一个指标，而是根据具体客户和业务的特点，建立针对性的多维度、多层次的客户体验测量指标体系，并不断迭代优化，找到强关联关系。

5.迟缓 —— 不注重实时性

客户体验测量的实时性，取决于测量数据采集的周期和频率、数据处理与分析所需要的时间，以及最终数据的可视化定制和分发的效率。客户体验的核心特征是实时性与一对一，所以客户体验测量体系的实时性是越强越好，这是一个非常重要的努力方向。目前，企业对客户体验测量实时性的重要性理解不够，所以在构建客户体验测量体系时，并没有把这一点放在优先级很高的位置，这是一个亟须改变的观念。

在构建客户体验测量体系的初步阶段，由于模式和平台很不成熟，因此一下子要达到很强的实时性不太现实，但在前期的架构设计与后期的优化过程中，一定要将实时性的提升作为一项重点工作。当然，实时性越强，所采用的技术就会越高、投入的资源就会越多，越到后面边际成本就越高，这个时候就要对成本和收益进行权衡。

6.粗略 —— 一对一地测量不够

客户体验测量的一对一，就是能监测和分析到某一个具体客户的体验，以及在每一次交互中的体验。要达到一对一的测量，就要求数据采集必须到清单级层面，但很多客户体验测量项目的采集数据只是统计层面的指标，基于这种概要级的指标很难找到非常细致、具体的强关联关系，也就很难指导一对一层面的客户体验优化。

企业在选择客户体验测量数据源时，优先选择能具体到一对一层面的清单级数据源，能支持数据同源的更好。

7.简化 —— 忽视可视化与分发

客户体验测量最大的目的是给负责客户洞察、客户体验设计、开发和交付的一线员工赋能，所以客户体验测量的结果包括各项指标的表现，以及发现的关联关系，一定要能进行灵活高效的角色定制与分发，以支撑他们准确地做出判断，不断地调整策略和方案，提高实时性。

很多客户体验测量平台虽然投入了大量的精力和资源进行数据的采集、处理、整合和分析，但是没有做好最后一步的可视化与分发，导致最终的效果大打折扣，败在赋能员工的最后一米。

第 4 章

客户体验
测量指标

本章概要

本章介绍了从单纯依赖数据驱动到指标驱动
的转变，强调了客户体验测量指标的重要性。针
对客户体验测量单指标的常见类型，介绍其定
义、应用场景以及如何有效地利用这些指标来监
控和提升客户体验。然后分析了客户体验测量单
指标的信噪比、选择难点和增长实验。为了应对
客户体验测量单指标所面临的挑战，提出了客户
体验测量聚合多指标类型和客户体验测量指标体
系搭建框架的解决方案。

4.1　从数据驱动（Data-Driven）到指标驱动（Metric-Driven）

在信息爆炸的今天，企业有能力采集和分析比以往任何时候都多的数据。从最初的猜测和直觉驱动到现在的数据驱动，客户体验管理的模式已经发生了显著变化。然而，随着数据的多样性和复杂性不断增加，企业开始认识到仅仅依赖大量的数据是不够的，关键是要从这些数据中筛选出真正有用的指标，并以此为依据进行决策。这就是"指标驱动"概念的起源。

1. 数据驱动概念

在数据驱动的模式下，企业侧重于采集大量的数据以指导决策。这不仅包括基础的交易数据，还涵盖用户行为、市场趋势、社交媒体活动等多种类型的数据。通过集成这些数据源，企业旨在获取一个全面而综合的客户视图。数据驱动的优点是能够消除决策过程中的主观性，取而代之的是基于量化分析的客观评估。对于客户体验来说，数据驱动能够为企业提供哪些触点最受欢迎、哪些产品或服务需要改进、哪些营销策略最有效等宝贵洞察。

然而，数据驱动模式也有其局限性。首先，数据量大并不等于数据质量高，一堆噪声大于信号的数据往往会导致决策失误。其次，数据的采集和处理需要大量的时间、人力和财力投入，这对许多企业来说是不小的挑战。

2. 指标驱动概念

与数据驱动不同，指标驱动模式强调的是从海量数据中筛选出核心的、与企业目标和KPI紧密相关的数据。这些筛选出的关键指标会被用作决策依据，帮助企业更有针对性地进行优化和调整。

例如，在客户体验方面，企业可能会选定"网站浏览时长""购物车放弃率"或"净推荐值"等作为关键指标。这样做的好处是，企业可以更加聚焦，不受不相关数据的干扰，从而更精准地提升客户体验。

3.转变的必要性

与数据驱动模式相比,指标驱动具有更高的效率和针对性。随着数据的多样性和复杂性越来越突出,企业开始认识到从数据驱动到指标驱动的转变是不可或缺的。这主要有以下4个原因,如图4-1所示。

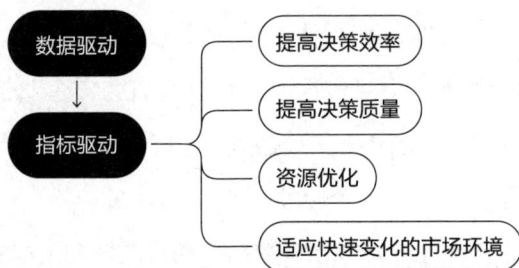

图4-1　从数据驱动到指标驱动转变的主要原因

(1)提高决策效率

侧重于关键指标可以让企业更快地获得有用的洞察,而不需要对大量数据进行烦琐的分析。

(2)提高决策质量

通过关注与企业战略和目标更为紧密相关的数据,企业可以做出更加精准和有针对性的决策。

(3)资源优化

指标驱动模式可以帮助企业节省用于数据处理和分析的资源,这些资源可以用于其他更有价值的活动,如产品开发或市场推广。

(4)适应快速变化的市场环境

市场和消费者需求是不断变化的。指标驱动模式允许企业更加灵活地适应这些变化,因为它可以迅速地识别出需要改进的地方。

从数据驱动到指标驱动的转变有助于企业在日益复杂和竞争激烈的市场环境中保持竞争力。企业不再需要花费大量的时间和资源来分析不相关或低优先级的数据,从而可以更快地获得有用的洞察。同时,专注于关键指标,企业能更有针对性地进行改进，从而更有效地提升客户体验。这种转变不仅使企业更有效地满足客户需求，还为整体战略提供了更为智能和目标导向的决策依据。

4. 案例讲解

国内某家初创电商企业，最初高度依赖大数据来驱动营销和产品决策。通过网站、移动应用、社交媒体和其他渠道，该企业积累了大量的用户行为、购买历史和市场数据。然而，海量数据的存在并没有为该企业带来预期的商业价值。实际上，客户体验分析团队在数据处理和解析上投入了大量的时间和资源，这成了该企业运营效率的一个瓶颈。

针对这一问题，该企业开始考虑从数据驱动模式转向指标驱动模式。经过一系列内部讨论和分析后，该企业选定了几个关键指标，将"购物车转化率""客户留存率""平均客单价""客户满意度"和"净推荐值"作为决策的依据。这些指标不仅与企业的业务目标更为契合，而且更易于全体员工理解和跟进。

转变后的结果是显著的：首先，决策速度得到了大幅提升，因为团队现在只需关注几个核心指标即可；其次，由于这些指标直接与企业的长期目标相关，因此决策质量也有了明显的提高；最后，原本用于数据预处理和解析的资源得以重新分配，用于产品改进和其他更有价值的任务。

从数据驱动转向指标驱动，该企业不仅显著提高了决策效率和质量，还优化了资源分配，进一步提升了客户体验和商业价值。这一案例成功地展示了从数据驱动到指标驱动转变的重要性和优势，为其他企业在这一领域的实践提供了宝贵的经验。

4.2 什么是客户体验测量指标

客户体验测量指标是一组用以量化和评估客户与品牌在各个触点和互动过程中的感受、态度和行为的数据指标。这些数据指标提供了一个全面、多维度的视图，帮助企业了解客户体验的各个方面。这些指标通常会包括客户满意度、净推荐值、客户生命周期价值（CLV）和其他相关指标。

为什么需要客户体验测量指标？

一方面，现今的商业环境强调的不仅仅是高质量的产品或服务，更重要的是能够提供出色的客户体验。客户体验测量指标为企业提供了一种科学、量化的方法，了解和评估他们在提供产品或服务方面的表现。借助指标的形式了解客户体验质量信息是至关重要的，它能帮助企业识别存在的问题和改进的空间，从而采取必要的步骤来优化产品或服务。

另一方面，要想满足甚至超越客户的期望，企业首先需要准确地了解这些期望究竟是什么。客户体验测量指标可以通过量化的方法，了解客户的需求和期望，使企业能够更准确地定位目标客户，更有针对性地满足客户的需求，从而提高客户的满意度和忠诚度。

正如前面谈及的，指标驱动的决策过程要比依靠直觉或经验更为精准和有效。客户体验测量指标为企业提供了一种基于指标的决策模型。这意味着企业能够更有效地分配资源，将时间和金钱投资在最有可能提升客户体验的方面。

在一个充分竞争的市场环境中，提供优质的客户体验是获取和保持市场份额的关键。

企业可以通过持续地监测客户体验测量指标，并根据结果进行调优，保持或提高自身的市场竞争力。良好的客户体验不仅可以提高客户的满意度和忠诚度，还可以增加客户的生命周期价值。忠诚的客户更有可能进行重复购买，甚至将企业推荐给其他潜在客户，这样的"口碑效应"可以大大提高企业的盈利能力并实现长期成功。

4.3　客户体验测量单指标的常见类型

在当今竞争激烈的商业环境中，了解并优化客户体验已成为企业成功的关键因素。不同类型的行业和企业有不同的客户体验测量需求和考量，因此有必要了解各种可用的测量指标及其适用性。

客户体验测量单指标是用来衡量和评估客户对于产品或服务体验的单一维度的量化指标，包括净推荐值（NPS）、客户满意度（CSAT）、客户费力度（CES）、继续使用（合作）意愿（Continuation Intent）、客户流失率（Churn Rate）、首解率（FCR）等，每一种指标都有其独特的优劣势、计算方法和适用情境，掌握这些信息将有助于企业更全面、更精确地衡量客户体验，如图4-2所示。因篇幅有限，这里根据应用普及度排序选择前6种进行讲解。

图4-2　客户体验测量单指标的常见类型

1. 净推荐值（NPS）

净推荐值是由弗雷德·赖克哈尔德（Fred Reichheld）于2003年首次提出的，它是一种结合了定性研究和定性分析的有效方法，是一种计量客户将会向其他人推荐某个产品或服务可能的指数，是一种快速而简单度量客户忠诚度的方式。这是通过提出一个简单的问题来实现的："从0到10打分，你有多大可能向你的朋友或同事推荐我们（或产品/服务）？"客户对这一问题的回应通常是一个从0～10的分数，根据这一分数，客户被分为3类：推荐者（9～10分）、中立者（7～8分）和批评者（0～6分），如图4-3所示。

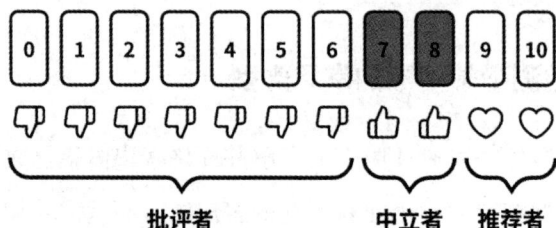

图4-3　净推荐值的划分方式

净推荐值适用于大部分的2C（对消费者）和2B（对企业）行业，特别是在竞争激烈、客户选择多样的市场环境中。然而，对于具有垄断地位、高市场占有率或具有强烈社会和文化意义（高参与感+显性意义）的产品或服务（如公用事业、独家药品、婚庆等）来说，NPS可能并不是一个很好的测量指标。

计算公式：NPS=（推荐者比例−批评者比例）×100%

计算示例：假设一个公司收到了100份客户反馈，其中50人是推荐者，30人是中立者，20人是批评者。在这种情况下，NPS的计算为：NPS=（50/100−20/100）×100%=30%（在实际报告中，NPS通常表示为一个整数，即30，而不是30%。虽然NPS的计算过程涉及百分比，但为了便于理解和应用，NPS结果通常以整数形式表示。这一惯例源自NPS的创始人Fred Reichheld及其推广者贝恩咨询公司和Satmetrix公司的标准实践）。

评价标准：NPS得分范围从−100到+100。一般而言，一个高的NPS分数（如大于50）表明公司拥有较高的客户忠诚度和推荐率，而一个低的NPS分数（如小于20）通常意味着公司需要在客户体验方面进行改进。下面是各行业的NPS基准值（仅供参考），如图4-4所示。

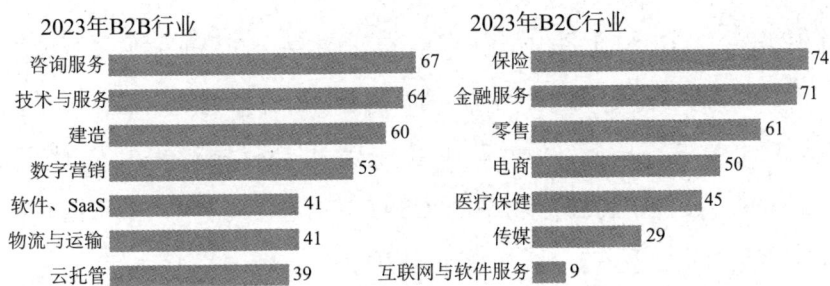

图4-4　B2B和B2C行业的NPS基准值

（数据来源：Retently）

（1）优势

预测能力强：NPS被证明是一个不错的未来客户行为（如续订、升级或推荐）的预测指标。

易于理解和执行：只需一个问题就可以得出一个清晰、直观的分数，这对于高层管理者和一线员工来说都是容易理解和使用的。

专注态度而非情感：与一些更复杂的测量标准（如客户满意度）不同，NPS专注于客户的整体态度和忠诚度，而不是特定交易或阶段性互动的感受。

（2）劣势

单一维度：NPS只考虑了客户是否愿意推荐，忽略了其他可能影响客户满意度和客户忠诚度的因素。

现实行为偏差：虽然NPS试图测量推荐意愿，但这并不总是与客户实际的推荐行为一致。

文化和地域差异：不同文化和地域对推荐行为的看法不同，这可能影响NPS的可靠性和适用性。

总体来说，NPS是一个有用但不全面的客户体验测量指标。它适用于那些需要快速、简单和直观的客户反馈的场合。然而，为了获得更全面的视角，最好将NPS与其他测量标准（如客户满意度、客户生命周期价值等）结合使用。

2. 客户满意度（CSAT）

客户满意度（CSAT）是一个用于衡量客户对某个产品或服务是否满意的测量标准。20世纪50年代，随着市场营销和消费者行为研究的兴起，客户满意度开始受到广泛关注，研究者们围绕"期望—差距"的范式，提出了一个可以对产品或服务进行比较、判断的参照点。CSAT的判定取决于客户的预期与实际消费，不一定是对企业及其产品整体价值或质量的衡量。客户满意度之父、美国客户满意度指数（ACSI）创始人科罗思·费耐尔（Claes Fornell）于1994年指出："客户满意度是企业的长期市场价值和财政健康的领先指标。"

客户满意度一般会通过客户调查问卷来实现，其中最典型的问题是："你对我们的产品/服务满意吗？"答案通常是按照5点或7点的量表来设计的，从

"非常不满意"到"非常满意"。

CSAT适用于大多数类型的行业和企业，无论是 B2C 还是 B2B，无论是产品还是服务。它是一个相对简单和直观的指标，小型企业和初创企业也可以很容易地实施。

CSAT的计算通常基于对"满意"和"非常满意"这两个选项的回应，如图4-5所示。

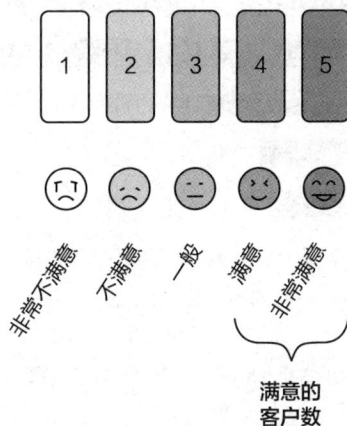

图4-5　客户满意度的划分方式

计算公式：CSAT=（满意的客户数/参与调查的客户总数）×100%。

计算示例：假设有100个客户参与了一个 CSAT 调查，其中70人表示"满意"或"非常满意"。那么，CSAT 的计算为：CSAT=（70/100）×100%=70%。

评价标准：CSAT 得分通常在0 ～ 100%。一般而言，高于80%的 CSAT 分数被认为是良好或优秀的，而低于60%的分数通常意味着有待改进。下面是部分行业 CSAT 的基准值（仅供参考），如图4-6所示。

（1）优势

灵活多样：企业可以定制 CSAT 调查以满足不同的需求，如产品功能、客户服务、交付时间等。

即时反馈：由于其通常在交易完成后立即进行，因此 CSAT 可以快速捕捉到客户的感受。

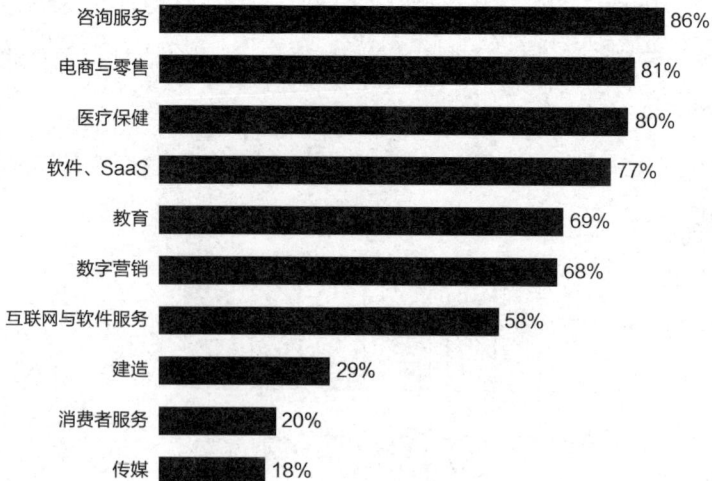

咨询服务	86%
电商与零售	81%
医疗保健	80%
软件、SaaS	77%
教育	69%
数字营销	68%
互联网与软件服务	58%
建造	29%
消费者服务	20%
传媒	18%

图4-6　部分行业的CSAT基准值

（数据来源：Retently）

深入诊断：通过进一步提出问题和分析，CSAT可以揭示产品或服务在哪些方面做得好或需要改进。

（2）劣势

预测能力差：CSAT主要反映的是过去或现在的满意度，不一定能准确预测未来的客户行为。

易受极端情况影响：一次不好的体验可能导致CSAT分数严重下降，尤其是在样本量小的情况下。

趋中效应：有时候客户可能会选择中性的答案，以避免过于正面或负面，这可能导致结果失真。

总体来说，CSAT是一个易于理解和实施的度量工具，尤其适合对某一特定交易或互动进行评价。然而，由于CSAT侧重于短期满意度而非长期忠诚度，因此同样建议将其与其他长期指标（如NPS或客户生命周期价值）结合使用，以获得更全面的客户体验分析。

3. 客户费力度（CES）

客户费力度是一个用于衡量客户在获取产品或服务时遇到的困难程度的指标。

马修·迪克森（Matthew Dixon）等人在2010年发表的《哈佛商业评论》的文章《别过度取悦顾客》中提出了客户费力度的概念。在这篇文章中，他们强调让客户评价使用某产品/服务来解决问题的困难程度，是基于满意度无法客观体现客户忠诚度的研究而提出的。

田小川与文莉在2011的研究中发现，94%的体验到较低费力度的客户表示，他们愿意在后续业务中回购产品，而88%的客户表示愿意为那些使他们感到费力度较低的产品或服务支付更多的费用。

CES特别适用于需要多步骤或多层次交互的场景，比如客户支持、产品安装、申请流程等。这适用于所有企业和所有产品或服务，无论是面向消费者的B2C业务还是面向其他企业的B2B业务。

CES典型的问题是询问客户"你花费了多大精力来解决这个问题"，答案通常按照5点或7点的量表来设计，从"非常少"到"非常多"，如图4-7所示。

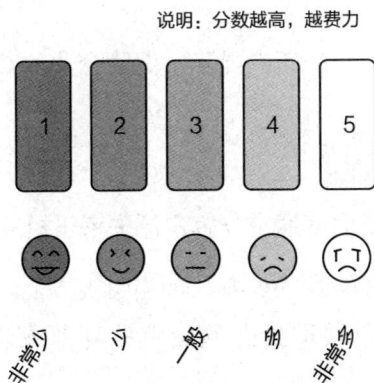

图4-7　客户费力度的划分方式

计算 CES 通常基于对"困难程度"评级的平均值进行计算。

计算公式：CES=所有客户的困难程度评分之和/参与调查的客户总数。

计算示例：假设有 10 个客户参与了 CES 调查。他们的评分分别是 1、2、2、3、3、3、4、5、6、7；那么，CES=（1+2+2+3+3+3+4+5+6+7）/10=3.6。

一般而言，低的 CES 分数（即客户觉得努力程度低）通常意味着更好的客户体验。然而，不同的业务和文化背景可能有不同的评价标准，所以最好是将 CES 与业内或历史数据进行比较。通常，其在 5 点量表上集中于 1～2，或在 7 点量表上集中于 1～3。这个区间的得分反映了积极的客户体验，表明客户在使用产品或服务的过程中感到非常方便和高效。

以下是各行业的 CES 平均得分概览（仅供参考）。

零售业：Gartner 的调查显示，零售企业的 CES 平均得分为 0.7（5 点量表）。

银行业：Advisory Board 的调查表明，银行业的 CES 平均得分约为 0.6（5 点量表）。

电信业：Temkin Group 的研究发现，电信企业的 CES 平均得分约为 1.4（5 点量表）。

医疗保健：CEB 的调查发现，医疗保健提供商的 CES 平均得分约为 0.8（5 点量表）。

保险业：Temkin Group 的研究显示，保险企业的 CES 平均得分约为 1.1（5 点量表）。

（1）优势

预测未来行为：高费力度通常与客户流失率正相关，所以 CES 有助于企业预测和减少客户流失，专注消除或减少客户的障碍。

问题定位：CES 可以帮助企业确定哪些环节或步骤可能导致客户体验下降。

简洁明了：CES 通常只包含一个问题，因此容易被嵌入多种客户互动中，如邮件、应用调查等。

（2）劣势

不深入了解问题发生的原因：CES能告诉你客户在哪个步骤感到困惑或费力，但通常不能告诉你为什么。

无法全面评价：CES主要关注客户费力的程度，可能忽略其他与客户满意度和客户忠诚度相关的多维度因素。

总体来说，客户费力度是一个用于量化客户体验中"难易程度"的有效指标。与NPS或CSAT不同，CES更关注过程和操作层面，适用于评估客户完成特定任务或解决问题的"易用性"。然而，由于它通常无法提供问题发生的根本原因，建议将它与其他指标和定性分析相结合，以获得全面的洞察。

4. 继续使用（合作）意愿（Continuation Intent）

继续使用（合作）意愿是一个关键的预测性指标，主要用于量化和评估客户是否愿意继续使用或续订一个特定的产品或服务。它通常是通过一系列问题或单一问题进行衡量的，例如"你打算在合同到期后续订我们的服务吗？"或者"你愿意继续使用我们的产品吗？"让客户从"非常不可能"到"非常可能"（5点或7点的量表）的范围内选择，如图4-8所示。

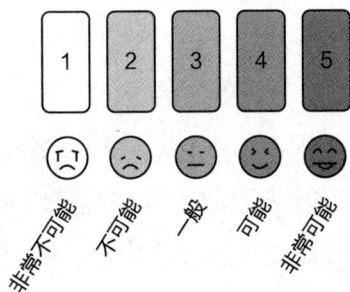

图4-8　继续使用（合作）意愿的划分方式

对于需要长期合同和复杂集成的服务，这个指标尤为重要，特别适用于SaaS、工具型产品和B2B行业，其中客户关系和持续合作是业务成功的关键因素。

计算公式：继续使用（合作）意愿 =（选择"非常可能"和"可能"的客户数）/参与调查的客户总数 ×100%。

计算示例：假设有100个客户参与了继续使用（合作）意愿的调查，其中60人选择了"非常可能"或"可能"，则继续使用（合作）意愿 =（60/100）×100%=60%。

其得分通常在0～100%，高于70%通常被认为优秀，表明客户续订或继续合作的可能性高。与CSAT不同的是，它更多地关注未来行为而不是过去或当前的满意度。

（1）优势

强预测未来行为：由于它直接询问关于未来行为的问题，因此有很强的预测能力。

长期客户价值：它有助于企业理解客户生命周期价值（LTV），从而更好地进行资源配置和策略规划。

强调客户维护：高意愿通常是客户维护工作做得好的标志，有助于团队持续改进。

（2）劣势

主观偏见：由于完全依赖于客户自己的看法和情感，因此可能受到种种偏见和情绪的影响。

短期波动性：某些外部因素（如市场竞争或经济状况）可能影响客户的继续使用（合作）意愿，并不能完全反映产品或服务的实际质量。

总体来说，继续使用（合作）意愿是一个非常有用的指标，特别是在需要建立长期稳定的客户关系和持续合作的B2B环境中。它依赖于客户的个人看法，需要与其他更客观或量化的指标相结合，从而帮助企业获得全面的客户关系视图。

5. 客户流失率（Churn Rate）

客户流失率是一种关键绩效指标，用于衡量在特定时间段内（如一个月、一个季度或一年）失去的客户数占该时间段开始时客户总数的比例，属于客户体验的结果指标。对于需要持续客户关系来维持盈利的订阅型或服务型企业来说，客户流失率尤为重要。

客户流失率尤其适用于电信、SaaS、流媒体服务、金融等服务型行业以及任何其他基于订阅模型的业务。当然，这一指标也可以用于其他类型的企业来测量客户忠诚度。

计算公式：客户流失率 =（某一时间段流失的客户数 / 该时间段开始时的客户总数）×100%。

计算示例：假设月初有1000个客户，月末流失了50个客户。根据这些数据，客户流失率的计算为：流失率 =（50/1000）×100%=5%。

客户流失率通常在0 ~ 100%。较低的客户流失率（如5%或更低）通常意味着企业在客户满意度和客户忠诚度方面表现良好。较高的客户流失率（如20%或更高）通常是企业战略、产品 / 服务质量有问题的警示。在CustomerGauge 于2022年发布的客户流失率调研报告中，行业基准值大致情况如下：能源 / 公用事业（11%）、计算机软件（14%）、电信业（31%）、制造业（35%）、后勤业（40%）、消费品（40%）、批发业（56%），其中，服务业调研被划分为信息技术服务（12%）、行业服务（17%）、金融服务（19%）、咨询服务（27%）。

（1）优势

直接关联企业的收入和增长，是企业健康的关键指标之一。

易于测量和理解，可作为快速检查企业健康的工具。

可用于触发进一步的分析，理解客户流失的根本原因。

（2）劣势

客户流失率是一个滞后指标，通常反映了企业之前的决策或行动的影响，而不是当前状态。

不能单独用于深入了解客户流失的原因，需要与其他数据和指标（如客户满意度、客户费力度等）结合使用。

高流失率可能会导致企业进入恶性循环，原因在于获取新客户的成本通常高于保留现有客户。

总体来说，持续监测客户流失率，并与其他关键业绩指标相结合，企业能更有效地调整其战略和运营模式，提高客户满意度和降低客户流失率。

6.首解率（FCR）

首解率是一种常用的客服和客户体验测量指标，用于衡量客户问题或需求在首次接触（通常是通过电话、邮件或在线聊天）时被成功解决的比例。

根据国际客户管理协会（ICMI）的说法，可以将首解率理解为在人工客服情况下，客户首次联系呼叫中心就可以解决问题的数量与客户总呼叫量的比例。在呼叫中心的实际工作中，FCR通常通过客服IM系统或工单系统中的数据来跟踪，客服在成功解决问题后会标记客户工单为"已解决"，在某个时限内客户没有二次或多次联系，即可以认为问题得到了解决。

首解率依据业务会区分为24小时首解率、48小时首解率及72小时首解率。

还有一种方法是在客户呼叫后，通过电话、电子邮件或在线调查等方式询问客户他们的诉求是否得到了解决，这种方法比较依赖于客户的主观判断来确定问题是否已解决。在具体操作中，两种方法常常会组合使用，对于"已解决"的工单还可被重新打开且可被更新或添加回复。当客户基于状态为"已解决"的工单再次发起呼叫时，工单的状态可自动变为受理中。

在企业服务领域，首解率可以用于衡量服务团队对其他企业客户问题的解决效率。在消费者领域，首解率通常用于衡量零售、电商、通信等行业的客户服务效率。

比如，今天你所在的客服呼叫中心处理客户进线数为200个，有120个是首次联系，有80个是二次或多次联系。其中首次联系中一次性解决60个，二次或多次联系中一次性解决70个。

那么，你可以有2种方式进行计算。

净首解率为：（60/120）×100% = 50%

综合首解率为：（60+70）/200×100% = 65%

定义不同，可能会导致计算结果不同。从标准计算公式（首解率 = 首解客户数 /首次联系客户数 ×100%）可以看出，净首解率才能真正体现客服中心首次问题解决能力。

二次或多次联系，是由于之前的问题并没有得到解决，或客户在一定时间内存在多项问题，这时不能用首解率一概而论。

在 SQM 集团于 2023 年发布的行业首解率调研报告中，行业基准值会被细分为行业最高的首解率、行业最低的首解率、行业平均的首解率，便于企业在指标上有更加清晰的判断。行业首解率基准值大致情况如下：零售（行业最低的首解率 =56%、行业平均的首解率 =77%、行业最高的首解率 =88%）、能源（行业最低的首解率 =59%、行业平均的首解率 =72%、行业最高的首解率 =82%）、金融（行业最低的首解率 =57%、行业平均的首解率 =70%、行业最高的首解率 =91%）、技术支持（行业最低的首解率 =44%、行业平均的首解率 =65%、行业最高的首解率 =79%）、电信（行业最低的首解率 =52%、行业平均的首解率 =61%、行业最高的首解率 =73%）。

保险领域进一步细分为保险业（行业最低的首解率 =69%、行业平均的首解率 =75%、行业最高的首解率 =84%）、健康保险（行业最低的首解率 =51%、行业平均的首解率 =68%、行业最高的首解率 =84%）。

另外，报告还包含非营利组织的基准值（行业最低的首解率 =60%、行业平均的首解率 =75%、行业最高的首解率 =88%）、政府的基准值（行业最低的首解率 =39%、行业平均的首解率 =73%、行业最高的首解率 =82%）。报告也给出了全行业呼叫中心的通用基准值，分别是行业最高的首解率 =91%、行业

最低的首解率 =39%、行业平均的首解率 =68%。

根据 SQM 集团 2023 年的研究，跨行业的 FCR 平均基准值为 68%，不同行业呼叫中心的 FCR 在 39% ～ 91% 变化。通常情况下，诸如零售和非营利组织这样的低复杂性领域拥有较高的 FCR，而技术支持和电信等高复杂性行业的 FCR 较低。尽管如此，在高复杂性行业或呼叫中心，也不乏高 FCR 的实例。目前业内普遍认为首解率在 65% ～ 75% 是一个不错的表现。当然，不同的公司业务不同，首解率的差异也会很大。

像电商公司在处理一些查询工作（如发货、物流等）时，通常能在首次联系就解决问题。

像云服务一类的提供技术性产品的企业，从定位问题到真正解决问题的链路会很长，有些技术性问题需要在内部几经流转，通过多轮多次的沟通才能解决。

另外，如果企业有一个很棒的自助服务系统，那么客户自己就能解决大多数问题，当自助服务系统无法解决问题时，客户可能转向人工客服，这就会让首解率偏低。因此，在评估客户服务效率时，不仅要看首解率，还需要考虑自助服务系统的解决率，这样才能全面了解客户服务的整体表现。

还有其他很多因素会影响首解率，这取决于呼叫中心目前要解决客户问题的类型、如何处理工单，以及服务自助化的程度。

（1）优势

提高客户满意度：快速解决问题通常与高客户满意度关联。

提高效率：减少了客服人员需要反复处理相同问题的次数，从而节约了客服资源。

（2）劣势

不适用于所有问题：一些复杂或需要进一步跟进的问题可能无法在首次接触时解决。

可能导致表面化处理：为了提高首解率，客服可能会忽视问题的根本原因。

Hold线带来的虚假首解率：首解率指标并不会考虑客服帮助客户答疑的总时长。为了首解率，客服常常采用 Hold 线的手法，拖住客户直到解决问题为止。

问题关闭并不等于已解决：很多企业会由客服人员标记问题"已解决"，而事实上有可能问题并未得到解决，没有考虑客户侧的情况。

总体来说，首解率是一个非常有用的客户体验和客服效率指标，广泛应用于 B2B 和 B2C 的多个行业。该指标有助于提高客户满意度和整体的服务效率，但也有其局限性和潜在的劣势。因此，企业在将首解率作为测量工具时，应综合考虑其他指标和客户反馈，以获得更全面和准确的客户体验评估。

选择合适的指标并不仅仅是一种科学的活动，也包括对业务模型、客户基础和战略目标的深刻理解。最终，有效的客户体验管理不应依赖于单一指标，而应该是一个综合的、多维度的努力。综合使用这些指标，并不断地监控和调整，企业将能够更准确地把握客户需求，提升客户满意度，从而实现可持续的业务增长。

4.4 客户体验测量单指标的信噪比

信噪比（SNR）是一个衡量数据质量的关键指标。想象一下你在收听广播，音乐就是你想听到的"信号"，而静电和其他杂音就是"噪声"。信噪比就是这里面的音乐（有效信息）与杂音（干扰信息）的比例。在客户体验测量中，"信号"是关于客户满意度、客户费力度或净推荐值等有效的数据，而"噪声"则可能是季节性因素、特殊促销活动或数据采集误差等因素。这些因素会在客户体验测量的过程中混淆或歪曲你真正想了解的客户体验指标。也就是说，原始信息在从数据采集到数据处理，再到数据呈现的过程中会损失一部分，能够被看到的可能只有50%，甚至更低，如图4-9所示。在这种状况下，体验指标实际上并不能反映业务的真实情况。

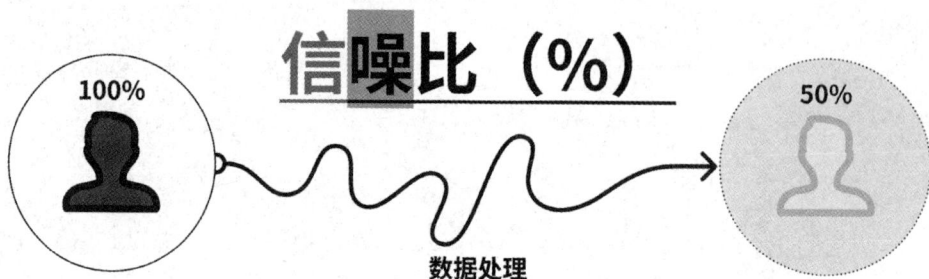

信噪比（%）

100%

数据处理

50%

图4-9　信噪比的影响

　　信噪比的高低直接影响企业对客户体验的准确理解和应对策略。信噪比越高，代表有效信号越多。下面通过一个简单的例子来解释这一点：假设你经营一家餐厅，每天会收到不同渠道（如社交媒体、客户反馈表、美团点评在线打分等）的客户体验指标调查反馈。这些反馈是你的"指标数据"。

　　① 低信噪比的情况：如果大部分数据都是反馈关于一次性的促销活动或者特定节假日经验的（这些都是噪声），那么你可能会误以为客人主要关心的是价格或节假日活动。因此，你可能会错误地聚焦在调整价格或增加节日装饰上，而忽视了餐厅食品质量或服务水平，但这些可能才是客户真正关心的核心问题（信号）。

　　② 高信噪比的情况：相反，如果你能准确地过滤掉这些季节性或与促销相关的噪声，聚焦在客户多次提及的食品质量或服务水平等方面（这是真正的信号），那么你就能更精准地了解客户的需求，并据此做出改进。

　　因此，一个高的信噪比不仅能帮助你更准确地识别客户体验的强项和弱项，还能让你更有针对性地进行资源分配和决策制定，从而提高客户满意度和企业收益。

　　信噪比下降的常见原因主要有数据质量问题、数据不全面、使用不准确或不合适的统计方法。提高客户体验测量指标的信噪比是一个至关重要的任务，它影响着企业对客户需求和体验的准确理解。而要提高这一指标，可以从数据采集、数据处理和数据呈现3个环节进行优化。

在数据采集环节，首先要做的是选择一个准确和全面的数据源。其次，需要使用先进的数据采集工具。这些工具能更准确地捕捉用户行为和反馈，就如同一台高级的相机能比一台普通的手机捕捉到更多的细节。

数据处理是另一个容易产生噪声的环节。使用先进的数据清洗算法是非常必要的。这些算法可以自动识别并剔除数据中的异常值和噪声，就像一台高级的音响设备能自动过滤掉背景噪声，让你听到更纯净的音质。然而，技术手段并不能解决所有问题，这时候人工审核就显得尤为重要。通过人工审核，可以识别出那些算法可能忽视但实际非常重要的数据点，就像在音乐制作中，自动调音只是第一步，最终还需要人耳去捕捉最微妙的音效。

此外，数据如何呈现也是影响信噪比的关键因素。选择一个合适的数据可视化工具非常重要，好的工具能让复杂的数据变得容易理解。

4.5　客户体验测量单指标选择的难点

为客户体验测量选择适当的单项指标是一项复杂而微妙的任务。客户体验是一个多维度和多层次的概念，事实上，选择单一的客户体验测量指标通常会遇到以下3个主要的难点，如图4-10所示。

| 单一
指标维度偏差 | 缺失
多元视角表达 | 缺少
多源渠道数据 |

图4-10　选择单一的客户体验测量指标会遇到的难点

1.单一指标维度偏差

客户体验和忠诚度不应该、也无法被压缩为一个数字。对于企业而言，需要的是建立一个完整可持续迭代的客户体验管理体系，借由这个体系不断发现问题，并持续提升客户体验。依赖于单一的指标，比如客户满意度，可能会导致对其他重要维度的忽视。例如，一家电子商务平台如果过度依赖"购物车转化率"作为衡量成功的唯一指标，而忽略了客户服务和产品质量等方面，则可能导致大量退货和差评。因此，不能依赖某一个指标，而是要建立一个完整且可持续迭代的客户体验管理体系。

2.缺失多元视角表达

在业务单元中，不是只有客户视角，还有供应商、合作伙伴、内部员工等视角。从这些不同的视角采集数据和信息，企业可以更全面地理解问题发生的原因。以一家健身房为例，如果仅通过客户的"续费率"这一视角来判断其服务质量，而没有从教练或者设备供应商的角度进行评估，则可能导致服务质量的整体下降。因此，企业需要考虑建立一个更全面、多维度的评价体系。

3.缺少多源渠道数据

如今，客户与企业交互的渠道非常多，常常是线上和线下交替的混合模式。可能某个客户在线上消费前已经在线下多次体验产品了，只是最后交易环节发生在线上而已。如果你不知道这些过程，就分析不了在投放广告和实际运营中的哪个环节在发挥作用。也就意味着没办法走近客户，了解他们真正遇到的问题和痛点，这并不是一个良性的商业循环。以一家零售商为例，如果其只关注线上的购买数据，而忽视了线下门店的体验和客户互动，将导致线上和线下的数据和体验割裂。

在面对这些挑战时，引入"北极星"指标是解决多维度挑战和确保组织内部一致性的有效方法，它通常是一个关键指标，企业可以用它来衡量产品或服务能否实现其最终的商业目标或愿景。"北极星"指标像灯塔一样，能够指引企业所有人朝着同一个方向努力。这里需要画重点，就是"所有人"和"方向"。与之不同，客户体验测量单指标通常更加具体和细分，能更精确地指导改进的方向。选择"北极星"指标是更高维度的价值呈现，它要求企业在功能价值和情绪价值之间找到平衡点，同时确保核心价值的稳定性，如图4-11所示。选择合适的"北极星"指标，企业可以确保在追求业绩增长的同时，也能够提升客户体验，实现长期的成功和增长。

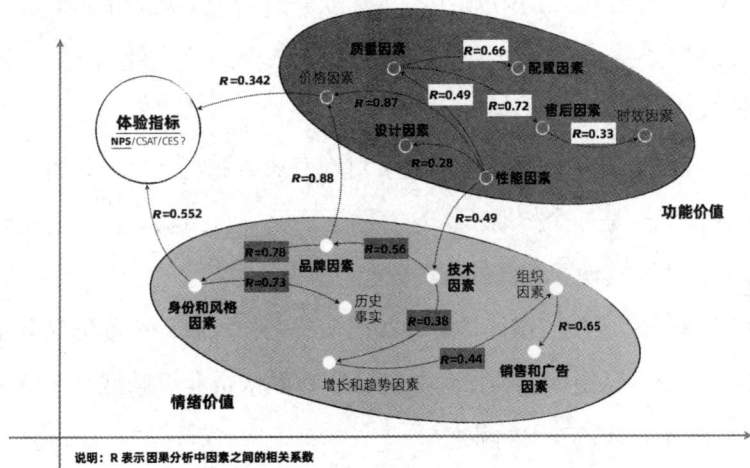

图4-11　在功能价值和情绪价值之间找到平衡点

选择合适的客户体验测量单指标和"北极星"指标是两个不同的概念，它们在战略层面和应用层面各有特点和作用，比如客户体验测量单指标通常更具体、更细分，能够更精确地指导改进的方向，而"北极星"指标通常是全局性的、高层次的，有时候在具体操作层面可能并不提供足够的信息。不过，客户体验测量单指标与"北极星"指标之间并不矛盾，良好的客户体验往往会正面影响"北极星"指标。反之，如果"北极星"指标持续改善，通常也意味着客户体验在某种程度上得到了提升。

所以，在客户体验测量指标方面，企业往往选择单指标作为客户体验的"北极星"指标，虽然单指标存在一些弊端，但又有必要性。目前，越来越多的企业会选择净推荐值作为"北极星"指标，如Apple、Microsoft、Adobe和抖音等。

① 对于初创企业或新产品，体验"北极星"指标可能尚不清晰。在这一阶

段，企业可能将更多的精力集中在产品开发、市场定位等方面。然而，一旦产品达到一定的成熟度和用户基数，就应该考虑设定一个能反映核心价值主张的"北极星"指标了。

② 当企业开始扩大市场份额或拓展新业务时，一个清晰的"北极星"指标尤为重要。它不仅能够帮助企业聚焦于自身最核心的商业目标，而且还可以作为团队协作和决策的共同基准。

③ 当企业面临重大战略转型或需要对现有业务进行优化时，重新审视或调整"北极星"指标是一个好时机。这有助于确保所有团队成员都能明确转型或优化的方向，从而实现更高效的资源分配。

④ 在竞争异常激烈或市场接近饱和的情况下，拥有一个能够区分企业与竞争对手的"北极星"指标变得尤为关键。这有助于企业更精准地定位自己，并集中资源来提升最具影响力的业务。

值得注意的是，"北极星"指标并非一成不变的。随着市场环境、客户需求、企业战略等因素的变化，企业应定期评估并适时调整这一核心指标。

长期来看，最佳的策略通常是建立一个多元、层次化的客户体验测量体系，其中既包括高层次的"北极星"指标，也包括更具体、更细分的客户体验测量指标。这样做可以帮助企业更全面地理解和提升客户体验，从而实现商业成功。通过这种结构化的方式，企业能更全面和深入地理解客户体验测量单指标选择的各种复杂因素和挑战，从而做出更加明智和高效的决策。

4.6 客户体验测量单指标增长实验

增长实验的方法论与戈登·盖亚特（Gordon Guyatt）和大卫·L. 萨克特（David L. Sackett）于1995年首次提出的"证据层级"这一概念紧密相关，这是一种评估不同类型研究证据强度和可靠性的方法。只要能根据研究证据和目标结果之间的影响强度来操作，就可以避免那些"非证据"因素，即那些具有高偏见强度的因素。

增长实验是客户体验测量中一种重要的方法，如图4-12所示，用于验证客户体验增长模型的短期实验，常见的形式主要为A/B测试、多变量测试。它允许企业在有限的范围和时间内测试不同的策略和功能，以了解具体哪些指标能够对客户体验产生影响，不论是正向的还是负向的影响，都需要被明确其作用。为什么这么重要呢？因为在众多定义的指标中，能够推动业务增长和优化客户体验的指标相当有限。在不断变化的市场和客户需求环境中，依赖过去的数据和经验是不够的。增长实验提供了一个快速、低风险的方式来采集新数据，可以帮助企业找出哪些是真正有效的客户体验测量指标，哪些不是。

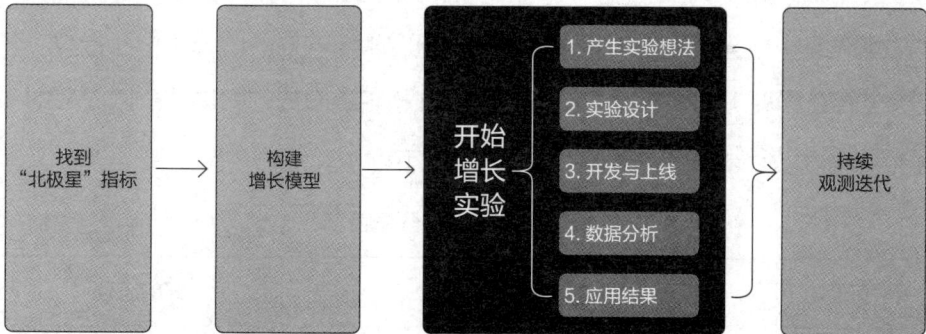

图4-12 针对"北极星"指标进行增长实验

首先，企业通过对以往数据进行分析，确定哪些因素（如价格、功能、服务质量等）对客户体验有主要的影响。一旦确定了这些关键因素，下一步就是将它们与前面提到的客户体验测量指标关联起来。将这些对增长有显著影响的"关键成分"整合到实验当中进行测试，测量的指标包括净推荐值、客户满意度、客户费力度等，每个指标都有其优缺点和应用场景，因此，企业在选择时需要综合考虑多个因素，如业务需求、目标客群等。

其次，企业可以使用A/B测试流程来进行增长实验。假设我们是一家餐厅的店长，通过客户反馈和内部观察，我们发现点餐过程存在一些痛点，如菜单复杂、点餐耗时等，客户满意度下降导致餐厅整体业绩下滑。这时我们假定增长模型为通过优化点餐流程，提高客户满意度这个指标，进而提升餐厅业绩。增长实验可以拆分为以下5个环节进行。

1.产生实验想法

我们从门店客户中随机选取600名客户进行A/B测试，随机分为3个不同的客户群：客群A、客群B和客群C。与团队成员共同讨论，根据业务目标产生高质量的实验想法。

客群A：保留当前的点餐方式（纸质菜单，作为控制组）。

客群B：采用电子菜单，内置推荐算法。

客群C：引入多语言电子菜单，附带详细的菜品信息和图像。

优先级排序：使用ICE［Impact（预估影响）、Confidence（信心指数）、Ease（容易程度）］框架对客群A、客群B和客群C的方案进行团队内部的评分，最终决定需要开展的实验，如表4-1所示。

表4-1　ICE评分框架

评估维度	如何打分	好的表现
预估影响	1～10的量表（1：非常小的影响；2～5：较小的影响；6～8：一般影响；9～10：重大影响）	客户满意度或者其他关键指标明显提升
信心指数	1～10的量表（1：几乎没有信心；2～5：较小的信心；6～8：有一定的信心；9～10：十足信心）	方案有充分的数据或先例支持
容易程度	1～10的量表（1～2：长期，3～6个月及以上；3～5：一般周期，2个月；6～7：较短周期，1个月；8～10：短周期，2周内）	方案容易实施，并且所需资源较少

注意，评分的量表应根据实际需要采用不同的等级，市面常用的还有1～5的量表；ICE Score（综合打分）可以采用相乘、相加的计分方式计算最终得分。

方案1：保留当前的点餐方式（纸质菜单，作为控制组）

● 预估影响：4（作为控制组，预计对客户满意度提升影响较小）。

● 信心指数：6（对现有方案很了解，对客户满意度提升的信心一般）。

● 容易程度：10（没有任何改变，实施容易）。

● ICE Score：$4 \times 6 \times 10 = 240$。

方案2：采用电子菜单，内置推荐算法

● 预估影响：8（电子菜单和推荐算法有可能显著提升客户满意度）。

● 信心指数：6（对推荐算法效果有一定的信心，但需要实际测试）。

● 容易程度：6（需要开发电子菜单和推荐算法，存在一定实施成本和时间成本）。

● ICE Score：$8 \times 6 \times 6 = 288$。

方案3：引入多语言电子菜单，附带详细的菜品信息和图像

● 预估影响：10（提供更多信息和方便，预计会大幅提升客户满意度）。

● 信心指数：8（多语言和丰富的信息应该能吸引更多的客户）。

● 容易程度：4（需要大量的内容创建和多语言翻译，实施成本和时间成本较高）。

● ICE Score：$10 \times 8 \times 4 = 320$。

经过ICE评分后可以看出，方案1因为是控制组，所以影响力较低，在不需要改变的情况下，对于提升客户满意度的信心一般，但这也是最容易的；尽管方案2和方案3的执行难度较高，但预计的影响也相对更大，如表4-2所示。综合考虑影响、信心和实施难度，认为该实验对于提升客户体验（方案2和方案3的ICE得分均大于方案1）有足够的潜力和价值，值得进一步在600名客户中投入测试验证。因此，我们将继续把实验从团队内部扩展到实际的客户群，以全面了解各方案对于客户满意度的影响。

表4-2 实验方案打分情况

实验方案	预计影响	信心指数	容易程度	综合打分
方案1	4	6	10	240
方案2	8	6	6	288
方案3	10	8	4	320

2.实验设计

确定如何划分流量，哪些变量需要进行测试，以及如何进行数据分析。这样的实验设计旨在全面了解不同点餐方式对客户体验的影响，以便找出最优方案。

● 流量划分：每个客群各占整体测试客户的1/3，客群 A、客群 B 和客群 C 各分配200名客户。

● 测试变量：点餐方式。

客群 A：保留当前的点餐方式，作为控制组。

客群 B：使用内置推荐算法的电子菜单。

客群 C：提供多语言、附带详细菜品信息和图像的电子菜单。

● 数据分析方案：使用5点量表（1代表非常不满意，5代表非常满意）对各个客群进行满意度调查。这将直接反映客户对不同点餐方式的接受程度。此外，跟踪每桌的平均点餐时间，可以从另一个维度反映客户体验，如更短的点餐时间通常意味着更高的效率和可能的满意度。

● 数据埋点：在电子菜单的每一个步骤和界面设置数据埋点，以收集客户行为数据。这不仅可以用于后续的深入分析，也会为进一步优化提供数据支持。

3.开发与上线

经过前期的准备和实验设计后，进入开发和上线阶段。

（1）服务人员培训

● 所有服务人员都需要参加一个简短的培训，以确保他们了解实验的目的、流程以及如何区分各个实验组（客群 A、客群 B 和客群 C）。

● 培训材料包括每种点餐方式的操作手册，特别是如何使用新电子菜单的详细指导。

● 培训结束后进行小测验，确保每名服务人员都能准确执行实验步骤。

（2）硬件与软件确认

● 对于电子菜单使用的硬件（如平板电脑或触摸屏），需要经过彻底的测试，以确保它们能正常工作。

● 软件端（电子菜单应用）也需要进行预上线测试，确保所有的功能都可以按预期工作。

● 设置好数据埋点并进行测试，以确保数据能准确地收集和上报。

（3）上线

● 在所有准备工作完成后，正式开始实验。

● 由管理团队和数据分析团队密切监控实验数据，并做好随时调整实验设置的准备。

● 这些步骤可以确保实验的顺利进行，同时也确保所有参与人员（包括服务人员和客户）都能在一个良好控制的环境中进行活动，从而获得最准确的实验结果。

● 实验结束两周后，我们对数据进行了详细的分析，如表4-3所示。

表4-3　实验结果对照表

客群	平均客户满意度得分（5点量表）	平均点餐时间（分钟）
客群 A	3	7
客群 B	3.8	5
客群 C	4.5	6

4. 数据分析

- 客群C的平均客户满意度得分最高，这标志着在客户体验方面客群C的方案3最受欢迎。
- 除平均客户满意度外，我们还注意到客群C的平均点餐时间也相对较短，这意味着客群C的方案3不仅让客户更满意，而且提高了点餐流程的效率。

5. 应用结果

- 根据这些数据，我们决定全面推广客群C的方案3点餐方式。
- 我们会及时向服务人员和相关团队传达这一决策，并开始准备相应的培训和物料，以便尽快将客群C的方案3点餐方式应用到全体客户中。

通过这次A/B测试，我们成功地找到了一种更能提高客户满意度和效率的点餐方式。这不仅证实了我们的实验设计是有效的，而且强调了以数据和客户反馈为基础进行决策的重要性。特别是在服务体验复杂和客户需求多样的情境下，准确的客户体验测量和精心设计的实验流程将是找到最佳解决方案的关键。

通过持续并大规模地进行客户体验测量的增长实验，不仅可以识别哪些实验成功地提升了关键的体验测量指标（如客户满意度、客户忠诚度、净推荐值），而且可以推断出哪些具体策略更有可能全面提升客户体验，甚至是经营业绩。这个过程中至关重要的一步是识别关键驱动因素，也就是那些对一项或多项客户体验测量指标有显著影响的因素。如果通过实验和数据分析，发现价格是影响客户满意度（CSAT）或净推荐值（NPS）的关键驱动因素，就可以更有针对性地进行价格策略的优化和调整。通过不断地实验和数据分析，不仅可以找到影响客户体验的关键因素，还能更准确地量化这些因素对客户体验的具体影响，进而找到功能价值和情感价值之间的最佳平衡。如果能准确识别这些关键驱动因素，那么企业不仅能更加精准地识别哪些方面对客户体验有决定性影响，还能制定更有针对性的优化策略。

4.7 客户体验测量聚合多指标类型

客户体验测量聚合多指标是一个复合型的评估模型，它整合了 X-Data（体验数据，如客户满意度、净推荐值等）和 O-Data（运营数据，如收入、客户活跃度等）来形成一个全面和均衡的客户体验评价体系。这种聚合通常通过一系列数学模型和加权算法来实现，确保了从多维度和多层面对客户体验进行全面解读。

单一指标通常只涉及 X-Data 或 O-Data 中的一种。通过聚合多指标，企业不仅可以获得一个全面的视角，而且可以提高决策的准确性。例如，高客户满意度（代表 X-Data）和高客户活跃度（代表 O-Data）共同指向一个积极的客户体验。聚合多指标可以更好地与企业的长期战略和目标对齐。X-Data 帮助企业了解客户的情感和需求，而 O-Data 则更侧重于业务绩效和运营效率。两者结合，能更好地指导战略决策。

在商业环境中，我们可以看到一些真实的应用场景。

- 零售业：在这一行业中，客户满意度（代表 X-Data）和购物车转化率或客流量（代表 O-Data）都是至关重要的。聚合这些指标能更全面地评估零售体验。

- 金融服务：除了关注客户满意度（代表 X-Data），金融机构还需关注交易风险和交易速度（代表 O-Data）。只有综合考虑这些因素，才能真正了解客户体验。

- 在线服务：活跃客户数（代表 O-Data）、客户满意度或净推荐值（代表 X-Data）是这一场景下需要特别关注的。聚合这些数据可以全面地评估一个在线服务或应用的表现。

在详细探讨聚合多指标类型之前，我们需要明确一点：聚合多指标不是一个"一刀切"的模型。不同的业务场景和目标需要不同类型的聚合多指标。这些类型从基础到高级，涵盖了海盗模型、全链路漏斗模型、因子分解模型、客户旅程路径、体验指数。每种类型都有其独特的应用场景和价值，但它们的共同点在于都是通过综合考虑 X-Data 和 O-Data 来全面评估客户体验的。

1.海盗模型聚合多指标

海盗模型，也被称为 AARRR 模型，是由戴夫·麦克卢尔（Dave McClure）于2007年提出的，用于指导企业在不同的客户生命周期中进行优化和增长。它是一个针对客户生命周期的评价模型，包括5个主要部分：获取（Acquisition）、激活（Activation）、留存（Retention）、收入（Revenue）、和推荐（Referral）。这一模型有着明确的漏斗结构，即客户从获取到推荐这一系列的转化路径，如图4-13所示。它侧重于关注既定的环节，并通过指标表现找到单一环节进行问题甄别。

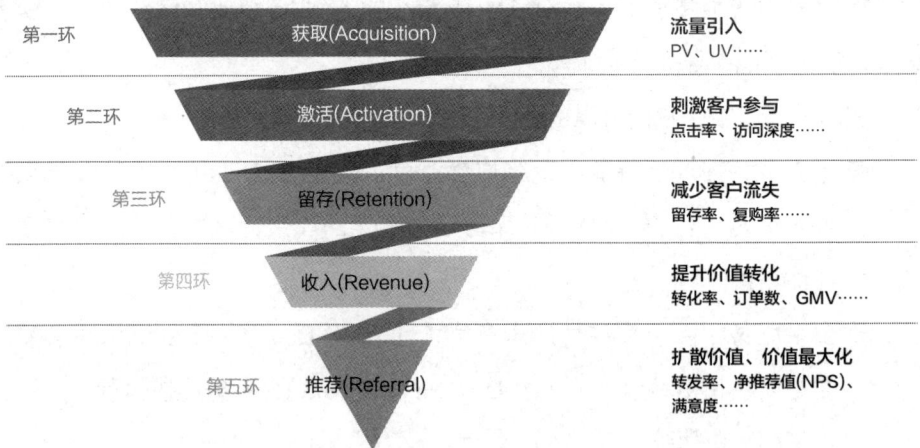

第一环	获取(Acquisition)	流量引入 PV、UV……
第二环	激活(Activation)	刺激客户参与 点击率、访问深度……
第三环	留存(Retention)	减少客户流失 留存率、复购率……
第四环	收入(Revenue)	提升价值转化 转化率、订单数、GMV……
第五环	推荐(Referral)	扩散价值、价值最大化 转发率、净推荐值(NPS)、满意度……

图4-13　海盗模型

下面通过一个连锁咖啡店的案例来介绍其基本的使用方法。

① 获取：新客户通过社交媒体广告了解到连锁咖啡店的产品或服务。他们点击广告，进入连锁咖啡店的网站或应用程序，并且完成了注册。

● X-Data：新客户满意度、社交媒体广告的第一印象评分。

● O-Data：新客户数、广告点击率、每点击成本（CPC）。

- 诊断逻辑：如果新客户满意度下降，可能是因为产品或服务未能满足客户预期，或者客户支持响应不够迅速；如果广告点击率突然下降，可能意味着广告内容不够吸引人或目标群体设置不当。

② 激活：新客户进入电商平台，开始浏览产品，并将产品加入购物车进行购买。在购买产品后，他们会收到一个满意度调查。

- X-Data：电商平台上的满意度调查。

- O-Data：订单完成率、次日使用率。

- 诊断逻辑：如果满意度下降，可能是由于客户对新功能或界面改版反应不佳；如果订单完成率低，可能表示在购买过程中存在客户体验问题，比如操作不便或者页面加载速度慢。

③ 留存：在客户使用产品或服务后的一段时间里，连锁咖啡店可以通过邮件或应用内通知发送调查问卷，了解他们的使用体验，并提供一些优惠来鼓励复购。

- X-Data：长期满意度、品牌忠诚度。

- O-Data：复购率、VIP会员数量。

- 诊断逻辑：如果长期满意度下降，可能是服务质量、产品质量下降或者价格上升导致的；如果复购率开始下降，可能需要调查是否有服务质量、产品质量或其他方面的问题。

④ 收入：客户在实体店或在线平台进行消费。他们会购买多个产品或服务，有时还会因为促销活动或优惠券而进行消费。

- X-Data：消费满意度、价值感知。

- O-Data：每用户平均收入（ARPU）、生命周期价值（LTV）。

- 诊断逻辑：如果消费满意度下降，可能是服务质量下降或者产品质量不符合客户期望导致的；如果价值感知和ARPU持续下降，还需注意是否有隐藏费用或不明朗的定价机制影响了客户的价值感知，可能需要重新考虑产品定价策略或是优化销售活动。

⑤ 推荐：客户在使用产品或服务后，会收到一个关于分享到社交媒体的请求。

● X-Data：净推荐值、是否愿意在社交媒体上分享。

● O-Data：客户转介绍率、社交分享数。

● 诊断逻辑：如果净推荐值低或社交分享数减少，可能意味着客户对品牌或产品失去了信任。

通过这种方式，同时关注平行的多个环节的体验指标波动，连锁咖啡店可以非常明确地知道在哪个环节可能存在体验相关的问题，并据此进行优化。这也使得整个组织能够更加聚焦和高效，在出现体验问题的环节中投入适当的资源和注意力。同时，通过结合 X-Data 和 O-Data，企业可以概要性地了解客户体验的各个方面，并据此做出框架性的有效决策。

2.全链路漏斗模型聚合多指标

全链路漏斗模型聚合多指标是一种衡量客户体验的复合指标方法，是乘法模型。它的核心是基于消费者从了解产品或服务到最终购买的全过程，从中筛选出1到 N 个可衡量、实时性强，且与企业目标紧密相关的关键指标（即"北极星"指标），然后将每个关键指标细分为多个次级或关联指标，并在不同指标之间建立依赖关系。这些指标串在一起，就像一条链路，通过这些细分指标的数据聚合，最终形成一个更全面、更准确的客户体验评价体系。

与海盗模型相比，两者都是为了理解和优化客户体验，海盗模型更侧重于快速增长，多用于初创企业和快速增长阶段；而全链路漏斗模型则更全面和深入，在维度上不限于海盗模型既定的部分，可以根据需要加入更多的监测维度，适用于已经有一定规模和复杂度的企业。此外，它会结合一个"北极星"指标作为拆解链路的环节，以此来服务于企业的经营目标，如图4-14所示。在初创或快速增长阶段，可以先用海盗模型快速获取一些关键指标；随着企业和产品的成熟，再逐渐过渡到全链路漏斗模型以进行更全面的分析。

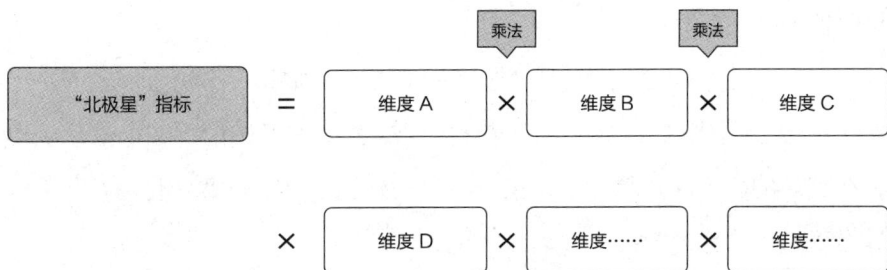

图4-14 全链路漏斗模型

全链路漏斗模型的表达式可以理解为："北极星"指标 =维度 A × 维度 B ×维度 C × 维度 D，其中 A、B、C、D 这 4 个维度为客户转化路径的关键指标。在最开始的时候可以将海盗模型作为全链路漏斗模型的计算基本表达式，之后在根据实际业务的全链路拆解时可以对组成维度进行必要的增删改处理。

（1）定义"北极星"指标

我们还是以连锁咖啡店作为案例来进行介绍。

在"北极星"指标的设定上会遵循两个重心，一个是对规模的追求（客户规模或收入规模）；另一个是对客户长期价值的考量。对于连锁咖啡店的经营目标而言，"到店 GMV（销售总额）"是一个非常合适的"北极星"指标。为什么不选择客流量或会员数作为"北极星"指标？因为有可能很多人推荐或者进店，但并未消费，也就是说，这个指标可能会产生误导。还有些人可能只是注册会员但从不消费，或者消费金额非常少，那么业务也不会好。总之，我们选择的"北极星"指标应当既能反映规模，也能体现出客户的长期价值。

企业在探索客户体验测量时，其实是在企业经营目标的大前提下进行的，采用全链路视角将客户旅程拆解为多个阶段或触点，识别每个阶段的关键体验维度，为每个体验维度定义具体的体验指标，将海盗模型的转化指标融入客户体验测量。

（2）绘制客户核心转化路径（从上到下）

在连锁咖啡店"到店 GMV（销售总额）"为"北极星"指标的情况下，我们可以梳理得到计算公式：

$$到店\,GMV（销售总额）=付费的客户数量 \times 客单价$$

这里为了简化推导逻辑，在新老客户的选择上仅讨论新客户数量。对应的，在到店的新客户数量一定的情况下，为什么会产生付费转化呢？我们可以推导出第二条计算公式：

$$付费的客户数量=到店的新客户数量 \times 客户满意率 \times 购买转化率$$

从计算公式可以看出，付费的客户数量其实是基于到店的新客户数量，满意的客户会进行购买，转化为付费的客户。所以，在客户体验的维度，企业需要关心的部分就是"客户满意率"，即满意的客户的海盗模型转化比例，提高这个比例，就能够直接提高到店 GMV（销售总额），推动企业经营目标的达成。

在此，我们从全链路漏斗的方式出发，整理出客户的链路示例如下。

①看到广告或者听到口碑：这是触达客户的第一步，与品牌认知度和市场推广策略直接相关。

②走进咖啡店：这一步骤关注的是门店的选址、环境和客户体验。

③查看菜单：这一步的关键是菜单设计、产品多样性和价格合理性。

④下单购买：这一步关注的是支付的便利性、服务质量等。

⑤享用咖啡：这是产品质量和环境舒适度的体现。

⑥变成回头客（增加消费频率）：这涉及客户的长期价值和忠诚度。

（3）构建全链路漏斗模型

按照全链路漏斗模型理论，我们可以知道，在全链路中②、③、④环节的客户体验直接影响客户转化为付费客户的比例，选择这3个环节构建模型链路。连锁咖啡厅的指标设计如图4-15所示。

"北极星"指标（客户满意率）=环境体验（CSAT）×服务体验（CSAT）× 导购体验（CSAT）

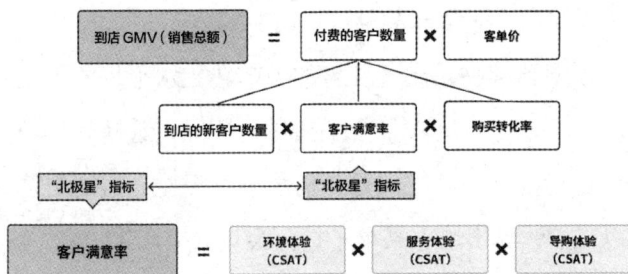

图4-15 连锁咖啡店的指标设计

（4）提升各环节指标

- 走进咖啡店：服务环境模型（SERVQUAL）[1]强调，环境质量直接影响客户满意度。在服务行业中，环境质量的组成部分可能还包括免费的Wi-Fi、舒适的座位等。

- 查看菜单：视觉营销学强调，更多的视觉触点可以提高客户的参与度。企业可以通过以下策略来提高客户的参与度：优化店内布局，使菜单吸引人并易于阅读，培训服务员识别客户的需求和偏好，并进行个性化推荐等。

- 下单购买：根据心理学的"紧迫性原理"，限时优惠能激发客户的购买意愿。企业可以通过优化支付过程的排队体验、提供多种支付方式等来提高客户的购买意愿。

（5）实际效果计算

假设数据是这样的：进店人数为1000人，环境体验 = 90%，服务体验 = 80%，导购体验 = 95%。

则"北极星"指标（客户满意率）= 0.9 × 0.8 × 0.95 = 0.684。通过这个模型，企业不仅可以发现哪里是瓶颈，而且能够比海盗模型更准确地量化链路上弱势节点改进后可能带来的整体效果提升。这种全链路漏斗模型的好处是既适

---

1 服务环境模型（SERVQUAL）是一种评估服务质量的框架，它强调环境质量是影响客户满意度的关键因素之一。这个模型由帕拉休拉曼（Parasuraman）、来特汉毛尔（Zeithaml）和白瑞（Berry）于20世纪80年代末提出，主要包含可靠性、保证性、有形性、同情心、响应性5个维度。

用于线上也适用于线下，非常灵活且可扩展。

全链路漏斗模型更容易对比各环节的当前转化水平，便于横向比较来寻找发力点。分解后，可以综合比较各个子指标的情况，选择具有较高价值和较大提升空间的环节进行优化。其缺点是与海盗模型相比，搭建更费时、更难，但是优点在于可以直接计算出改善某个子指标会对结果产生的具体影响。

3.因子分解模型聚合多指标

把整体指标数据按照某种分类标准分成不同因子的过程，被称为组成因子分解。因子分解模型聚合多指标是一种将整体指标分解为多个因子的方法。细分的指标不仅可以相加，还可以按照一定的逻辑相乘，最终形成一个综合指标，这个综合指标通常被称为"因子分解模型聚合多指标"。也可以把它理解为全链路漏斗模型的升级形态，因子的各个维度既可以是独立的，也可以是相互依赖的，是更加复合的聚合多指标模型，如图4-16所示。

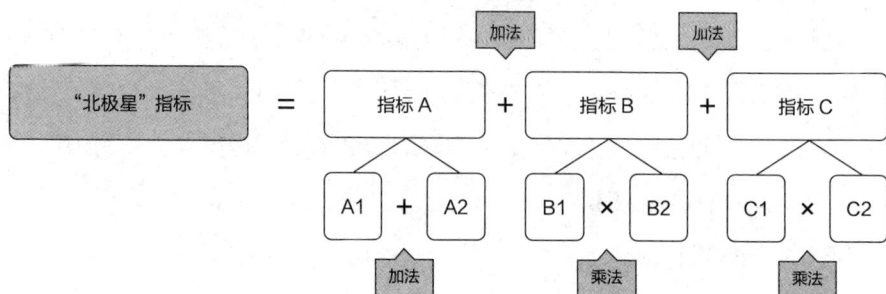

图4-16 因子分解模型

因子分解的逻辑关键在于细分指标之间的层级关系，这些关系通常非常明显，可以帮助企业清晰地理解客户体验的构成，因此也更容易对比各环节的当前转化水平，便于横向比较来寻找发力点。

分解后，可以综合比较各个子指标的情况，选择具有较高价值和较大提升空间的环节进行优化。其缺点是与海盗模型和全链路漏斗模型相比，搭建更费时、更难，但是优点在于可以直接计算出改善某个子指标会对结果产生的具体影响。

（1）因子分解的原则

在拆分细分指标和进行组成因子分解时，需要遵循 MECE 原则，以确保分析和改进过程的结构化和有效。MECE 原则是指相互独立（Mutually Exclusive）原则和完全穷尽（Collectively Exhaustive）原则。

- 相互独立原则：每个细分指标必须是独立的，不会重复或重叠。这可以避免在后续的数据分析或资源分配中出现混淆或冲突。每个指标应具有清晰的定义，不会与其他指标产生交叉或重复的影响，确保团队能够专注于独立的因子，而不会发生内部冲突。

- 完全穷尽原则：细分指标的组合必须全面覆盖影响增长的所有重要因子。这意味着不应漏掉任何可能影响客户体验或业务增长的因子。完全穷尽的细分指标确保分析不会忽视潜在的盲点，从而更全面地理解影响因素，并确保在改进策略中没有遗漏关键方面。

（2）拆分细分指标原则

"北极星"指标通常是客户体验的总体评价指标，而二级指标则是构成"北极星"指标的各个因子。

在进行组成因子分解时，以下原则和思考方式有助于更有效地分解指标和因子。

- 优先考虑业务团队的习惯分解思路：不同类型的企业可能有不同的业务指标和需求，因此要优先考虑业务团队习惯的分解方式。这确保了分解方式与业务紧密相关。

- 勇于尝试不同的分解方式：不要将思路固化，要时刻准备尝试新的因子分解方式。固化的思维可能会导致错失机会，因此要保持开放的思维，灵活应对变化。

- 影响因子分解：有时因子对结果的影响是定性的，无法简单地将结果拆分成多个因子相加。在这种情况下，可以采用影响因子分解的方式，列出对结果有影响的所有因子，并逐个分析这些因子对结果的影响。这有助于理解因素之间的关系和定性影响。

通过遵循这些原则和思考方式，可以更系统地分解指标和因子，使分析和改进过程更加结构化和有针对性。这有助于企业更好地理解客户体验和业务增长的关键因素，并采取有效的改进策略。

（3）拆分细分指标示例

以连锁咖啡店为例，在客户体验因子分解模型聚合多指标中，假设连锁咖啡厅的"北极星"指标（NPS）是由5个主要因子决定的：产品质量（PQ）、服务质量（SQ）、环境质量（EQ）、价格感知（PP）和品牌影响（BI）。我们可以使用以下表达式来表示"北极星"指标以及与之相关的二级指标：

$$NPS = w1 \times PQ + w2 \times SQ + w3 \times EQ + w4 \times PP + w5 \times BI$$

其中，w1、w2、w3、w4、w5是各因子的权重，通常它们的和为1。进一步地，每个主要因子也可能由多个子因子决定。

每个一级指标可以进一步分解为二级指标，以更精确地表示客户体验的各个方面。例如，产品质量（PQ）可以分解为咖啡口感、食品新鲜度、菜单多样性等二级指标。同样，二级指标也可以根据需要进一步分解。

以产品质量（PQ）为例：

$$PQ = a \times 咖啡口感 + b \times 食品新鲜度 + c \times 菜单多样性$$

同样地，a、b、c是子因子的权重。将其整合，我们得到：

$$NPS = w1 \times （a \times 咖啡口感 + b \times 食品新鲜度 + c \times 菜单多样性） + w2 \times SQ + w3 \times EQ + w4 \times PP + w5 \times BI$$

请注意，这里的模型是一个非常简化的表示，实际应用中通常会更复杂，权重和子因子通常需要根据具体的数据进行调整。但这为你提供了一个框架，以理解如何通过数学公式来分解和理解因子分解模型聚合多指标。

4.客户旅程路径聚合多指标

在客户体验测量的范畴里，客户旅程路径聚合多指标成为企业越来越普遍使用的一种方法。简单来说，这是一个描述客户与品牌互动从开始到结束全过程的视角。这个路径关注的不仅包括直接购买产品或使用服务，而且涉及前期的了解和认知、购买、使用后的体验，以及最终可能的推荐或者反馈。在这个过程中，客户会经历多个触点，这些触点可能是线上的也可能是线下的，如网站、社交媒体、实体店、客服等，客户旅程路径聚合多指标可以从客户旅程和层级关系多角度全面地评估和优化客户体验。

客户旅程路径聚合多指标方法强调了对客户体验的整体掌握，跟踪客户在不同触点上的行为和反应。与之相比，海盗模型聚合多指标、全链路漏斗模型聚合多指标和因子分解模型聚合多指标则更侧重于特定的转化和效果。客户旅程路径的优势在于其"脉络"的全面性，它不仅关心客户最终是否转化，而且深入探索了转化客户旅程背后的原因，可以为企业提供更多的策略优化方向。然而，这种方法的缺点是需要大量的数据和资源来构建和维护，特别是对于大型组织、多部门协同或具有多个触点的业务，会明显感到落地推进上的压力。同时，对于想要迅速了解某一阶段效果的企业来说，它可能不如其他模型那么直观。不过，客户旅程路径聚合多指标还是为企业提供了一个深入了解客户体验的机会。

那么，该如何基于客户旅程路径来进行聚合多指标测量体验呢？

（1）以客户旅程地图作为切入点

Vintage Cash Cow 的联合创始人大卫·韦弗（David Weaver）曾经解释说："一张成功的客户旅程地图会让你真正了解客户想要什么，以及你的产品、品牌或流程存在的问题。"客户旅程地图是一种高效的工具，旨在为企业揭示客户心理和行为模式的多维度视图。通过这种方法，企业不仅能够获取关键的业务洞察，还能深入了解消费者面临的具体痛点。更重要的是，客户旅程地图促成了对消费者的深刻同理心的建立，进而让品牌更准确地把握消费者的需求和感受。这不仅有助于产品或服务的改进，也有助于品牌建设和客户关系管理。从体验测量角度来看，客户旅程地图可以作为聚合多指标构建的有效切入点，以综合性和动态性的方式捕捉客户在不同触点和阶段的体验。

（2）进行关于客户旅程边界的定义

客户旅程可以随着时间的推移帮助企业了解客户体验，它涵盖了客户生命周期每个阶段（从认知阶段到忠诚阶段）的所有渠道、设备和触点上的所有客户交互。开展客户旅程路径聚合多指标之前，企业需要先进行客户旅程各个阶段的梳理。需要注意的是，这里的聚合多指标工作内容主要侧重于客户在旅程的不同阶段的行为路径和触点，并不就后续客户的交互行为、情绪曲线、痛点或机会等环节进行展开。关键是在客户生命周期的诸多旅程中，企业要围绕所需研究的业务板块进行单一旅程的选取以及聚合多指标的构建。

（3）客户旅程路径聚合多指标的层级结构

不管选择哪一阶段的客户旅程路径，企业都可以通过从整体到局部的层级划分，精细化地测量和管理客户体验。通过这样的层次结构，各个部门或团队在执行策略时能更好地与企业的总体目标保持一致。每个层级都与上一层级有逻辑关联，从而确保战略的连贯性和一致性。通常，客户旅程路径聚合多指标有3个主要层级，如图4-17所示。

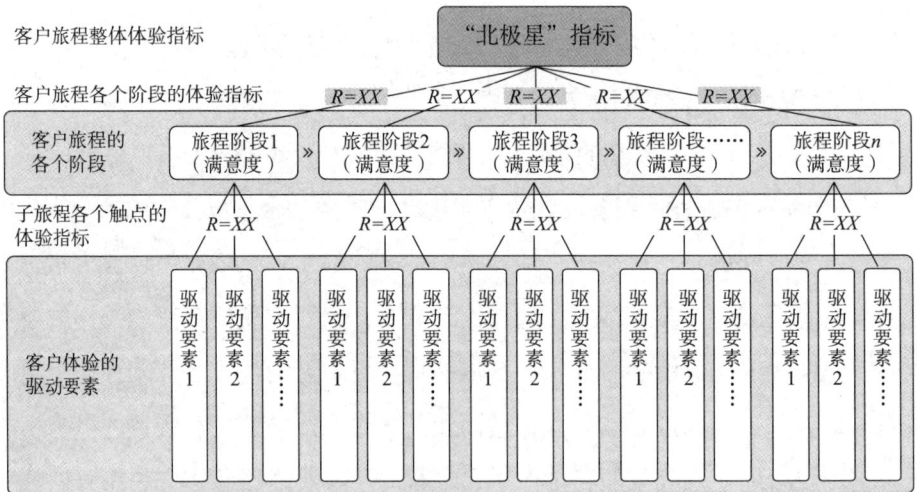

图4-17　客户旅程路径聚合多指标的层级结构

第一层：客户旅程整体体验指标。

在最顶层，我们关注的是客户旅程整体体验的"北极星"指标，通常选用的是 NPS（净推荐值），NPS 提供了一个量化的方式来衡量客户对品牌或服务的满意度和忠诚度。这不仅是一个即时的感受评估，还有助于预测客户的长期价值和行为。作为一种"北极星"指标，NPS 能够引导企业在战略层面确保客户体验与业务目标紧密对齐，这意味着企业可以据此进行宏观层面的决策和资源分配。此外，NPS 还具有很强的基准性，可以用于与行业或竞争对手进行比较，以便更准确地判断企业在市场中的表现和地位。这个指标为企业提供了一个宏观、全面而又关键的视角，确保企业战略决策与客户的满意度、忠诚度保持一致。

第二层：客户旅程各个阶段的体验指标。

这一层更为具体，针对客户旅程的各个主要场景或阶段（如购买前、购买中、购买后）进行细致地度量。在这里，你可以选择 CSAT（客户满意度）或者 CSI（客户满意度指数）作为主导指标。这些场景可以进一步细分为多个业务环节，如在购车场景中，可能会涉及对车型信息的研究与比较、到店参观与试驾体验、正式购车与交付等有明确开始与结束的任务场景。测量的目标是对这些主场景下的每一个触点进行优化。

第三层：子旅程各个触点的体验指标。

最底层关注的是各个触点或子场景的具体体验指标。这一层通常会使用诸如谷歌的 HEART 模型（愉悦度、参与度、接受度、留存度、任务完成度）、UES 模型（满意度、一致性、易用性、性能、任务效率）来选择适当的度量方式。这些指标可以进一步分为感知指标、交互指标和结果指标。层级结构能够帮助企业更准确地识别问题和优化机会，以全面地评估其运营，从而驱动客户体验的关键要素，实现企业的增长和成功。例如，通过观察第三层级的指标数据变化，企业可以更快地发现问题，并针对这些问题制定具体的解决方案。

（4）客户旅程路径聚合多指标示例

假设我们是一家汽车店的经营者，我们通过前面的方法进行聚合多指标的搭建，针对客户购车旅程的5个不同阶段收集了体验相关的数据，如图4-18所示。这些阶段包括车型信息的研究和比较、到店参观和试驾体验、金融方案选择和贷款批准、正式购车和交付、售后服务和保养。

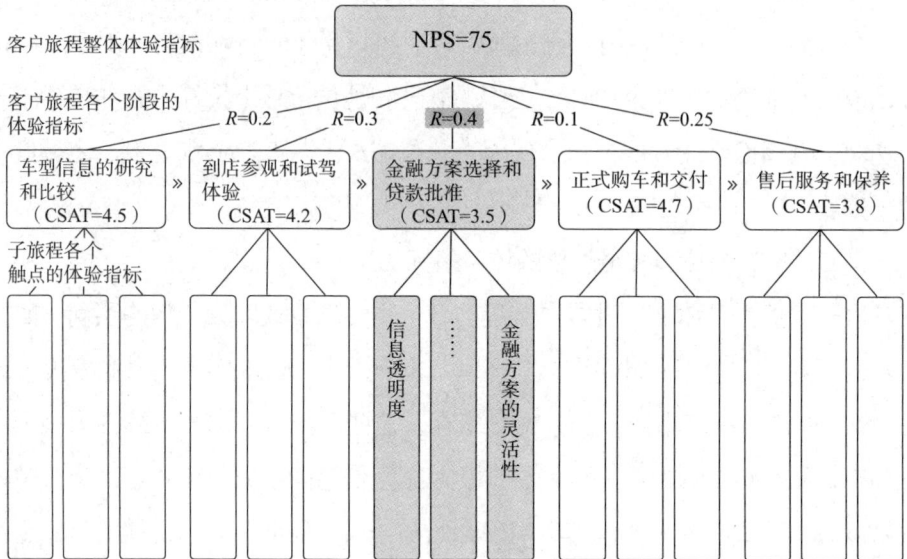

图4-18　客户购车旅程路径聚合多指标（示例）

第一层：客户旅程整体体验指标。

假设NPS（净推荐值）为75，这是一个相对较高的得分，表示大多数客户对品牌有良好的整体印象和忠诚度。

第二层：客户旅程各个阶段的体验指标。

我们针对客户购车旅程的5个主要环节进行了CSAT（客户满意度）测量，基于5级量表，得出各个旅程阶段的CSAT得分。通过进行相关性分析或者回归分析，我们可以发现客户旅程各个阶段与NPS的关联系数，关联系数（或者说重要性的值）反映了对NPS得分的影响程度，如表4-4所示。

表4-4　客户旅程各个阶段的客户满意度得分、与NPS的关联系数

客户旅程阶段	CSAT得分	与NPS的关联系数
车型信息的研究和比较	4.5/5	0.2
到店参观和试驾体验	4.2/5	0.3
金融方案选择和贷款批准	3.5/5	0.4
正式购车和交付	4.7/5	0.1
售后服务和保养	3.8/5	0.25

表格梳理可以用于决策支持，它直观地展示了哪些环节最需要改进且对整体NPS得分影响最大。从这张表格中，我们可以明确地看到"金融方案选择和贷款批准"这一环节的CSAT得分最低，同时对NPS的影响（0.4）最大。这是一个非常重要的发现，因为它告诉我们，在整个客户旅程中，这一环节可能是改进客户体验和提升NPS得分的关键所在，因此应优先考虑改进。

第三层：子旅程各个触点的体验指标。

在这里，我们针对"金融方案选择和贷款批准"这个环节使用HEART模型的任务完成度指标进行细分分析，发现只有60%的客户顺利完成了整个金融方案选择和贷款批准的流程。

在进一步调研和研究后发现以下问题。

● 信息不透明：客户觉得金融方案和贷款的信息不够透明，导致不信任或不满。这可能是营销策略不明确或者内部沟通不畅导致的，需要改善信息的透明度和可访问性。

● 过程复杂：贷款批准流程过于复杂或耗时，让客户觉得办事效率低下。这通常是由于内部流程不够精简或者技术支持不足造成的，优化流程和加强技术支持可能是解决方案。

● 不灵活的金融方案：提供的金融方案没有针对不同客户的需求进行个性化定制。这可能是产品设计阶段没有充分考虑客户多样性导致的，需要重新审视金融产品，使其更具针对性。

● 客服响应缓慢或态度不佳：在这个关键阶段，客服的表现也会影响客户满意度。这通常与员工培训和激励机制有关，需要加强客服培训和调整激励机制。

通过这种方式，我们可以更准确地找到问题的根本原因，并据此有针对性地解决这些问题。这不仅可以提高特定触点或阶段的表现，而且能对整体体验指标产生正面促进影响。

此外，还有一种组合使用聚合多指标模型的方法。它采用基于客户旅程路径聚合多指标的方法，再运用因子分解的理论来聚合成一个综合性指数，这种方法被称为"体验指数（CXI）聚合多指标"。当然，CXI这种方法较之前的4种聚合多指标而言，技术上更为复杂，属于组织应对更复杂客户体验管理的进阶用法。

4.8 客户体验测量指标体系搭建框架

客户体验不仅是一门科学，也是一门艺术。对于企业来说，如何量化、监控和提升客户体验是至关重要的。为了达到这一目标，构建一个完整的客户体验测量指标体系就显得尤为重要。这样的体系能够实时监控客户与企业在交互过程中的正负反馈，迅速定位问题，并为解决问题提供方向。事实上，搭建客户体验测量指标体系会因企业的不同发展阶段、不同业务部门、不同产品或服务类型，以及不同思考方式等方面而有所差异。不过，在共性上我们还是可以提炼总结出来"OSM模型 +2个视角 +聚合多指标"的整体框架，如图4-19所示，依据框架的基本原则和方法帮助大家搭建适合自身的客户体验测量指标体系。

| 客户体验测量指标体系 | = | OSM 模型 | + | 2 个视角 | + | 聚合多指标 |

图4-19　客户体验测量指标体系的整体框架

1. OSM模型

在客户体验测量领域，OSM模型（目标－策略－度量）提供了一种全面的架构，如图4-20所示，以保证企业从战略到执行都能保持对客户体验的高度关注。这一模型起始于明确的客户体验目标（O），然后通过精心设计的策略（S）来实现这些目标，最后通过具体、可量化的度量标准（M）来跟踪和评估实施结果。这样的一个闭环系统不仅确保了客户体验的持续改进，还使企业能够快速响应市场变化和客户需求，从而在竞争中保持优势。

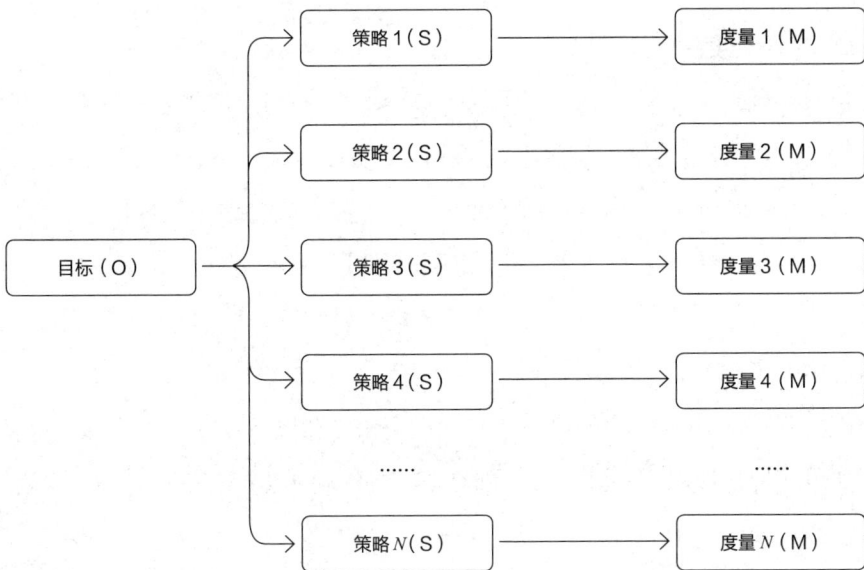

图4-20　OSM模型架构

（1）定义目标

首先，我们从目标（O）开始。在客户体验的背景下，目标通常是多维度的。比如，在电商平台中，提升销售总额、提高客户满意度都是重要的业务目标。这会涉及用户界面的友好度、支付过程的便捷性，以及产品和服务的质量等。在2B企业服务网站中，除了增加注册量，我们可能更关心客户的续约率和满意度，因为这直接关系到客户的长期价值。在银行类App中，提高理财产品销售总额当然重要，但与此同时，我们也应注重服务的易用性和安全性，以确保客户的高满意度。

（2）确定策略

策略（S）是实现目标（O）的手段。假设我们运营一个电商平台，提高销售总额是目标之一。此时，策略可能包括推出特价促销、提供高质量的客服支持和优化网站速度。尤其在客户体验方面，策略可以更细化，例如，提升搜索引擎的准确性以减少用户挫败感，或者通过个性化推荐来增加用户在平台的停留时间。

（3）明确度量

当策略确定后，最关键的一步就是如何衡量这些策略的成功程度，即度量（M）。在客户体验方面，度量不仅要关注交易量或点击率这类硬性指标，还应关注客户满意度调查、净推荐值（NPS）或者客户流失率等软性指标。以电商平台为例，如果策略是通过个性化推荐来增加用户在平台的停留时间，那么度量就应该包括用户对推荐内容的点击率和购买转化率，同时还应考虑用户在使用过程中的满意度。

值得强调的是，所有的度量（M）都应该与最初定义的目标（O）保持一致。如果目标是提高客户满意度，那么所有的策略（S）和度量（M）也应该是为了这个目的而设定。

以上就是传统 OSM 模型的应用逻辑，在客户体验测量指标体系的搭建上，我们提出了"OSM 模型 +2 个视角 + 聚合多指标"的搭建框架。

2.2OSM 模型

从企业和客户两个视角出发，2OSM 模型迫使我们思考现阶段最重要的目标是什么，哪些业务承载了这些目标。聚合多指标模型将企业目标、策略与业务流程快速耦合在一起，最终形成一个清晰、明确的数据采集体系，数据语言变成了企业上下协同的统一语言。

（1）主目标和子目标

依据2OSM模型，处于客户体验测量指标体系最顶端的是"主目标"。这是每一个企业或组织所追求的最终成果，贯穿于整个客户体验测量指标体系之中。主目标多为长期性质，如提高"客户满意度"或"净推荐值"。这些目标不仅是长期的和战略的，更代表了企业的核心战略和愿景。它为整个组织提供了明确的导向，确保各级指标和策略都与此目标保持一致，如图4-21所示。

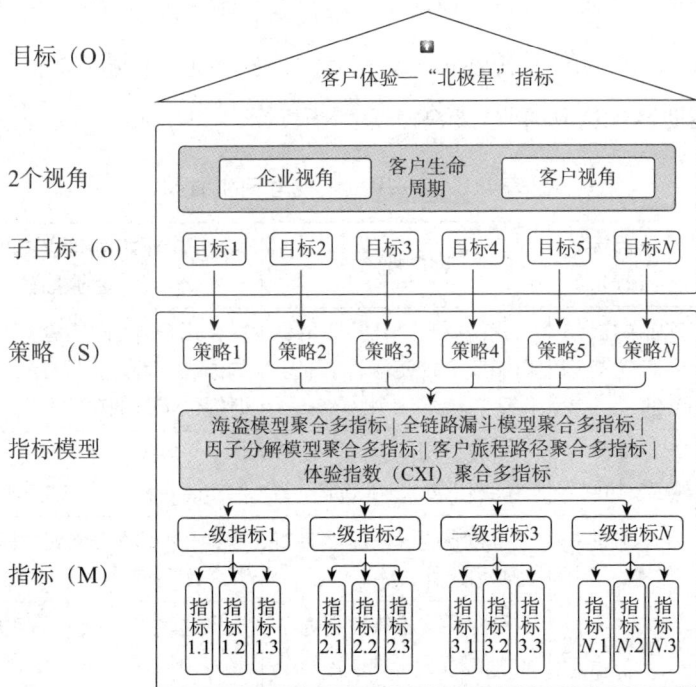

图4-21　OSM模型+2个视角+聚合多指标

要实现主目标，就需要设定具体、有操作性的"子目标"。

子目标在主目标的框架下被定义，为实现主目标提供具体的路径。企业在设定这些子目标时，必须在客户生命周期的框架下结合两个关键的视角：企业视角和客户视角。从企业视角，要考虑企业的能力、资源和市场定位，如技术优势或特定的市场竞争力。而从客户视角，要深入了解客户的需求、痛点和期望，如他们可能对产品的品质、价格或售后服务等有特定的关注。

以SaaS厂商为例，在客户生命周期中，厂商需要从两个不同的视角（即客户视角和企业视角）来选择子目标，如表4-5所示。假如SaaS厂商的主目标为净推荐值（NPS），通过客户视角，我们知道客户需要一个开箱即用、功能齐全且使用简单的软件，那么相应地，在企业视角为了满足这个需求，可以优化用户界面和体验，确保新功能的添加不会让产品变得太复杂，同时提供丰富的功能选项。以此类推，通过客户视角，结合企业自身该如何满足这些需求，我们就可以提炼出产品的易用性和功能完整性、客户支持和响应时间、客户培训和教育、帮助客户达成商业目标等一系列子目标。

表4-5　客户和企业视角下的目标

主目标 （O）	子目标 （o）	客户视角	企业如何满足这些需求 （企业视角）
净推荐值 （NPS）	产品的易用性和功能完整性	"我需要一个开箱即用、功能齐全且使用简单的软件"	优化用户界面和体验，确保新功能的添加不会让产品变得太复杂，同时提供丰富的功能选项
	客户支持和响应时间	"当我遇到问题时，我希望能够迅速得到帮助"	建立7×24小时客户支持中心，提供实时在线帮助和快速响应服务
	客户培训和教育	"我希望能够快速学会如何使用这款软件"	提供在线教程、FAQ和其他培训资源，帮助客户快速上手
	帮助客户达成商业目标	"我购买这款软件是为了实现我的商业目标，如增加销售或提高团队协作"	提供与客户商业目标相关的特定功能，如销售跟踪、项目管理等，并持续收集反馈以进一步完善功能

这里需要注意，子目标并不是越多越好。一般来说，在子目标的设定上至少会存在3个核心目标，可以是组织目标、业务目标、流程目标、产品目标和技术目标等。对于上规模的企业来说，面对的会是超多子目标，即子目标数量远远大于3个。这使得企业首先要面对的挑战是：需要重组目标函数，将子目标数目压缩到一定的个数。子目标太多并不利于集中力量干大事，企业需要对子目标进行有效压缩，从而把资源的价值有效放大。例如，原有300个子目

标，需要根据重要性、价值判断、同类项合并等方式将其重组后压缩到10个（具体数量因实际状况而异）甚至更少以进行优化，这个环节其实是对企业"子目标压缩重组"效率的挑战。

（2）根据目标匹配相应策略

策略是企业为达成子目标而制定的具体行动方案。它们为如何操作提供了清晰的方向，并为团队成员提供了一张明确的行动路线图。选择正确的策略是关键，因为它决定了企业能否成功实现其子目标，从而进一步支持主目标，如图4-22所示。这一选择要求企业采用科学、结构化的方法，以确保策略与目标的一致性。而在策略的执行过程中，持续的监控和反馈是必不可少的，这意味着要基于对历史数据、行业趋势和客户反馈的深入分析来制定策略。数据提供了宝贵的洞察，帮助企业识别哪些策略可能最有效，这确保了业务始终朝着正确的方向发展。

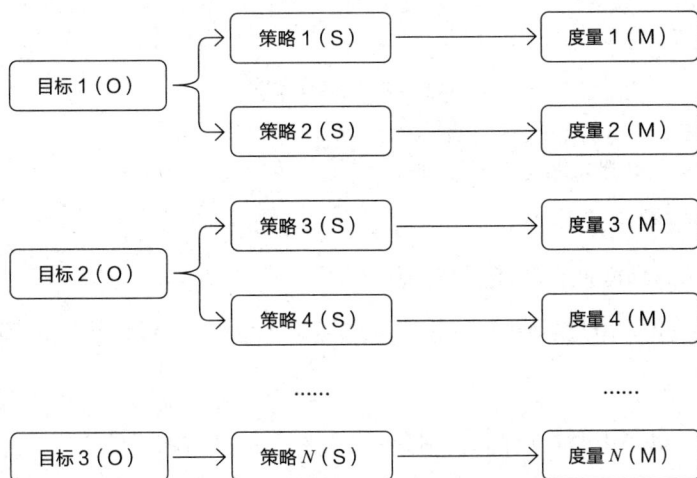

图4-22　根据目标匹配相应策略

在实现子目标的行动计划中，企业往往需要对子目标进行单项甚至多项策略组合。企业要确保所有关键利益相关者（产品团队、销售团队、市场团队和高层管理者等）都参与策略选择过程，他们的多样化视角为策略选择带来全面性，可确保策略与企业的整体目标和愿景一致。进行SWOT分析也是非常有益的，如图4-23所示，这一分析可帮助企业明确自身的优势、劣势、机会和威胁，为策略选择提供清晰的方向。由于资源通常是有限的，因此企业需要对策略进行优先级排序。这可以确保首先执行那些可能产生最大影响的策略。

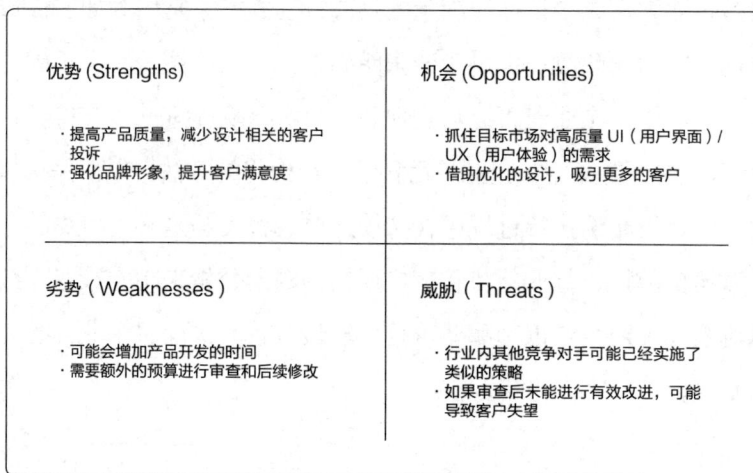

优势 (Strengths)

· 提高产品质量，减少设计相关的客户投诉
· 强化品牌形象，提升客户满意度

机会 (Opportunities)

· 抓住目标市场对高质量UI（用户界面）/UX（用户体验）的需求
· 借助优化的设计，吸引更多的客户

劣势（Weaknesses）

· 可能会增加产品开发的时间
· 需要额外的预算进行审查和后续修改

威胁（Threats）

· 行业内其他竞争对手可能已经实施了类似的策略
· 如果审查后未能进行有效改进，可能导致客户失望

图4-23　SWOT分析

在SaaS厂商的策略选择中，我们确定了4个主要的子目标，并为每个子目标制定了相应的策略来确保其成功实现。

① 产品的易用性和功能完整性。

策略1：进行用户界面（UI）和用户体验（UX）的设计审查，确保界面直观与流畅。

策略2：定期进行用户测试，收集反馈，基于反馈优化产品。

策略3：与目标用户群体进行深度访谈，确保产品功能满足他们的核心需求。

② 客户支持和响应时间。

策略1：建立一个7×24小时的在线客服系统。

策略2：定期培训客服团队，提高专业性和响应速度。

策略3：通过 AI 助手或自动化工具缩短常见问题的响应时间。

③ 客户培训和教育。

策略1：定期提供线上或线下培训课程。

策略2：提供使用手册、FAQ 和教程。

策略3：建立社区或论坛，鼓励客户交流和分享。

④ 帮助客户达成商业目标。

策略1：定期与客户进行业务回顾，提供建议和解决方案。

策略2：提供定制化的服务或功能。

策略3：与客户建立长期合作，共同制定和调整战略。

鉴于市场和环境的不断变化，企业需要定期审查自身的策略，并根据需要进行调整，以确保其始终与目标保持一致。选择策略是一个综合性、结构化的过程，它要求企业采取一系列科学、系统的方法，以确保策略选择的科学性和有效性。

（3）指标模型和指标细化

当确定策略并执行后，关键是要进行效果评估。这是通过指标度量来实现的。对于每一个策略，都应该有与之对应的度量标准来验证策略的效果。为了衡量策略的执行效果，为每个策略设定关键绩效指标（KPI）是必不可少的。简单来说，不论我们用哪种方法衡量，最主要的是要看目标和策略是怎么联系在一起的。要从大堆的数据中挑出最重要的数据指标，这样才能准确判断目标完成得怎么样。这提供了一个明确的标准，可以帮助企业跟踪策略的进展。在大规模实施策略之前，企业最好先进行试点项目。这种小规模的实验能够验证策略的有效性，并为后续的全面实施提供反馈。

具体指标的选择需要在建立指标测量的环节，借助前面谈及的海盗模型聚合多指标、全链路漏斗模型聚合多指标、因子分解模型聚合多指标、客户旅程路径聚合多指标、体验指数（CXI）聚合多指标，对目标和策略进行结构化的梳理，以使得指标的设计吻合业务实际的流转状况。

同样以SaaS厂商为例，客户首次订阅软件的旅程通常包括多个关键阶段，如试用、购买激活、日常使用、支持与维护、续订与推荐等。在这个过程中，客户的需求和期望会随着他们与软件的互动不断变化。因此，我们需要针对每个阶段设计具体的指标，确保能全面而准确地反映客户的体验。

为了更有针对性地捕捉这些信息，我们结合客户旅程路径聚合多指标进行指标的搭建。这种模型不仅包括了每个阶段的核心满意度指标，而且深入到二级指标，如功能与易用性、客服的响应时间、培训与教育资源的有效性等，如图4-24所示。这样的层级结构能够帮助我们更细致地探索问题的根源，从而更有针对性地进行优化。

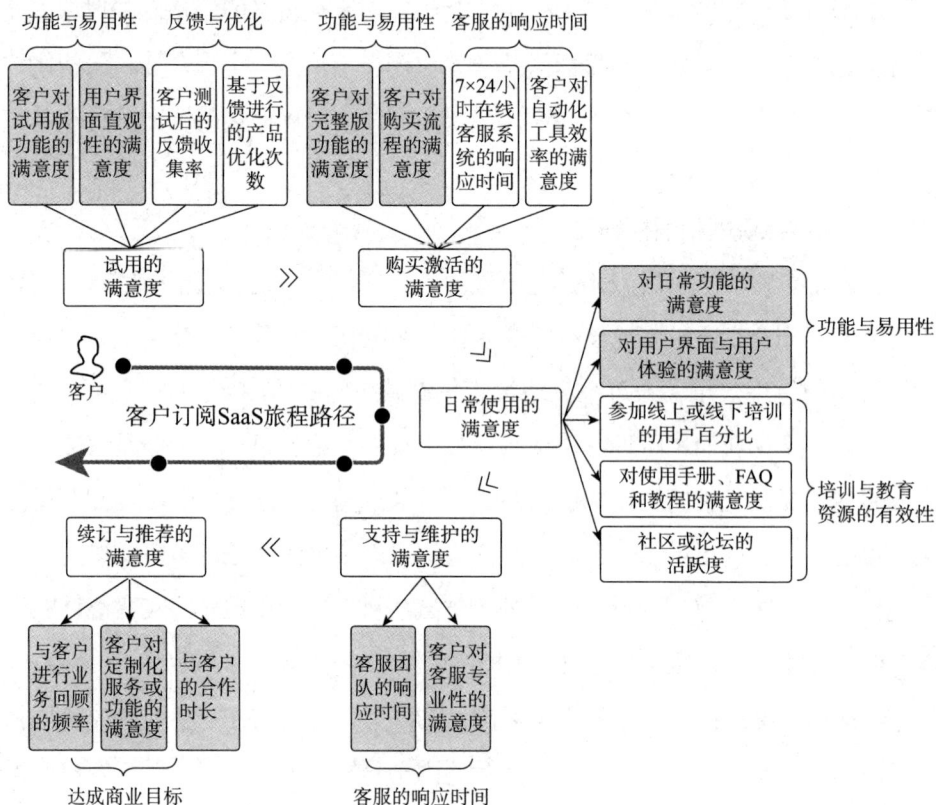

图4-24 客户旅程路径聚合多指标示意

例如，在客户试用阶段，一级指标为客户试用的满意度，二级指标则映射该客户旅程阶段对应的子目标和策略，功能与易用性方面会关注客户对试用版功能的满意度、用户界面直观性的满意度；反馈与优化方面会关注客户测试后的反馈收集率、基于反馈进行的产品优化次数。

另外，相关指标的权重计算方法有很多种，不同的方法有不同的特点和适用情况。层次分析法（AHP）、德尔菲法和熵值法在客户体验指标的权重计算中属于比较常用的方法。

①层次分析法。

它通过建立一个多层次的结构框架来分解决策问题。首先，确定客户体验的主要目标，然后识别出影响这一目标的关键因素，并将这些因素进一步细分为更具体的指标。其次，通过专家的成对比较，评估这些因素和指标之间的相对重要性。AHP的核心在于它能够将定性的判断量化，为每个指标赋予一个权重。这个过程包括一致性检验，以确保评估的合理性和逻辑性。最后，综合这些权重来确定最终的客户体验测量指标，从而提供一种系统化、结构化的方法来捕捉和量化客户体验的各个方面。这种方法的优势在于其结构化和系统化的决策框架，但它也依赖专家的主观判断，可能受到个人偏好的影响。

②德尔菲法。

这是一种专家咨询方法，常用于解决复杂问题。这种方法通过多轮匿名调查，汇集不同专家的意见和建议。首先，组织者选定一组具有相关知识和经验的专家。这些专家在第一轮提供对客户体验测量指标的看法，随后组织者汇总反馈，并在后续轮次中提出更加具体的问题，以细化和优化这些指标。通过多轮讨论，专家们逐渐达成共识，最终形成一套客户体验的关键测量指标。它的优势在于能够减少群体思维的影响，鼓励独立思考，从而提高决策质量。当然，这种方法也依赖专家的水平和经验，且可能需要较长的时间来完成。

③熵值法。

这种方法基于信息论中的熵概念，用于评估各个指标在整体客户体验中的变异性和信息量。在应用熵值法时，企业首先要收集有关各个客户体验测量指标的数据，如客户满意度、服务响应时间、产品质量等。然后，计算每个指标的熵值，以确定其在总体数据集中的分散程度。指标的熵值越低，表明该指标在客户体验中的差异性越大，因此被认为更重要。通过这种方法，企业可以客观地量化每个指标的重要性，并据此分配权重。熵值法的主要优点是具有客观性和数据驱动的特点，但它也依赖高质量和相关性强的数据输入，且在处理主观或定性数据时可能存在局限性。

熵值法在构建客户体验测量指标体系时尤为重要。同理，企业可以依据业务的实际需要将熵值法和其他聚合多指标模型应用于客户旅程路径上。总之，通过深入分析客户旅程并结合多指标模型，SaaS厂商可以更有效地设计出既全面又实用的客户体验测量指标体系，从而更好地服务客户，提高他们的满意度和忠诚度。

使用2OSM（OSM模型＋2个视角＋聚合多指标）搭建框架，可以帮助企业在商业目标和提升客户体验方面取得更好的成效。这样的模型可以灵活地应用于不同行业和不同类型的企业，无论是电商平台，还是2B或2C企业，都能构建出一个系统化、量化的客户体验测量指标体系。

第 5 章

净推荐值（NPS）

本章概要

　　目前，NPS 是最常用的客户体验测量指标。但对于 NPS 到底有没有效果、该如何使用，甚至该不该使用，一直存在各种争论和质疑。本章专门对 NPS 进行阐述和分析，从 NPS 的来源开始，介绍 NPS 产生的初衷、目的和过程，并对 NPS 计算方式、类型和常规应用方法做了阐述。在整理目前业内对 NPS 的批评、质疑的基础上，总结了 NPS 存在的不足，并对 NPS 未来的应用和发展趋势进行了分析。

5.1 NPS的来源

1. 客户忠诚度与增长

企业的终极商业目标是实现盈利和持续增长。众所周知，客户忠诚度是企业实现增长的核心要素，但长期以来我们在理解和测量忠诚度时会面临一些挑战和误区。首先来看一看忠诚度的定义。

> 忠诚度是某个人（客户、雇员、朋友）为强化相互之间的关系而投资或个人做出牺牲的意愿。

> ——弗雷德·赖克哈尔德（Fred Reichheld）
> 贝恩咨询公司，忠诚度研究创始人

对于客户而言，这可能意味着持续与某个品牌的合作，这个品牌能很好地对待他，并为他带来长期价值，即使这个品牌在某些特定交易中未提供最优惠的价格。

因此，客户忠诚度远不止是重复购买。实际上，即使客户是一次又一次地从同一家公司购买产品的人，也不一定忠于这家公司，而可能只是由于环境形成的惯性、退出壁垒高造成的。例如，某个人可能会定期乘坐同一家航空公司的航班去某个城市，仅仅是因为这家航空公司飞往这个城市的航班最多而已。相反，即使忠实的客户也可能会因为对产品或服务的需求减少，而不会再频繁地重复购买。例如，随着年龄的增长和驾驶需求的减少，客户购买新车的频率可能会降低。再如，某个客户很多年一直购买本田汽车，但由于收入增加而会去购买更贵的汽车。如果这个客户对本田品牌非常忠诚，那么他会热情地向要买第一辆汽车的身边人推荐本田汽车。

真正的忠诚度毫无疑问会影响企业的盈利和增长能力，虽然一般客户并不总是能够带来可观的利润，但他们选择持续使用产品或服务通常会降低企业的获客成本。忠诚度也会推动收入的增长——如果客户群存在流失的情况，则任何企业都无法实现增长，忠诚度有助于减少客户流失。忠诚的客户会随着时间的推移而增加对心仪公司产品的购买量，这是因为他们的收入不断增长，或者他们将更多的钱包份额投入自己心仪的公司。

忠诚的客户会向朋友、家人和同事推荐公司和品牌，这样的推荐行为是忠诚度的最佳指标之一，因为如果愿意推荐的话，那么客户是在做出一种牺牲。客户在充当推荐者时，不仅仅是在表明他们已经从一家公司获得了好处，更是在用自己的声誉为公司的产品或服务背书。而且，只有当他们对品牌有强烈的忠诚度时，才会拿自己的名誉去冒险。

忠诚的客户会为公司带来新的客户——而且不需要公司付出任何成本，这对企业的收益特别有帮助。尤其是随着企业逐步成长，它所在的行业已经非常成熟，市场从增量市场转变成存量市场时，通过广告和其他促销活动带来一个新客户的巨大营销成本使其难以实现盈利增长。实际上，这时企业实现盈利增长的唯一方法，可能就是让那些忠诚的客户成为自己的营销团队。

2. 传统错误的忠诚度测量方式

如上所述，由于忠诚度对于企业实现盈利至关重要，因此测量和管理忠诚度变得意义重大。但不幸的是，现有的很多方法在这方面的效果还没有得到非常有效的证明，有些方法过于复杂，使得其在实际应用中毫无实践价值，而且常常会导致错误的结果。

很多互联网公司都非常重视客户留存率，但是这种测量方式存在局限性。在许多行业中，虽然客户留存率是衡量企业盈利能力的重要指标，但它并不总是直接反映业务增长的情况，因为这个指标监测的只是基本的客户流失情况，而不是新客户的获取。在客户因高昂的转换成本、年龄或收入的增加，以及其他因素自然而然地停止购买产品时，客户留存率不能全面地反映客户忠诚度。

在基于客户留存率数据进行运营和大量投入时，企业需要在客户留存率和业务增长之间建立强关联关系。

目前的很多研究表明，客户满意度与实际客户行为和业务增长之间缺乏持续的、可证实的关联。投资者对诸如《美国客户满意度指数》（ACSI）之类的报告嗤之以鼻。《华尔街日报》每季度发布ACSI，反映了约200家美国企业的客户满意度打分情况。通常，很难在这些报告中找出较高的客户满意度得分与出色的销售增长之间的强相关性。事实上，在某些情况下还存在反比关系。

找出一种准确测量客户忠诚度和客户满意度的方法非常重要，企业只有建立一个有效的客户体验测量体系并根据明确的客户忠诚度目标评价其绩效，才能实现客户忠诚度最终想达到的结果。从现状来看，客户满意度这个最常见的测量方法显然还不是一个令人满意的解决方案。

3. NPS：询问正确而简单的问题

那么，测量客户忠诚度的有效指标是什么？为了找到答案，大约从2000年开始，来自贝恩咨询公司的弗雷德·赖克哈尔德和Satmetrix公司（一家客户反馈管理平台提供商）合作，一起展开了一项专门研究：在一段时间内，将每个客户在调查中的答复与他们的实际行为（重复购买和推荐）进行匹配。他们首先从客户忠诚度快速测试（Loyalty Acid Test，一种客户忠诚度测试问卷模板）中的大约20个问题开始，从6个行业（包括金融服务、电视电话、个人计算机、电子商务、汽车保险及互联网服务）的上市公司的客户中招募了4000多人进行测试。

完成调查后，他们获取了每个接受调查的客户的购买记录，并请这些客户说出自己将公司推荐给其他人的具体实例。无法立即获得这些信息时，团队会等待6～12个月再收集这些人随后的购买和推荐信息。基于这4000多个客户的信息，弗雷德·赖克哈尔德的研究团队构建了14个案例研究，来测量单个客户的调查回复与这些个体的实际推荐和购买行为之间的关联。在这些数据的支持下，他们开始宣称哪些调查问题与客户的重复购买或推荐行为具有最强的统计相关性，希望为每个行业找到至少一个能有效预测行为的问题，这些行为能有效驱动增长。

经过两年的跟踪研究发现：有一个问题对大多数行业来说都是最有效的——在14个行业案例研究中，"你向朋友或同事推荐X公司的可能性有多大"这个问题的有效性在11个行业中排名第一或第二，在另外3个行业案例中，这个问题在其中2个行业中排名第三。因此，公司应询问正确的问题。最终，根据来自4000多个客户的数据，研究团队就不同问题在预测行为能力方面进行了排名。

在多个行业显著领先的有效问题：

● 你向朋友或同事推荐X公司的可能性有多大?

● 在某些行业以下两个问题是有效的：

● 你在多大程度上认为X公司赢得了你的忠实支持?

● 你继续从X公司购买产品或服务的可能性有多大?

其他问题在特定行业中很有用，但没有普遍适用性：

● 你在多大程度上认为X公司设定了这个行业的卓越标准?

● 你在多大程度上同意X公司让你可以轻松与其进行交易?

● 如果你是第一次选择类似的供应商，那么你选择X公司的可能性有多大?

● 你在多大程度上认为X公司提供了让你的生活更轻松的创新解决方案?

● 你对X公司的整体表现满意吗?

在这次调查开始前，弗雷德·赖克哈尔德猜测最有效的问题是"你在多大程度上认为X公司赢得了你的忠实支持？"但是，结果表明"忠诚度"这个概念太过抽象了，对客户的吸引力不如具体的行为——推荐给朋友。同时有一个令大家都可能感到意外的研究发现——"你对X公司的整体表现满意吗？"这个问题虽然在某些行业具备相关性，但被证明是与增长相关性较弱的预测性指标。

因此，他们的研究最终得到了一个正确的问题是"你向朋友或同事推荐 X 公司的可能性有多大？"根据客户对这个问题的回答，弗雷德·赖克哈尔德进一步制定了一个量表来划分评分标准：其中"10"代表"极有可能"被推荐，"5"代表中立，"0"代表"完全不可能"。当我们按照这种测量标准检查客户推荐和重购行为时，会发现 3 个细分群体：推荐者——重购和推荐率最高的客户，对该问题给出了 9 或 10 的评分；被动者的评分为 7 或 8；贬损者的评分为 0~6。

将推荐者限定为最狂热的客户，可以避免传统客户满意度评估存在的"评分夸大"的情况，在客户满意度评估中，被动者都被认为是"满意"的。将客户分为 3 类——推荐者、被动者和贬损者，不但提供了客户行为预测最简单、最直观、最准确的方法，而且对于一线经理来说也很有意义，与将满意度指数的平均值提高一个标准差相比，他们可以更容易地将工作与增加推荐者数量和减少贬损者数量这一目标关联起来。

4. NPS 与企业增长的相关性

弗雷德·赖克哈尔德团队对 6 个行业 14 家企业的研究证明了客户推荐和重购行为之间的相关性，并找到了获取这个指标的最佳问题。但是，真正的考验是这种方法能否很好地解释一个行业中所有参与者的相对增长率。

为此，在 2001 年第一季度，弗雷德·赖克哈尔德联合 Satmetrix 公司开始对一批新的客户跟踪监测"推荐意愿"得分，调查对象包括来自数十个行业、400 多家企业的成千上万的客户。在随后的每个季度，他们通过一次非常简短的电子邮件调查收集了 10000~15000 个反馈，该调查要求受访者对他们熟悉的 1~2 家企业进行评分。结合通过其他途径获得的每家企业的收入增长数据，他们绘制了每家企业的净推荐值与收入增长率曲线，结果进一步证明了二者之间的显著相关性。例如，在航空公司中，净推荐值与公司从 1999 到 2002 年的平均增长率之间存在很强的相关性。这一简单的统计数字几乎可以解释整个行业的相对增长率；也就是说，没有一家航空公司可以找到一种在不提高净推荐值的情况下实现收入增长的方法，这一结果也不同程度地体现在其他大多数行业中。

而在他们的研究中，能够对每个企业在行业中的相对增长率进行有效解释的指标——推荐者的百分比减去贬损者的百分比，就成了净推荐值（NPS）的最初原型。2003年，弗雷德·赖克哈尔德将这个历经两年多研究得到的结论发表在了《哈佛商业评论》上，这就是那篇奠定NPS行业地位的经典论文——《你需要致力于增长的一个数字》（*The One Number You Need To Grow*）。

盈利性增长的唯一途径可能在于企业具有使其忠实客户成为其营销团队的能力，如图5-1所示。

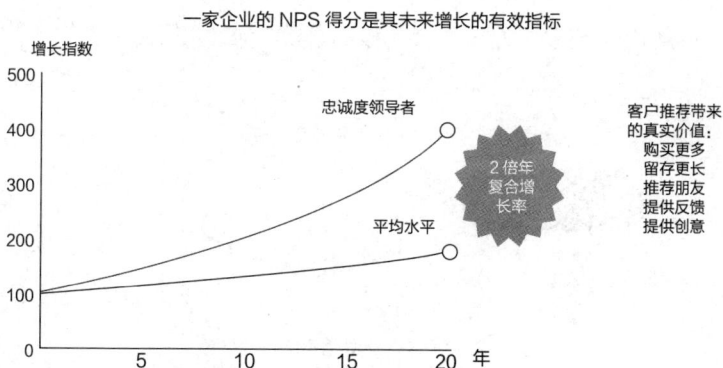

一家企业的 NPS 得分是其未来增长的有效指标

图5-1　NPS与企业增长之间的关系

（数据来源：贝恩咨询公司）

但是，需要特别指出的是，根据弗雷德·赖克哈尔德的研究，"推荐意愿"这个问题并非在每种情况下都可以最好地预测增长。在少数情况下，它们之间一点相关性也没有。例如，在数据库软件或计算机系统领域，是由高层管理者选择供应商的，而高层管理者通常不会出现在我们用来抽样的公共电子邮件列表中。询问这些系统的用户是否会将公司推荐给朋友或同事，似乎有点难以想象，因为他们对此根本没有选择权。在这些情况下，我们发现"设定卓越标准"或"赢得忠实支持"这些问题更具有预测性。

另外，"推荐意愿"问题在消费者没有选择权的垄断和接近垄断的行业中，对相对增长率也没有预测能力。例如，对于通信行业的固定电话和有线电视业务，这些行业的增长率取决于人口增长和经济增长，而不是取决于供应商如何对待他们的客户。在某些情况下，有些小型利基公司的增长速度快于其NPS所预示的速度。

5.NPS的行业适用度

NPS是衡量客户忠诚度和品牌、产品或服务满意度的关键指标，这个指数反映了客户对品牌的支持和推广的强度，对企业的增长和市场口碑有直接影响。可以通过一个概括性的模型帮助大家进行NPS行业适用度的判断，从客户视角出发，拆解出参与度、意义性2个核心要素，如图5-2所示。

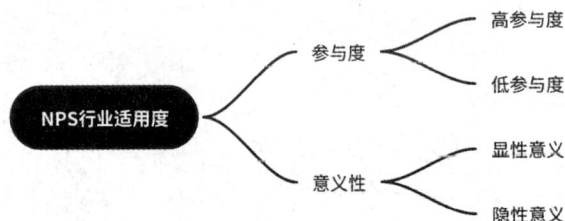

图5-2　NPS行业适用度的核心要素

（1）参与度

这一维度反映了客户与品牌的互动频率和深度。在一些高参与度的行业（如医疗保健、金融服务或教育），客户与服务的互动更频繁，投入的情感和时间也更多，因此他们对服务的体验有更深刻的感受，更可能对服务有明确的推荐意向。原则上，客户投入的程度越高，意味着客户与企业的交互次数越多，客户就有更大的机会获得更多的体验。这些体验会形成客户故事，成为分享的素材并刺激客户进行推荐，这些看法基于实质性的体验而非偶然的印象。

（2）意义性

这一维度衡量的是产品或服务对客户生活的影响程度。在对客户具有重大影响的行业，如健康产品、教育或房地产，客户会更加仔细地考虑他们的推荐，并且他们的推荐对他人选择也有更大的影响。意义性强的产品或服务往往涉及客户重要的决策或生活事件，因此客户对这些产品或服务的满意度和推荐意愿将直接影响他们的社交圈。

企业提供的产品或服务本身自带意义属性倾向，可以划分为显性意义和隐性意义。

①显性意义。常与C端客户的生活和工作息息相关，能很好地彰显个性、仪式感或积极正向的态度，如筹办婚礼。

②隐性意义。常与隐私有强关联，越是涉及隐私的部分，适用度越低。这里的个人隐私需要依赖文化与所处的社会背景进行判断，如要去做手术。

这里的意义不同于客户在使用企业提供的产品或服务之后的整体满意度，满意度是可以通过改善而提高的。

不同行业具体适用的评价方式，可以参照NPS行业适用度模型进行比照匹配。

如图5-3所示，企业在进行NPS适用度判断的时候可根据模型对号入座。

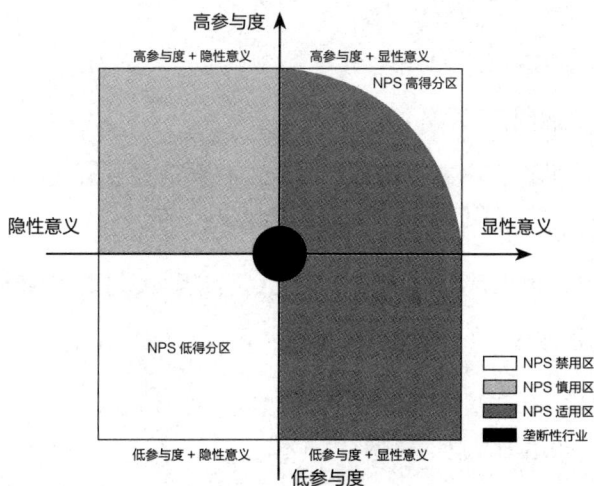

图5-3　NPS行业适用度模型

①NPS禁用区：这个区间包括NPS高得分区和NPS低得分区。

● 高得分区：在客户主观参与度比较高且为显性意义的行业。客户会因为高参与度与突出的显性意义，给出更高评价的分数，但同行业绝大多数企业的差异可能也就在于几分，甚至零点几分，所以实施NPS的意义并不大。

代表行业：

婚庆行业，如摄影服务、婚宴服务等。

● 低得分区：在客户主观参与度比较低且为隐性意义的行业。这类行业的客户不是最后的决策者，像B端的企业，即使基层员工愿意推荐，也不能代表这在决策者的判断标准中是适用的，一般来说，该区域并不适用NPS。

代表行业：

B2B制造行业，如汽车制造、车床生产、芯片制造等。

② 慎用区：在客户主观参与度比较高，但为隐性意义的行业。

这里的NPS得分通常会比较低，且实施NPS很有可能会侵犯个人隐私或冒犯尊严等，容易激起客户的反感，在使用上要非常谨慎。

代表行业：

医疗行业，如医院、诊所等；

律政行业，如律师、法务等。

③ 适用区：不管客户主观参与度高低，只要为显性意义的行业（除高得分区外），均可适用。

在该区间内，客户参与度和显性意义组合的程度越高，NPS代表客户推荐意愿的含义就相对更强烈。

代表行业：

运动行业，如运动品牌、健身中心等；

文娱行业，如影视制作、游戏开发等；

餐饮行业，如咖啡连锁店、高端餐厅等。

④ 垄断性：完全垄断行业。

对于完全垄断的行业，由于市场上没有可行的替代品，因此消费者即使不满意也不得不继续使用现有的产品或服务，而且在没有替代品的情况下，并不存在忠诚度的概念。

代表行业：

国家电网、石油、电信等。

5.2 NPS的计算方式与类型

1. NPS的计算方式

NPS为组织提供了一种测量和管理客户忠诚度的有效方法，NPS得分最高的企业始终在行业增长中占据最大份额，那么要如何计算和分析NPS呢？可以通过以下4个步骤来获取、计算和应用NPS。

步骤1：调查

对客户开展统计上有效的抽样调查，询问以下问题："你向朋友或同事推荐X公司的可能性有多大？"对于从0到10的反馈，遵循一致的标准至关重要，其中0表示"完全不可能"，5表示中立，10表示"极有可能"。

在设计调查问卷时，最需要的就是保持克制：控制让调查问题的数量成倍增加的冲动，更多问题会降低问题的响应率以及样本的可靠性。你只需一个问题即可确定客户的状态（推荐者、被动者或贬损者）。后续问题可以帮助挖掘出客户产生这类感受的原因，并制定可行的针对性补救措施。但是，此类问题应针对3类客户量身定制。将被动者转变为推荐者以及解决贬损者提出的问题是两种不同的挑战，需要采取不同的策略。

步骤2：计算

计算打9分或10分的客户（推荐者）所占的百分比，以及打0分到6分的客户（贬损者）所占的百分比。然后用推荐者的百分比减去贬损者的百分比，即可得出NPS得分。通常情况下，分数会低于预期，但也不要感到惊讶，28个行业的400多家企业的NPS得分为中位数的只有16%，这一数字是基于Satmetrix

公司收集的大约130000个客户调查反馈得到的结果。

步骤3：比较

得到NPS的计算得分后，可以按区域、分支机构、服务或销售代表，以及客户群的NPS得分进行比较，这通常可以很好地揭示产生差异的根本原因。当然，真正重要的是将你所在的公司与直接竞争对手进行比较，可以使用相同的方法调查竞争对手的客户，然后确定企业在行业中的相对发展情况，以及确定当前的NPS得分对于企业来说是竞争资产还是负债。

步骤4：提升

NPS得分最高的企业，包括国内的招商银行、国外的Amazon、USAA（美国一家保险公司），他们的NPS得分在75～80及以上。对于追求世界级客户忠诚度以及由此带来持续增长的企业而言，设定并达成一个高水平的NPS应该是他们努力的目标。

2. NPS划分客户的类型

NPS的计分量表易于被客户理解和接受，因为客户只需要简单地从0到10的范围内选择一个数字对调查问题进行评分即可。根据打分可以将客户分为3组，每组的特征在于对企业的不同态度，更重要的是，这也是在反映与经济价值相关的不同行为。

推荐者（9～10分）

推荐者是对品牌或服务非常忠诚、热情的客户群体，他们会向朋友和同事赞美公司。他们比其他人更有可能被留住，并随着时间的推移增加他们的购买频率和数量。根据贝恩咨询公司的研究，在大多数企业中，他们占推荐人数的80%以上。通常，这些客户也会让员工感到愉快。

被动者（7分或8分）

这一组被称为"被动者"，因为此组客户只是暂时感到满意。他们的复购率和推荐率比推荐者低大概50%。他们的推荐行为往往需要在一定的条件下才会发生，而且热情不高。最需要注意的是，如果竞争对手的广告引起了他们的注意，那么他们很可能会转向竞争对手。

贬损者（0～6分）

贬损者是对产品或服务不满意的客户，他们通常占负面口碑群体的80%以上。这类客户的流失率很高。虽然从财务角度来看，有些贬损者仍然会给企业带来利润，但他们的批评和负面态度会影响企业的声誉，阻碍发展新客户，并会挫败员工的积极性。

每个企业不仅可以为整个企业，而且可以为每个业务、产品、门店或客户服务团队定期监测和跟踪NPS，还可以针对细分客户群、区域或职能部门进行跟踪。它可以帮助每个人聚焦于获得更多推荐者和更少贬损者这一双重目标。总之，NPS就是每个企业的客户资产负债表。

3.NPS的3种类型

虽然NPS的计分方式是一样的，但是由于具体的监测对象不同、监测目的不同、应用方法不同，NPS在应用中衍生出了不同的类型，如图5-4所示。

	对标型	关系型	体验型
目标	• 竞品对标 • 战略决策 • 目标设定	• 一线学习改进 • 组织学习改进 • 客户关系提升	
对象	• 现有客户 • 竞品客户	• 现有客户（样本库或全量）	• 近期有体验的客户
闭环	• 无	• 有	• 有
其他 举措	• 数据分析 • 跨部门项目 • 主要举措	• 客户规划 • 产品、政策和其他提升	• 体验优化或重新设计
		• 客户回访 • 员工培训与指导	

图5-4　NPS的3种类型

（图片来源：贝恩咨询公司）

（1）对标型 NPS

忠诚度领导者除了从自己的客户那里寻求反馈，也从竞争对手的客户那里寻求反馈。如果运用得当，对标型 NPS 可以为企业最高级别的目标设定和优先排序提供基础。

体验型 NPS 和关系型 NPS 可以促进企业的持续改进，而对标型 NPS 可以为一系列不同类型的决策提供依据，它们反映企业当前的相对状况，不仅覆盖直接的竞争对手，还包括市场上所有潜在的竞争对手。这些信息可以帮助领导者识别企业的威胁和机遇，确定企业的战略重点，如优化资源分配、制定差异化战略等。

对标型调查属于传统的市场研究形式之一，研究实施人员通常来自第三方研究机构，他们询问受访者光顾了给定类别的哪些企业，以及对每家企业进行推荐的可能性，并对原因进行调查。通常情况下，也会收集受访者关于购买产品的数据，并结合人口统计信息和消费者态度问题，来识别和理解特定细分群体的特征和需求。这些方法基本都是双盲的：受访者不知道调查是关于哪一家企业的，而受访者对企业也是匿名的。对标型调查可以消除仅对自己的客户进行调查时可能出现的被访者偏见。在企业自己实施的调查中，不喜欢与企业进行业务往来的人，可能会认为不值得花时间参与其中。当由第三方研究机构来询问时，则可以遇到喜欢、不喜欢等各种态度的人。同理，对标型调查还能消除不同地区带来的差异。

（2）关系型 NPS

关系型 NPS 对组织与客户之间的关系进行整体性评估，它为客户团队、客户关系经理、品牌经理以及其他人员提供深入的洞察，以便他们可以根据自己的经验来制定针对性的策略，并采取行动来改善营销、销售、服务、产品设计，以及定价或其他政策。关系型 NPS 调查一般定期进行，而且周期相对较长，一般 6 个月或 12 个月开展一次。其衡量得到的是组织的总体得分。

关系型 NPS 的优点：不仅可以了解企业与客户的整体关系状况，还可以与其他组织的总体得分进行比较，为企业的 NPS 目标和进度制定基准线。

关系型 NPS 的缺点：由于是整体和笼统的评估，因此可能很难确定如何对收到的反馈采取具体的行动，并且关系型 NPS 调查的间隔周期较长，一般6个月或12个月开展一次，结果的实时性不强。

（3）体验型 NPS

体验型 NPS，通常也被称为交互性 NPS，一般是在营销、销售、服务等阶段的某一次具体的交互发生之后，让客户提供反馈。例如，可能会在客户购买产品或电话互动之后进行 NPS 调查。这种 NPS 的重点在于了解这些时刻的客户体验如何影响客户忠诚度，据此可以找出提升这些具体体验的方法。

体验型 NPS 的优点：体验型 NPS 的结果更具可操作性，因为它们与特定的交互相关，可以基于结果数据进行改进。它们提供了持续的数据流，有助于组织各个相关部门的参与。当客户对业务的看法发生变化时，它们往往会很快地反映出来，因此实时性和相关性更强。

体验型 NPS 的缺点：由于每次交互和体验都是不太一样的，特殊性很强，因此一般很难将数据与其他公司进行比较。

5.3　NPS的作用

弗雷德·赖克哈尔德在2003年提出 NPS 时，强调了 NPS 最核心的作用就是可以预测企业收入的增长。根据伦敦经济学院的研究数据，NPS 平均增长7%意味着收入增长1%。除了这个最重要、最核心的作用，NPS 还可以在以下几个方面发挥作用。

1. 帮助企业细分客户

按照 NPS 的调查积分方式，它会很自然地将参与调查和反馈的客户分为3个不同的组。这个直接的结果非常有价值，因为它可以帮助企业确定哪些人对自己的产品或服务非常感兴趣，哪些人不感兴趣，以及每类客户的特征，并进一步根据这些特征将没有参加调查的客户也进行标签分类，根据这些分类可以找出通常用9～10分或0～6分打分的客户画像；诊断特定客户类别的常见问题；揭示每一类客户的目标和期望。

此外，识别贬损者、被动者和推荐者，可以帮助企业将资源分配到最需要的地方，以及针对每一类客户，寻找将潜在的贬损者和被动者转化为推荐者的可能策略，例如邀请推荐者成为品牌大使；积极影响被动者，使被动者成为品牌的推荐者；从贬损者那里获得真实宝贵的反馈意见等。

2. 帮助找到改进的空间

NPS不只是一个数字，它的主要优势之一是能够获取客户最有价值的开放式反馈。通过推荐者、被动者或贬损者的反馈，可以及时了解很多具体的信息，例如可以找出促使推荐者忠诚和满意的原因，或者贬损者不喜欢产品的原因，以及常见的问题和痛点。在这些反馈中，也许大部分无足轻重，但总有一些是极为有价值的。

3. 个性化与客户的关系

不能对每个客户都一视同仁，如果企业让对其产品不满意的人参加调查，那么很可能会被他们拒绝，这甚至可能进一步破坏企业与客户的关系。NPS调查和测量可以帮助企业针对每个客户量身定制合适的沟通方式、沟通时机和沟通内容。

假设企业要启动一项客户宣传计划，寻找愿意提供帮助的客户的最佳选择是企业的推荐者 —— 在上一次NPS调查中回答9分或10分的人。他们已经喜欢企业的产品，并希望将其推荐给其他人，为什么不更好地了解和发挥这些超级客户的作用呢？对于贬损者客户，企业则可以给他们一些额外的关怀。这些打6分或更低分数的客户是流失率最高的，因此在他们最终流失之前多花一些工夫是值得的，因为重新挽回一个客户的成本会更高。

4.预测未来的增长

NPS调查中的每个答复都预示着不同程度的客户流失风险。回答4分的客户比回答8分的客户有着更高的流失或降级风险。将NPS评分与流失风险概率相匹配，就可以对未来的业务增长和客户流失的影响进行预测。

例如，过往的研究表明在90天内约有50%的贬损者会流失，而在180天内有40%的被动者会流失。也就是说，如果有100个贬损者，平均每位客户每月带来的收入为100元，则可以预计在接下来的3个月内每月将减少5000元的业务收入。基于这种预测方法，企业可以更精确地进行资源分配和决策制定，来支持客户维系方案。

5.获得更好的投资

NPS还能帮助那些正处在初创期的企业获得融资。一些投资者对NPS非常重视，以至于他们会为NPS得分高的企业提供更好的投资条件。在硅谷注重客户体验的科技创投圈，很多投资者会询问企业的NPS是多少。

知名的商业软件社区SaaStr的投资人杰森·莱姆金（Jason Lemkin）表示，与具有较高月订阅收入的企业相比，他更倾向于对NPS得分较高（超过40）的企业进行投资。例如，SaaStr投资的Zoom公司的NPS目前为68，这是一个非常高的得分。同样，著名的投资公司红杉资本的所有投资都使用NPS来衡量潜在的增长。

5.4　NPS的调查与分析

1.开展NPS调查的基本工作事项

开展NPS调查是使用NPS的第一步，以下是开展NPS调查的基本工作和实施建议。

（1）设计合适的NPS调查问卷

没有一项客户调查的响应率能达到100%，要成功开展调查活动，最基本的一项工作就是设计合适的 NPS 调查问卷，避免冗长复杂的问题，提升调查的吸引力。虽然 NPS 问题本身相对固定，但是可以通过以下方式优化调查问卷。

- 根据企业的品牌规范设计 NPS 调查问卷的颜色、字体和文本大小。
- 尝试使用对比色或醒目的颜色，以使调查问卷不会在客户收到的众多信息中被忽略。

确保 NPS 调查以正确的方式表达企业的品牌，除视觉设计之外，还应该注意调查问卷的文案，确保 NPS 调查与目标受众的相关性。

（2）将 NPS 调查发送给适当数量的客户

在开展大规模 NPS 调查时，为了确保 NPS 调查结果具有统计意义，需要确定 NPS 调查样本量的分配。如果要开展针对某一具体场景的 NPS 调查，那么一般情况下可以先不用考虑像大规模 NPS 调查那样的样本量分配，因为在界定场景的同时，基本上已经对能参与这个调查的条件和流程做好了设定。

需要注意的是，在针对某一类细分群体或者具体场景开展 NPS 调查（如要调查 2 年以上的老客户）时，要确保调查问卷能够分发到足够的样本框，同时考虑到调查响应率的影响，以保证能够回收足够进行定量统计分析的样本量，太少的样本量会让统计分析失去意义。

根据 NPS 调查公司 Genroe 的数据，大多数公司的 NPS 调查响应率在 15% ~ 25%，因此可以先确认总体样本框的 15% 的客户数量是否具有统计意义，决定是否需要调整调查对象以扩大样本框的大小。

（3）在客户旅程的正确阶段使用 NPS 调查

在开展体验型 NPS 调查时，发送 NPS 调查问卷的最好方法是在客户旅程的各个阶段，通过渠道和触点的某一次交互、体验、操作或行为来触发。因此，需要将 NPS 调查与客户经历过的阶段、当前所处的客户旅程阶段、客户旅程的关键里程碑进行综合考虑，让 NPS 调查符合客户所处的阶段和场景，避免错位甚至是相互冲突。NPS 调查的最佳时机之一是在客户旅程的关键里程碑之后要求反馈。

- 客户完全解锁产品的那一刻 —— 这是客户激活所有功能并开始定期使用产品的那一刻。

- 客户获得成功或有意义的效果之后 —— "成功"一词在不同的产品使用案例中可能具有不同的含义。例如，对于CRM（客户关系管理）产品，成功可能是客户顺利地使用CRM系统发送了第一个电子邮件广告，这个时候客户对产品或企业的感受比较明显和强烈。

- 具有独特意义的日期和时间 —— 某个具体的时间对客户来说可能是一个重要的场景，例如可以将NPS调查安排在客户开始使用产品10天后或试用期结束前2天发送。

（4）在合适的渠道与合适的时间发送NPS调查

可以发送NPS调查的渠道有很多，如客服热线、短信、微信公众号、电子邮件、Web门户等。需要根据调查对象的习惯、偏好，NPS调查的类型，以及具体的场景，来选择合适的发送渠道。

- 对于年龄比较大的客户来说，他们对数字渠道并不是特别熟悉，所以通过电话调查更合适。

- 对于年轻一代来说，通过微信公众号、社交媒体等数字渠道发送调查，响应率会更高。

- 对商务人群进行调查，尤其是涉及2B（对企业）产品或服务的调查时，电子邮件是一个非常有效的渠道。

- 在开展体验和交互型的NPS调查时，最好在交互发生后立刻发送NPS调查，这时App、Web等交互发生的渠道更合适。

在合适的时间发送NPS调查非常重要，这会影响调查的响应率和回收数据的质量。根据市场研究公司Smart Insights的统计，所有电子邮件中有23.63%在发送的第一小时内被打开，4小时后是4.8%，24小时后是0.63%。企业的每一次NPS调查，都是在跟其他各种电子邮件和消息竞争客户的时间和注意力。但是很难用一个具体的规则给出普遍适用的指引，这一切都取决于每一次NPS调查的目标和策略，但是有一些在选择发送时间时需要考虑的一般规则。

- 不要过早发送调查。不要强迫新客户立即对他们的忠诚度进行评分，给他们时间感受和探索产品。如果立即提出要求，那么NPS调查的反馈很可能是没有意义或不准确的。与客户接触的最佳时机之一是在他们激活重要功能、完全解锁产品，或者取得明显进展时。

- 注意客户当下所处的场景。如前所述，场景在NPS调查分发中起着重要作用。应结合调查的目标，选择合适的发送场景。如果是体验型NPS调查，则发送NPS调查的最佳时间是在客户对产品感到满意之后。

定期重复发送NPS调查，但要适度，贬损者可能突然变成被动者，被动者也可能在某个时候变成贬损者或者推荐者，而推荐者往往很容易失联。产品和市场在不断地演进和变化，如果没有定期开展NPS调查，企业则会失去与客户互动和提升客户体验的机会，最佳做法之一是每2到4个月对客户进行一次NPS调查。当然这不是绝对的，具体的时间需要根据行业特征进行调整。

另外，在发送NPS调查时，还有一些经过多个行业验证的小技巧和经验，可以获得更好的效果，应结合自身具体的情况来采用。

- 首先通知客户，然后进行调查。研究表明，预先通知客户可以将NPS调查的回复率提高4%～29%。有些情况下，可以结合多渠道进行NPS调查分发，首先分发的渠道相当于一次通知。例如，先在App实现NPS调查，如果客户响应了那很好，如果客户没有响应，可在一天后再次通过电子邮件向其发送NPS调查，这样一来，响应率会有所提升，因为第一次在App的推送相当于一次通知。

- 利用Anita性别偏好效应。Anita效应其实是一种心理偏见。根据Quirks公司的研究，一家公司在NPS调查分发时就两个不同的小组进行了测试：一组是男性收到由男性发送的电子邮件，另一组是男性收到女性发送的电子邮件。结果表明，由女性对男性发送的邮件的响应率要高出30%。

● 使NPS调查更加个性化。个性化已经是出色的客户体验最重要的特征之一，NPS调查也不能例外。研究表明，超过79%的消费者期望品牌非常了解他们，并提供量身定制的个性化体验。因此，企业下次大量发送NPS调查活动时，可以尝试输入受访者的姓名、会员等级等个性化信息，但要注意信息的私密程度，不要让客户感到隐私受到了侵犯。

（5）激励和回馈受访者

一般情况下，对于参与NPS调查和访问来说，企业最好不要向客户提供奖励措施，因为这些可能会带来不准确的数据，客户可能会因为奖励而隐藏真实的感受和想法。但是，如果调查的响应率太低，又没有其他可行的策略时，可以尝试向客户提供一定程度的激励，但也不要过于贵重，一本电子书或者几个积分即可。

其实，对客户参与NPS调查最大的激励是认真对待他们的反馈。对于客户提出的问题和建议，提供清晰和透明的进度更新，让客户知道他们的反馈正在被处理。即使问题最终没有得到解决，客户也会知道他们的意见得到了企业的高度重视，并且企业采取了实际的行动，这会显著提升他们参与下一次调查的积极性。

2.NPS调查数据的分析

对NPS调查数据的分析与NPS调查同样重要，如果不能正确、有效地分析和解释数据，那么就发挥不了NPS的作用，甚至会适得其反。NPS调查数据的分析主要包括以下5个方面。

（1）分析各类型客户的特征指标

结合NPS调查中收集的客户反馈与内部客户画像、行为、消费等数据，分别对贬损者、被动者和推荐者的突出特征，以及反映这项特征的具体指标进行分析。特征指标主要包括以下几方面。

● 客户的性别、年龄、职业等人口特征。

● 成为企业客户的年限。

- 产品的使用频率。

- 访问最多的页面。

- 使用最多的产品功能。

- 使用产品的单次平均时长。

- 广告邮件的打开率。

- 其他重要产品的关键绩效指标等。

如果可以找到与推荐者相关的常见事件和路径，则可以尝试重新设计产品体验，并使这些关键功能和行为对被动者和贬损者更具吸引力。例如，如果发现推荐者经常使用产品的某个功能，则可以部署针对性提示来引导和激励其他细分客户了解和使用这个功能。虽然某些实验看似不太相关，但是进行产品实验始终会比无所作为产生更多的洞察力。

根据参与调查客户的数据分析得到的不同客户类型的特征，可以用于对未参与调查的客户进行预测性分类，找出潜在的推荐者、被动者和贬损者，并针对性地采取提前的策略，例如对潜在贬损者进行主动的回访。当然，这种扩展式的预测不一定完全准确，需要根据实际的接触不断修正分析规则和模型来提升准确率。

（2）NPS的对标与趋势分析

另一个基本的NPS分析是对标分析，包括横向的对比分析和纵向的对比分析。其中横向的对比分析是将企业的NPS得分与其他企业的NPS得分进行对比分析，也就是对标分析，从而确定企业在行业中的相对水平，这对制定战略性的决策非常有价值。例如，企业的NPS与竞争对手相比持续处在非常落后的位置，则集中资源开展一项客户体验转型，实现NPS的显著提升是非常必要的。在同一个企业内部的不同业务单元之间，也可以开展横向的对标分析，如在内部树立优秀的典型，促进落后部门按照最佳实践进行对标学习，迅速提升。

纵向的对比分析是对企业不同周期的NPS值进行趋势分析，确定NPS是否有改善或者恶化。纵向的趋势分析往往需要与同期内所采取的具体策略对应起来，以确定哪些措施是有效的，哪些措施是无效甚至起到阻碍作用的，并根据这些结论进一步调整和完善策略。

（3）推荐与贬损原因分析

虽然仅仅询问"你有多大的可能性向你的朋友和同事推荐我们？"这样的问题可以评估意愿水平，但是从这个问题的回答中找不到具体的原因，无法制定相应的调整和优化策略。因此，在NPS调查中，往往会向客户进一步追问一个问题："你给出这样的评分的最重要原因是什么？"

针对这个问题可能会出现各种各样的答案。因为每个客户每次所处的场景都是不一样的，他们在每个场景中碰到的问题和感受，以及原因也各不相同，所以这个问题可以是开放式的，也可以是半开放式的——预先总结几个常见的原因作为固定现象，再加上一个开放式的提问让客户填写。

对客户通过开放式问题提交的各种答案进行分类整理和打标签，可以总结提炼出主要的贬损和推荐的具体原因。导致贬损的原因就是下一步制定优化策略和方案的输入，而推荐的原因可以用在激励员工和对外的营销传播中。

对于总结得到的常见的贬损和推荐原因，可以添加到追问的问题中，替换掉原来预先设定的、选择频次不高的选项。这些固定选项在调查中得到的结果，可以作为判断原因重要程度及针对性解决方案优先顺序的依据。

（4）创新性关联与预测分析

除以上的客户分类分析、趋势和对标分析、贬损和推荐原因分析等常规的NPS分析外，还可以基于NPS数据进行扩展性的创新分析，包括以下两点。

- 关联分析。结合企业的客户投诉数据、经营数据等，对企业在生产、营销、服务等各个环节存在的短板进行分析，进一步深入挖掘导致贬损的原因。
- 预测分析。结合客户行为特征、行为数据，以及企业的经营数据，对客户未来一段时间的满意度、推荐行为进行预测，并针对性地制定经营策略，提前进行干预，从而对企业的经营业绩进行有效的预测和影响。

这些创新性分析，目前并没有非常明确的模式，需要根据企业的数据现状进行各种组合和尝试，在应用中不断探索和迭代。

（5）阅读每一条客户原声

以上的专业分析都会对原始的调查数据进行一定程度的提炼和抽象，提高数据的结构性以便建立分析模型。虽然这些分析可以加深分析的深度，拓宽分析的组合维度，但是在提炼的过程中，会损失掉客户在反馈时一些非常感性化的情感要素。

因此，如果时间和精力允许，建议尽可能多地去阅读每一条客户反馈的原声，这对于提升对客户的同理心、激发创新性的产品和服务概念，是非常有帮助的。另外，也可以尝试通过内部的协同工作平台（如钉钉、企业微信等）将NPS调查响应反馈到这些渠道中，让更多的同事和合作伙伴有机会和途径来直接接触客户，这对于提升企业的同理心，建立以客户为中心的文化也会有所帮助。

5.5 NPS的不足和缺陷

自从弗雷德·赖克哈尔德在2003年提出NPS以来，采用NPS的品牌越来越多，其中有些进一步验证了NPS的效果，但对NPS的质疑甚至指责也不断出现，几乎每隔一段时间就会出现一篇广泛传播的批评NPS的文章，这些对NPS的质疑和批评主要包括以下几个方面。

1.NPS可能无法对客户进行准确分类

剑桥服务联盟（Cambridge Service Alliance）最近发表的一项研究结果认为，许多客户的实际行为与按NPS调查结果划分的客户类型不匹配。他们发现，许多调查中的推荐者其实不是推荐者，而许多贬损者也不是实际的贬损者。剑桥大学的研究论文认为"NPS测量不一定与实际行为相对应"。研究人员认为应该建立一个以大数据为基础的多维测量模型，这个模型可以同时利用客户行为和态度数据。

研究人员 DB Grisaffe 也质疑贬损者、被动者和推荐者这样的标签是否有意义。他是这样分析的：回答得分为0分的贬损者和回答得分为6分的贬损者是一样的吗？答案显然"不一样"。NPS对这些非常可能存在的差异进行简化，将它们划为一类，但实际上得分为4～6分的人可能两种感觉都不强，因此不太可能向其他人表达负面意见。Grisaffe 和其他人指出，NPS这些类别的临界值或多或少存在随意性，而弗雷德·赖克哈尔德也从未为这样的划分提供任何具体的理由。

这项质疑对NPS的影响是很明显的：如果NPS不能够准确地划分客户类型，那么你将使用存在一定程度偏差的数据来衡量结果，这不会完全使NPS失效，但可能会影响结果的准确性和有效性。

2.NPS的优越性在后续研究中无法持续重复

弗雷德·赖克哈尔德在研究中发现NPS与企业的增长密切相关，尤其在他所研究的14个行业中，NPS在11个行业中显示出了最高的有效性，在其余3个行业中，NPS虽然不是最有效的指标，但也在其中2个行业中排名第三，这为NPS的优越性提供了强有力的实证数据。然而，这种来自实证研究而不是基础理论层面的优越性，虽然容易被证明，但随着环境和条件的变化，也可以被用同样的方法证伪。

- 凯宁汉姆（Keiningham）等人在2007年使用ACSI重新检查了弗雷德·赖克哈尔德的原始研究数据，发现在3个案例中有2个案例的ACSI与增长的相关系数高于NPS与增长的相关系数。

- 平托雷（Pingitore）等人在2007年的研究发现NPS并不是历史收入变化的最佳预测指标。在租车行业，最有效的指标是"净满意"；在航空业，最有效的指标是多维满意度指数。

- 德·哈恩（De Haan）等人在2015年检查了93家荷兰公司，以评估NPS和客户满意度在客户保留上的预测能力，结果发现客户满意度实际上是比NPS更好的预测指标（相关系数分别为 $R=0.18$ 和 $R=0.17$）。

在某些方面（如简单性、执行理解力或可用性等），NPS可能比客户满意度更好，但是综合历年的研究来看，几乎没有证据表明NPS在预测增长方面普遍（或曾经）比客户满意度更好。

3.NPS的差异（净）得分是不必要的

数据研究公司 Business Over Broadway 认为 NPS 采用的差异得分（NPS=推荐者百分比－贬损者百分比）是没有必要的，也是不准确的，还有其他更好的数据汇总方法，至少不比 NPS 差，例如以下几点。

- 推荐平均得分：这是一组响应的算术平均值。通过将所有响应相加并除以响应数来计算平均值。可能的分数范围是0～10。
- 最高得分：最高得分代表给出最佳回答的受访者的百分比（在0～10的评分中分别为9分和10分）。可能的百分比得分范围是0～100%。
- 底线分数：通常代表做出最差回答（在0～10的评分中为0～6）的受访者所占的百分比。可能的百分比得分范围是0～100%。

他们比较了48家公司的净推荐得分和推荐平均得分，发现48个品牌的平均得分和 NPS 之间的相关系数 R=0.97。也就是说，除从平均得分中了解到的内容外，NPS 不会提供其他更多的洞察，这两个指标在关于品牌相对增长率排名的有效性方面，本质上是相同的。

4.NPS仅代表客户忠诚度的一个维度

实际上，客户忠诚度是多维的，我们不能完全仅从某一个角度来定义和评估它，它是一种态度，也体现在具体的行为上。Business Over Broadway 对客户忠诚度调查问题的因素分析（如主成分分析）表明，实际上存在3种不同类型的客户忠诚度。

（1）保留忠诚度

保留忠诚度是指企业保持现有客户的能力，以及这些客户对企业品牌或产品的持续偏好，而不是转向竞争对手。

● 你转换到其他品牌的可能性有多大？

● 你续签服务合同的可能性有多大？

（2）推荐忠诚度

推荐忠诚度是指客户向其他人推荐企业的产品、服务或品牌，并对企业在获得新客户方面的支持程度。

● 你向朋友或同事推荐企业的可能性有多大？

● 总体而言，你对企业的表现满意吗？

（3）购买忠诚度

购买忠诚度是指客户对产品或服务的持续购买行为，主要体现在增加购买频率、购买量以及购买产品或服务的种类上。

● 你将来从企业这里购买不同解决方案的可能性有多大？

● 你在整个公司范围内扩大使用企业产品的可能性有多大？

不同类型、不同维度的忠诚度需要不同的指标和调查问题来评估和预测。仅使用NPS问题，就限制了对客户资产健康的全面了解。为忠诚度测量和增长选择正确的客户调查问题对于衡量和提升忠诚度至关重要，需要仔细地考虑客户和企业的业务。例如，考虑客户如何能够表现出对企业的忠诚度；考虑你的业务增长策略和当前的业务挑战；如果当下的问题是客户流失率很高，则可以考虑使用留存率问题。

5.NPS的计分方式不能反映积极的变化

美国知名用户体验研究专家杰瑞德·M.史普（Jared M. Spool）举了一个比较极端的例子，非常清晰和有说服力地展示了NPS在这个方面的缺陷。

首先，一个还处在初期的产品A碰上了心情不好的10个被访用户，他们对产品的NPS调查问题都打了0分，在这种情况下，按照NPS的计分方式，产品A的NPS得分为−100，如图5-5所示。

★★
★★★
★★★
★★★
★★

0 1 2 3 4 5 6 7 8 9 10

基本　　　　　　　　样本分布　　　　　　　　非常
不可能　　　　　　　均值 =0　　　　　　　　可能
　　　　　　　　　 NPS=-100

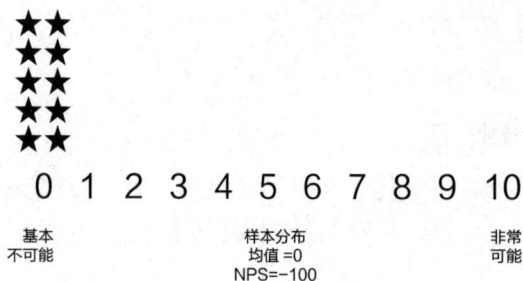

图5-5　产品A的第一次NPS调查得分

面对这种极端不利的情况，产品团队拼命努力地改进产品的设计和性能，经过一段时间的完善，在第二次的 NPS 调查中，另外10个用户都给出了6分的评价，从每个用户的打分来看，产品 A 的体验是有显著提升的，打分从0分提升到了6分。但是，按照计分方式，第二次的 NPS 仍然是 −100，如图5-6所示，与第一次相比没有任何改善。无论从产品团队角度还是客户角度，这个结论都是让人不能理解的。

★★
★★★
★★★
★★★
★★

0 1 2 3 4 5 6 7 8 9 10

基本　　　　　　　　样本分布　　　　　　　　非常
不可能　　　　　　　均值 =6　　　　　　　　可能
　　　　　　　　　 NPS=-100

图5-6　产品A的第二次NPS调查得分

由于 NPS 的调查结果显示产品仍然没有得到改善（其实不是），所以产品团队不得不继续努力改进产品，这次他们并没有下大力气，只是稍稍优化了产品体验，于是开展了第三次 NPS 调查。在这次调查中，用户的评分也有了进一步提升，但提升的幅度不大，从6分提高到了8分。但就是这个不算太大的提升，按照 NPS 计分方式得出的结果突然从上一次的 −100 猛增到0，如图5-7所示。

```
★★
★★
★★
★★
★★

0 1 2 3 4 5 6 7 8 9 10

基本                样本分布              非常
不可能              均值=8               可能
                    NPS=0
```

图5-7　产品A的第三次NPS调查得分

面对这种情况，产品团队可能会有一种错觉：其实不用怎么努力，就可以让NPS大幅提升，于是他们继续有所控制地改善产品，并开展了第四次NPS调查。这次被访的10个用户全部非常满意，给出了9分的评价，比上一次又有了小幅度的提升，从8分提升到了9分。但这次的NPS调查结果从上次的0猛增到了令人瞠目的100，如图5-8所示。

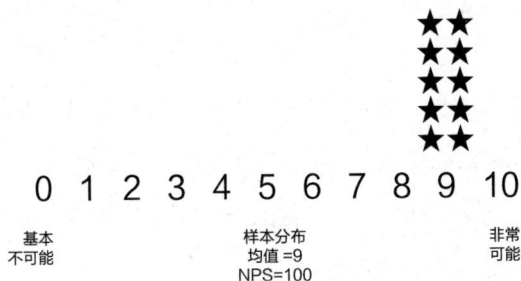

```
          ★★
          ★★
          ★★
          ★★
          ★★

0 1 2 3 4 5 6 7 8 9 10

基本                样本分布              非常
不可能              均值=9               可能
                    NPS=100
```

图5-8　产品A的第四次NPS调查得分

虽然这个例子有些极端，但是按照NPS的计分规则计算出的NPS得分，确实不能准确地反映团队的努力程度，以及在客户侧打分表现出来的感受。这说明NPS的计分方式在计算过程中，毫无疑问地损失了部分变化信息，而这些信息在某些极端情况下会极度放大而失真，不能真实地反映实际的情况。

5.6 NPS：从分值到体系

1. 以完整和新的眼光重新认识 NPS

上一节的内容看起来是要彻底抛弃 NPS，但绝对不是！虽然这些不足和缺陷在不同程度上是不得不承认的，但是任何方法和理论都不可能是完美的，都会存在一定的局限性，只能适用于一定的条件和情况下。

同时，从 NPS 诞生的研究过程中也可以看出，NPS 是一个从实证研究中总结出来的方法，而不是一个理论层面的定律。弗雷德·赖克哈尔德在 2003 年那篇著名的文章中已经非常清楚地指出，实证研究的数据表明 NPS 并不是在所有行业中都适用，在某些行业中的有效性并不是最高的，在有些行业中甚至是失效的。

因此，所有的研究人员和应用人员都不能对 NPS 盲目迷信和全盘照抄，也不用全盘否定，而应理解和借鉴其理念和思路，根据自身的情况，在实践中进行调整和完善。

通过追溯 NPS 的初衷和来源，以及后期在应用过程中发现的不足与问题，我们应从整体的角度来识别我们需要面对的挑战和目标，在认知和理念上不断提升，从更高的视角来寻找解决问题的方法和方案，不断扩展 NPS 的方法体系，而不是故步自封或者简单地彻底否定。

2. 客户体验和客户忠诚度不应该被压缩为一个数字

弗雷德·赖克哈尔德提出 NPS 的初衷是为了准确测量客户对企业的忠诚度，并预测和促进企业的增长。因 NPS 简单有效，在概念和行动上易于理解和实施，所以逐渐成为企业开展客户体验测量和管理的首选切入点。

当然，我们知道无论是客户体验还是客户忠诚度，都不是单一事物，不能仅仅从单一维度来看待和测量。尤其是进入数字化时代以后，客户所处的场景、客户与企业发生交互的渠道和触点，都在快速增加和变化，所以客户体验、客户忠诚度这些对企业至关重要的概念和因素，也是多维和动态的。

面对客户体验和客户忠诚度的复杂性，我们不能寄希望于通过一个简单的数字就能准确和全面地测量它们，并基于这些结果采取行动。我们应正视它们的复杂，寻求建立更加敏捷有效的模式和体系来解决这些问题。

3.NPS不应该是一个数字，更应该是一个行动体系

NPS一直以来被企业和管理层推崇的一个重要原因，是其声称能将一个非常复杂的问题通过一个非常简单的数字来解决。

这对于深陷增长困境的企业来说诱惑巨大，但实际上，客户体验和客户忠诚度非常复杂，仅凭一个简单的数字是无法解决问题的。因此，如果NPS想真正成为企业在客户体验和客户忠诚度方面的有效解决方案，就不能仅停留在一个数字的层面。NPS必须将自己从原来的一个"数字"提升为一种模式、一个体系。

这个更加完整的体系可以从两个层面构建。一是从原来的一个指标扩展为一个指标体系，以求更加准确和全面地测量客户体验和客户忠诚度。二是进一步从一个测量体系扩展到一个驱动企业闭环行动的管理体系，使NPS不只停留在对客户体验和客户忠诚度的测量上，同时也成为一个驱动行动的企业运营体系。作为NPS方法的提出和推动机构，贝恩咨询公司也正在积极地将NPS从原来的一个测量指标向行动系统推进，如图5-9所示。

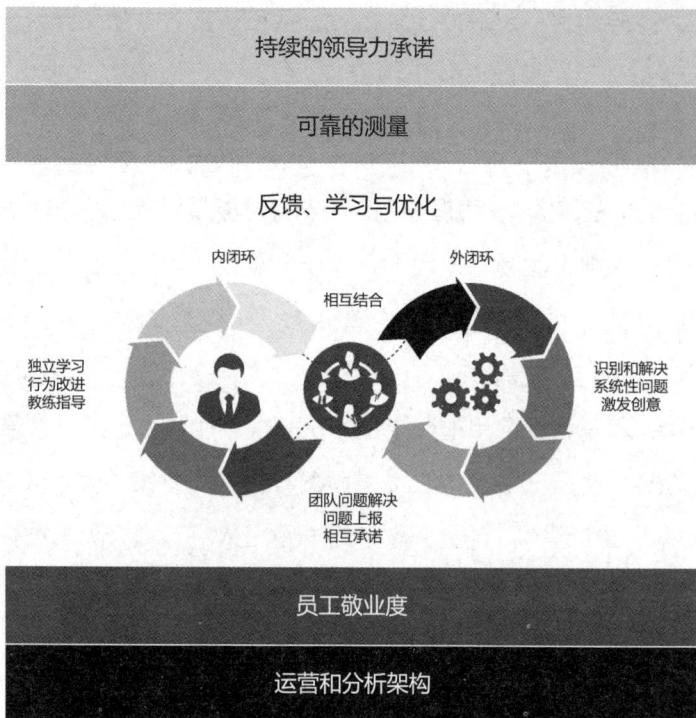

持续的领导力承诺

可靠的测量

反馈、学习与优化

内闭环　　　相互结合　　　外闭环

独立学习
行为改进
教练指导

识别和解决
系统性问题
激发创意

团队问题解决
问题上报
相互承诺

员工敬业度

运营和分析架构

图5-9　贝恩咨询公司最新的NPS架构

第 6 章

客户体验分析

本章概要

    本章介绍了客户体验分析的定义、发展、重要性以及如何为企业赋能。同时，为了应对在客户体验分析的实际工作中分析方向不明确和分析结论价值有限的挑战，重点总结了PSBPA框架。从数据准备、信号捕获、业务理解、问题定义及分析洞察五大部分分别进行深度详尽的讲解，帮助企业理解业务，明确分析的目标和方向，确保数据分析围绕核心业务问题进行。

6.1 什么是客户体验分析

1.客户体验分析的定义

客户体验分析（CXA）不只关注采集数据，更重要的是注重对这些数据进行深入分析，目的是识别客户行为背后的动机、偏好和挑战，并改进那些可以提升客户体验的痛点或领域。

（1）客户体验分析的发展

客户体验分析的发展可以概括为3个主要阶段。这3个主要阶段展示了客户体验分析从基础的市场调研发展到今天的数据驱动、全渠道整合的复杂体系的过程。随着技术的进步和市场的变化，客户体验分析变得更加精细化和动态化，企业需要保持自我更新的状态以不断适应新的技术和市场趋势。

① 初步认识与市场营销（20世纪初至20世纪90年代）。

● 在这个阶段，企业开始关注客户满意度和品牌形象，市场研究和消费者行为分析成为重要工具。

● 企业主要通过传统的市场调研和客户服务来理解和满足客户需求。

● 客户体验的概念逐渐形成，但主要还是集中在产品和服务的质量上。

② 数字化转型与客户关系管理（20世纪90年代至21世纪初）。

● 随着互联网和电子商务的兴起，客户体验分析开始向数字化转型。

● 客户关系管理系统的发展使企业能够更系统地采集和分析客户数据。

● 移动互联网的出现开始影响客户购买行为，线上渠道逐渐成为重要的客户触点。

③ 数据驱动和全渠道体验（21世纪初至今）。

● 大数据、社交媒体和移动互联网的快速发展导致线上线下触点大爆炸，客户体验分析进入数据驱动时代。

- 客户体验管理（CEM）系统的兴起帮助企业整合线上线下的客户数据，为企业提供了一个全面的客户视角。
- 人工智能和高级分析工具使得个性化客户体验和实时反馈分析成为可能，企业能够更精准地满足客户需求。

（2）客户体验分析的重要性

企业进行客户体验分析的原因多种多样，对从中获得的价值也有着各种期望。需要时刻保持警惕的是"为了分析而分析"的陷阱，客户体验分析的目的一定是发掘或验证客户的需求，并借由这种理解去具体指导产品和服务的改进。深刻理解客户需求的重要性不言而喻，它是企业制定策略和调整方向的核心。

客户体验分析提供了一个全面的视角，让企业能够全方位地了解客户对企业的评价以及对产品或服务的看法。这些信息对于企业来说是极其宝贵的，它们是优化业务流程、调整服务策略，甚至是改进产品设计的关键依据。通过这种方式，企业不仅能增强与客户的互动，还能在竞争中保持领先。

进行客户体验分析的真正重要性在于，它不是仅关注表面的性能指标，而是深入挖掘这些指标背后的真正原因。简单的监测指标并不能提供改进策略或具体行动的指导，而客户体验分析填补了这一缺口。

企业在追求客户满意度的过程中，虽然不可能让所有客户都满意，但通过专注于提高客户体验的质量，可以减少不良体验的发生频率和影响范围。有时，所需要的只是事后解决问题。只要处理得当，糟糕的体验不一定会失去客户。但要做到这一点，你首先需要知道问题的存在。

通过分析，相关部门能够理解导致指标变化的深层原因，这些原因可能是客户直接表达的问题，也可能是组织内部的根本问题。明确了这些原因后，就可以制定有效的改进措施，帮助组织迅速采取行动并见到效果。客户体验分析的核心价值在于能够提供实质性的洞察和解决方案，这些见解和方案直接关系到客户价值的提升，这远比单纯的指标监测更为重要。

客户体验分析能揭示趋势和模式，并将其与客户触点关联起来，这有助于消除部门间的隔阂，使每个人都能全面了解整个客户旅程及各个团队的成效。通过明确哪些操作和改进措施能最有效地提升客户满意度，企业可以更有针对性地分配资源，减少无效投资。当客户感到他们的声音被倾听，且体验符合甚至超出预期时，他们更可能购买产品和服务。

此外，客户体验分析也是一种有效的预警系统，它帮助企业及时发现并解决问题，避免这些问题演变成更大的危机。初始分析建立了一个评估基准，随后通过持续追踪客户体验的变化，企业可以判断所采取的措施是否有效。这种持续的监测和评估保证了企业在提升客户体验方面的努力能够带来真正的、可持续的迭代。

（3）客户体验分析的 PSBPA 框架

在开展客户体验分析的实际工作中，企业常常面临着分析方向不明确和分析结论价值有限的挑战。这主要是因为对数据和业务问题之间联系的深度理解不足，并且缺乏一个清晰的框架来引导整个客户体验分析过程。

为了应对这些挑战，我们通过数据科学系统性地梳理分析流程，总结出了 PSBPA 框架，如图 6-1 所示，包括数据准备、信号捕获、业务理解、问题定义、分析洞察。这个框架可以帮助企业从业务理解开始，明确分析的目标和方向，确保数据分析的工作是围绕核心业务问题进行的。在 PSBPA 框架中，需要特别强调数据分析不仅是找出业务问题，更重要的是发现业务机会。这种思维方式鼓励企业从数据中寻找成长点和创新点，而不只是解决现有问题，从而可以确保分析的深度和实用性。

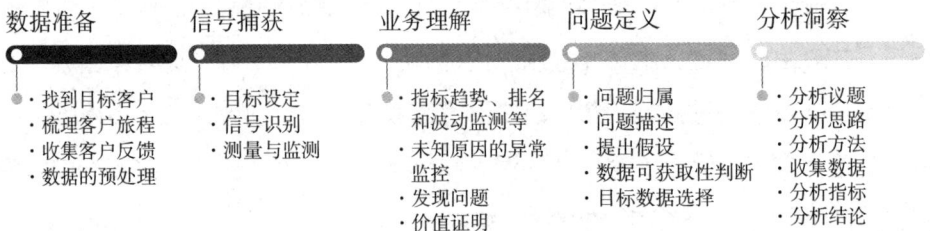

数据准备	信号捕获	业务理解	问题定义	分析洞察
·找到目标客户 ·梳理客户旅程 ·收集客户反馈 ·数据的预处理	·目标设定 ·信号识别 ·测量与监测	·指标趋势、排名和波动监测等 ·未知原因的异常监控 ·发现问题 ·价值证明	·问题归属 ·问题描述 ·提出假设 ·数据可获取性判断 ·目标数据选择	·分析议题 ·分析思路 ·分析方法 ·收集数据 ·分析指标 ·分析结论

图6-1　客户体验分析的 PSBPA 框架

2.客户体验分析的数据准备

现在很多企业都在积极采集来自不同渠道的客户体验数据，但大多数企业的努力仅停留在数据采集阶段。根据 Qualtrics 2022 全球消费体验趋势报告的研究，63% 的客户期望企业能更有效地处理他们的反馈。客户反馈策略的最终目标不仅仅是收集客户反馈，而是利用这些反馈来改善客户服务和整体体验，如图 6-2 所示。

63%
的客户表示，企业需要更多地听取他们的反馈意见

62%
的客户表示，企业需要更多地以实际行动关心他们

60%
的客户表示，企业如果能对他们更好，他们将会增加购买

图 6-2　客户对企业处理反馈意见的态度

（数据来源：《2022 Global Consumer Trends: What your customers need you to know for the year ahead》）

这表明，在客户体验分析方面，许多企业还存在不足。这些不足主要源于企业没有真正理解采集数据的目的，从而陷入了单纯为了分析而分析的困境，未能充分挖掘客户体验数据的潜在价值。

数据准备是 PSBPA 框架的基础，涉及收集和整理与客户体验相关的数据。这个阶段的关键是确保在数据采集前已经完成了对客户旅程的全面梳理和机会分析。这不仅有助于捕捉数据的完备性（不重不漏），还能确保数据采集的准确性和相关性。因此，在开始进行客户体验分析之前，企业需要确保已经做好了以下 4 件事。

（1）明确分析对象：确认分析的目标客户群体

在进行客户体验分析之前，明确分析的目标客户群体是至关重要的一步。这需要企业识别出对其业务最重要的客户群体，或在特定市场营销活动中的目标受众。关键在于理解这些客户群体的独特特征，如他们的购买习惯、偏好、收入水平和生活方式。这样的理解保证了分析的相关性和针对性。例如，一家针对年轻人的时尚品牌可能会专注于将 18～30 岁的社交媒体活跃用户作为其主要的目标客户群体。

理想客户是那些能从产品或服务中获得最大价值，并在提供卓越体验的情况下愿意复购的人，他们构成了客户群的核心。如果你还不确定这些客户具体是谁，那么可以通过开展简单的网页调查来找到他们。这类调查可以询问访问者的身份、职业以及他们如何使用你的产品或服务。进一步地，可以将关注点聚焦在购买频率最高、最近有购买行为且消费额最大的客户上，从而更精准地定义目标客户群体。一旦对理想客户有了大致了解，就可以开始更深入地挖掘并构建客户角色，确保客户体验分析更加精确和有效了。

（2）识别关键触点：确定客户体验中的关键触点

确定客户体验中的关键触点是进行有效客户体验分析的重要环节。客户体验在多个触点上形成，这不仅包括购买决策过程中的各个阶段，还包括客户与品牌的所有互动点，如社交媒体互动、客户服务体验、产品使用反馈等。识别出在客户旅程中对体验影响最大的环节有助于集中资源和注意力，优化对客户满意度和客户忠诚度影响最大的部分。

例如，对于一家零售商而言，业务通常涉及线上和线下多个渠道。那么，其在梳理客户旅程触点时就可以参照人际触点、物理触点和数字触点逻辑进行盘点。如表6-1所示，关键触点包括客户推荐、实体店展示、网络搜索引擎优化、在线聊天支持、实体店体验、产品详情页面、客服协助、产品包装、支付过程、客服跟进、会员卡和定期电子邮件等。

表6-1　某零售商客户旅程触点梳理

客户旅程阶段	触点类型	触点
意识形成 和关注	人际触点	销售代表联系、客户推荐、口碑传播、社群活动、展会参与
	物理触点	传统广告（电视、报纸）、产品包装、实体店展示、宣传册、室外广告（比如广告牌）
	数字触点	社交媒体广告宣传、网络搜索引擎优化、电子邮件营销、公司网站展示、在线内容营销（如博客）

客户旅程阶段	触点类型	触点
考虑和评估	人际触点	客户服务代表、在线聊天支持、电话咨询、销售人员的回访、展会中的互动
	物理触点	实体店体验、产品样品、试用活动、展会互动、亲身体验活动
	数字触点	用户评论和评级、产品视频演示、FAQ页面、产品详情页面、比较工具
决策和购买	人际触点	结账柜台服务、客服协助、电话订单、销售人员的协助、购物顾问服务
	物理触点	实体店结账区、自助结账机、产品包装、门店布局、易于找到的产品摆放
	数字触点	网站导航、支付过程、购物车功能、多样的支付选项、移动应用购物体验
体验和使用	人际触点	客服跟进、问卷调查、客户回馈会、客户关系管理、个性化服务
	物理触点	会员卡、客户忠诚度计划的物理材料、优惠券、实体店的回访、产品维修和支持
	数字触点	定期电子邮件、客户忠诚度计划（在线）、个性化推荐、客户账户管理、应用程序通知
反馈和分享	人际触点	社群活动、客户推荐计划、口碑传播、客户见证、品牌大使
	物理触点	反馈卡、宣传册、门店意见箱、品牌杂志、客户交流会
	数字触点	品牌粉丝群、第三方平台评论、品牌官网评价页面、用户社区、社交媒体平台

此外，即使客户没有明确指出，有些触点也仍需特别关注。识别关键触点时要注意回到具体的各种细分客户旅程和场景中完成整理。企业需要从客户的角度出发，思考他们在做出购买决定时的步骤：他们首先看哪里、如何做出购买决定、在使用产品中遇到问题时该怎么办。

此外，识别关键触点是将它们转化为具体的可操作任务并进行相应客户反馈数据的收集。这不仅涉及识别问题，更关键的是获取这些触点的客户体验数据。

（3）收集客户反馈：确保已经收集了充分的客户反馈和见解

客户体验分析要考虑客户体验的各个组成部分，涉及直接和间接的反馈数据。直接反馈数据是客户主动提供的信息，包括他们对产品或服务的直接评价和感受。这类数据的收集通常通过问卷调查、客户反馈表格或社交媒体互动实现。间接反馈数据则是通过客户的互动行为间接收集的，这些数据提供了客户行为和偏好的间接指示，有助于理解客户在使用产品或服务过程中的实际体验。

● 客户体验分析的直接反馈数据类型

直接反馈数据提供了客户主观体验的直接视角。这些数据包括净推荐值、客户满意度、客户费力度等。此外，还包括从客户反馈调查中收集的文本评论和社交媒体上的客户回应。这些数据点提供了宝贵的洞察，可帮助企业直接从客户的角度了解他们的体验现状和期望。

● 客户体验分析的间接反馈数据类型

间接反馈数据来源于客户的互动行为，包括平均处理时间、客户终身价值、平均支出、客户流失率和客户续约率等关键业务指标。此外，语音和聊天的元数据、文字记录和分析，社交媒体舆论，以及客户评论监控等数据也被用于间接地衡量客户体验。这些数据能够提供更客观的视角，帮助企业从操作层面理解客户体验的效果和趋势。

在准备进行客户体验分析之前，企业需要确保已经收集了充足且有效的客户反馈。这包括但不限于问卷调查、在线评论、客服记录等。例如，一家餐厅可能通过电子调查形式收集客户对食物质量和服务态度的具体反馈。同时，它也可以利用大众点评、抖音、美团等平台的在线评论来获得更多直接且真实的客户意见。这些数据不仅提供了客户对当前产品或服务的直观感受，还能揭示潜在的改进领域。有效的反馈收集应涵盖广泛的数据源，以确保从多角度理解客户体验。结合直接反馈数据和间接反馈数据，企业能够提升客户体验的数据体量。

（4）数据清洗：保证客户体验数据的清洗工作已经完成

数据清洗是确保客户体验分析准确性的重要步骤，涉及去除重复记录、纠正错误和填补缺失值。例如，对于一家电商网站来说，数据清洗可能包括去除重复的用户反馈和纠正用户输入错误导致的数据不一致。完成这个步骤可以让数据更准确地反映客户体验的实际情况，从而提高客户体验分析结果的可靠性。

将数据采集到统一的数据管理平台（DMP）后，企业可以根据企业内部的结构化、企业内部的非结构化、企业外部的结构化、企业外部的非结构化4种组合对数据进行分类，以识别客户体验数据的可用性。

- 企业内部的结构化数据：这类数据直接反映了客户体验的关键方面，如客单价和退货率，与客户的购买满意度和产品质量感知密切相关。企业通常通过调查和反馈工具来收集客户满意度、客户忠诚度、客户费力度等数据，可以以量化结果来直接反映客户的体验和感受。

- 企业内部的非结构化数据：包括视频、音频、图片、文本等，提供了对客户体验重要的洞察，如客户反馈、服务交互记录等。客户满意度、客户忠诚度和客户费力度调查中的开放式问题答案，虽然不易量化，但提供了丰富的客户体验细节。

- 企业外部的结构化数据：如广告曝光量、阅读量等，这些数据虽然来源于企业外部，但提供了市场反应和客户兴趣的重要指标，间接影响了客户体验。在某些情况下，如通过第三方市场研究机构进行的客户满意度调查收集的数据也可被视为外部来源的结构化数据。

- 企业外部的非结构化数据：淘宝商品评价、微博评论、抖音评论、小红书动态等直接来自客户的反馈，提供了关于产品或服务的直接看法和感受。在线评论、社交媒体上的客户反馈等，虽然不能直接量化为客户满意度或客户忠诚度，但提供了关于客户体验的重要间接信息。

数据分为内部效度和外部效度，前者反映数据是否具有内部代表性，后者是研究结果的普遍性，有效数据应具有这两种效度。

在日常数据收集过程中，企业应注意数据的实时性、完整性和适用性。对于量性数据，可以采用策略性补值，如使用平均数，或在样本足够多时选择直接删除。对于稀缺数据，需要寻找方法加以利用。在处理不规则或异质性数据时，需要谨慎甄别，从采集统计口径切入，了解具体数据的定义和计算方法，避免误解导致决策失误。这些步骤都是为了确保企业能够全面、准确地评估客户体验质量，并据此制定有效的改进措施。

6.2　客户体验分析的信号捕获、业务理解和问题定义

1.信号捕获

在信号捕获阶段，重点是建立有效的监测体系来及时捕捉客户体验中的关键信号。通过搭建 OSM（目标 – 策略 – 测量）模型和结合两个视角（客户视角和企业视角），企业能够在监控的关键指标出现异常信号波动时及时作出响应。

以客户购买新能源车的旅程为例进行讲解，信号捕获在其中就是一个至关重要的环节。它帮助我们理解和评估客户在关键触点的体验，并依此采取相应行动来提升整体的客户满意度。以下是对这个过程的详细阐述，如图6-3所示。

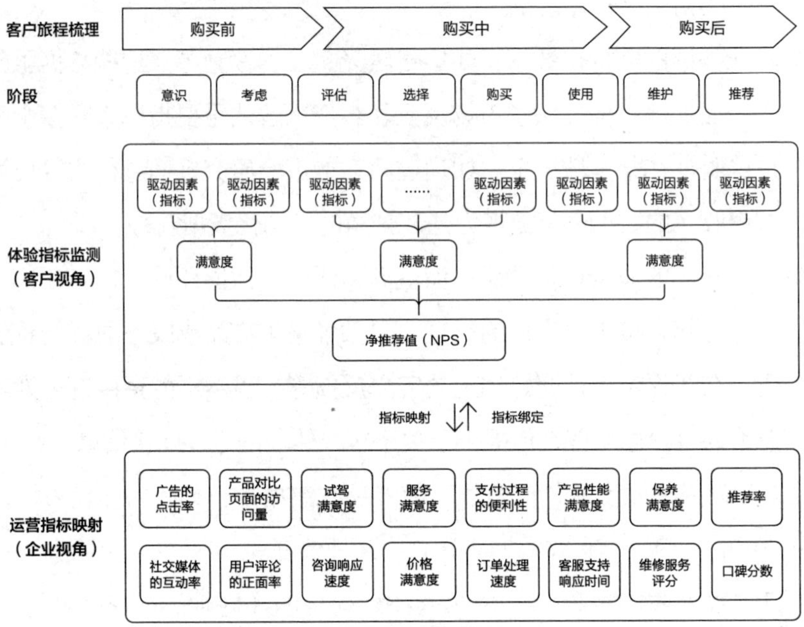

图6-3　客户旅程指标梳理逻辑

首先，需要确定与监测和关键触点相关的体验指标。这些指标应该能够反映客户旅程中各个阶段的体验，如品牌意识、产品评估、购买决策，以及购后服务等。例如，在意识阶段，我们可能会关注广告的点击率或社交媒体的互动率；在考虑阶段，可能关注产品对比页面的访问量或用户评论的正面率；在购买阶段，关注的指标可能是支付流程的便利性或订单处理速度；而在使用阶段，重点关注的可能是产品性能满意度或客服支持响应时间。基于整理出来的监测体验指标，就可以进一步找到判断基准和信号预警的阈值，如表6-2所示。

表6-2　客户旅程关键触点的信号捕获

客户旅程阶段	关键触点	监测体验指标	判断基准（O-Data & X-Data）	信号预警（示例）
意识	网络广告、社交媒体	广告的点击率、社交媒体的互动率	广告的点击率低于5%视为不佳； 社交媒体的互动率低于10%视为不佳	当前广告的点击率为4%，需优化广告； 当前社交媒体的互动率为8%，需强化社交媒体策略
考虑	用户评论、产品对比	用户评论的正面率、产品对比页面的访问量	用户评论的正面率低于70%视为不佳； 产品对比页面的访问量低于预期20%视为不佳	当前用户评论的正面率为60%，需改善产品或服务； 当前产品对比页面的访问量低于预期30%，需优化产品对比页面
评估	试驾体验、销售咨询	试驾满意度、咨询响应速度	试驾满意度低于80%视为不佳； 咨询响应时间超过24小时视为不佳	当前试驾满意度为70%，需提升试驾体验； 当前咨询响应时间超过48小时，需改进客户服务
选择	销售服务、价格谈判	服务满意度、价格满意度	服务满意度低于80%视为不佳； 价格满意度低于75%视为不佳	当前服务满意度为70%，需加强销售培训； 当前价格满意度为70%，需调整价格策略
购买	支付流程、订单处理	支付流程的便利性、订单处理速度	支付流程的便利性低于80%视为不佳； 订单处理时间超过48小时视为不佳	当前支付流程的便利性为70%，需简化支付流程； 当前订单处理时间超过72小时,需改善物流或库存管理

客户旅程阶段	关键触点	监测体验指标	判断基准（O-Data & X-Data）	信号预警（示例）
使用	车辆性能、客户服务支持	产品性能满意度、客服支持响应时间	产品性能满意度低于85%视为不佳；客服支持响应时间超过24小时视为不佳	当前产品性能满意度为80%，需关注产品质量；当前客服支持响应时间超过48小时，需加强客服团队的服务管理
维护	保养服务、维修支持	保养意度、维修服务评分	保养满意度低于80%视为不佳；维修服务评分低于8分（满分10分）视为不佳	当前保养满意度为70%，需提升保养服务；当前维修服务评分为7分，需提升维修质量和效率
推荐	口碑传播、推荐计划	推荐率、口碑分数	推荐率低于30%视为不佳；口碑分数低于7分（满分10分）视为不佳	当前推荐率为20%，需增强客户忠诚度策略；当前口碑分数为6分，需改进品牌形象
总体评估	整个购买旅程	满意度	满意度分数低于8分（满分10分）视为不佳	当前满意度分数为7.8分，需全面审查和改进客户体验

接下来，通过监测关键触点的运营指标（O-Data）和体验指标（X-Data），并设定及时识别问题的判断基准，可以有效地捕获影响客户体验的关键信号。对于这些指标，基准值应该基于行业标准、历史数据或竞争对手的表现来设定。基准值的设定允许企业对指标进行定量评估，从而更容易地识别偏离正常范围的变化。例如，设定某个关键指标的得分低于7分（假设评分标准为1～10分）时，将其视为一个潜在的问题信号。

当指标得分低于基准值时，意味着可能已经识别出了一个影响客户体验的问题。例如，在推荐阶段，客户的口碑分数得分低于7分，这表明品牌形象可能存在问题，需要进一步调查和改进。那么，识别出这样的信号后，企业应如何将其转化为具体的业务问题呢？我们接着往下讲。

2.业务理解

这一阶段的核心是深入理解客户体验指标波动和业务之间的相互作用，并尽最大的努力尝试将它们转化为具体的业务问题。分析客户的多维度触点和它们如何影响整个客户旅程，企业可以更好地理解客户的需求和期望。

例如，在推荐阶段发现客户的口碑分数得分低（6分），这可能是因为产品质量不符合客户期望，或是客户服务体验不佳。另外，这也可能反映出品牌形象或市场传播策略存在问题。这时，经过业务理解之后，数据问题就变成了如何提高产品或服务质量，提升客户服务的有效性，从而提升客户的满意度和忠诚度。

深入挖掘和理解客户体验指标与企业运营之间的复杂关系这一过程一般会涉及指标趋势、排名和波动监测，未知原因的异常监控，问题发现和价值证明这几个关键步骤，如图6-4所示。

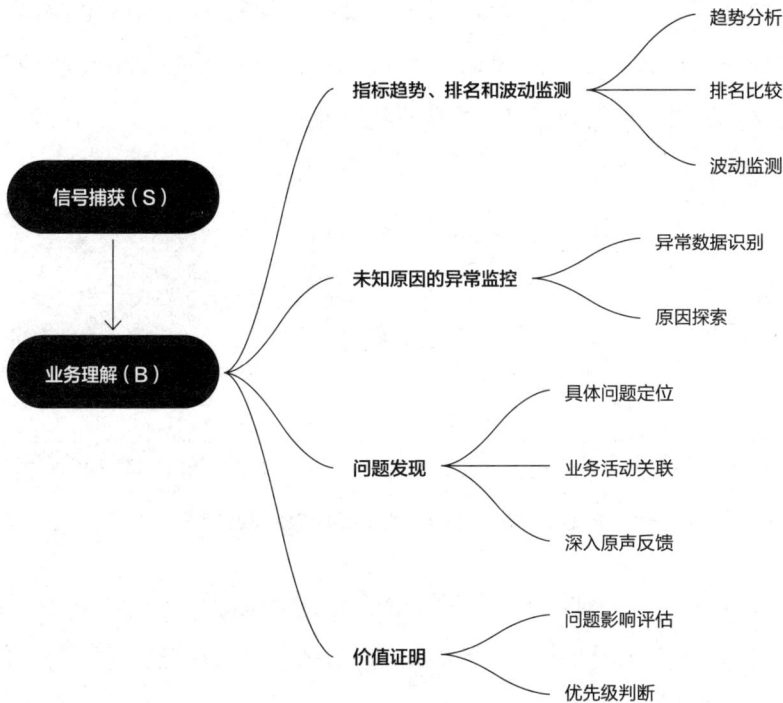

图6-4　业务理解拆解逻辑

首先，通过常态化的描述性统计分析监测指标的趋势、排名和波动，这基本能够捕捉到客户体验中的变化和潜在的问题点。这个环节一般分析的指标复杂度不高，通常使用基本的统计分析方法就能够满足。不过常常需要将体验数据（X-Data）和运营数据（O-Data）结合来看，而不是单一地看体验数据，要注意两者平衡才能让分析更接近商业本质。通过下面的例子，大家可以更加清晰地理解其中的意思。

● 趋势分析：这涉及评估客户满意度、客户忠诚度等关键指标随时间的变化。通过观察这些趋势，企业可以识别出客户体验改善或恶化的长期模式。例如，从图6-5中可以看到一年内客户满意度评分逐月下降的趋势，从年初的8.5逐步降至年末的7.0。这种趋势表明随着时间的推移，客户对新能源车的满意度在减少，这反映了产品质量、服务水平或客户期望的变化。同时，大家可以观察到客户复购率也呈现下降趋势，从年初的40%降至年末的33%。客户复购率的下降可能是客户满意度降低的直接后果，这表明客户再次购买的意愿减弱。

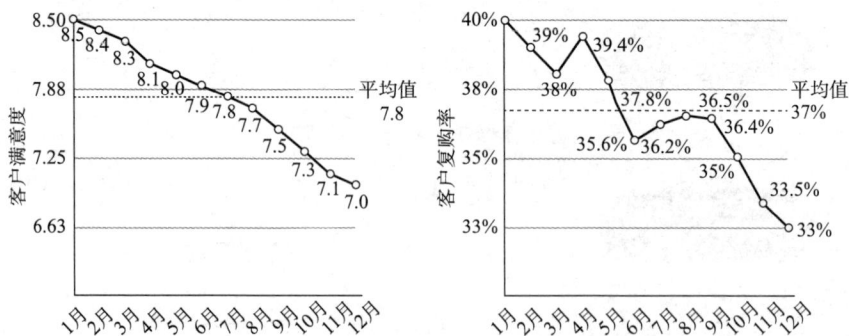

图6-5　过去一年客户满意度分布（左）与客户复购率分布（右）

● 排名比较：对不同客户触点或服务渠道的体验指标进行排名，识别哪些环节的表现低于其他环节。例如，从图6-6中可以看到线上渠道的客户满意度评分为8.5，这表明客户在线上获得新能源车相关信息和服务时的满意度较高。可能的原因包括线上服务的便利性、详细的产品信息、友好的界面等。而相比之下，经销商渠道的客户满意度较低（7.1），这指向了经销商服务质量、购车体验或客户与销售人员互动的问题。

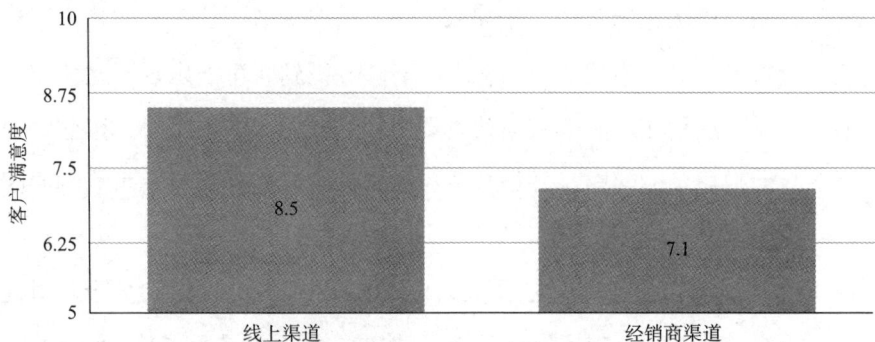

图6-6　不同渠道的客户满意度得分情况

● 波动监测：观察指标是否有突然和异常的变动。图6-7展示了客户服务
支持数在一年内的变化情况，特别是在年末有明显的上升。客户服务支
持数的激增表明产品或服务存在问题，需要企业进一步探究。

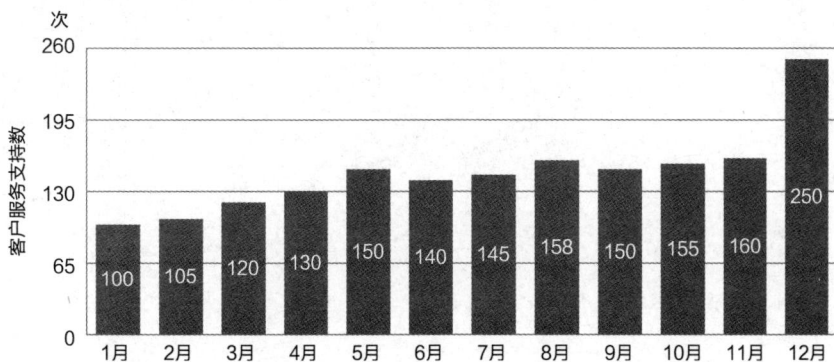

图6-7　一年内的客户服务支持数分布

除上面列举的3种较为普遍的分析方法之外，还可以通过均值、中位数、
标准差、交叉列表、T检验、方差分析、加权数据分析、相关分析等方法开展
客户体验分析。

其次，问题的识别可以分为已知问题和未知问题两大类，已知问题在前面
的步骤中比较容易被识别和处理，而未知问题还需要更深入的逻辑判断来识

别。对于那些由未知原因引发的异常变化，需要进行详细的探索和分析，以便及时发现并响应市场和运营中的新问题。加入这个环节的异常监控是为了让大家时刻保持警惕，对于不同的数据表现，能够意识到有可能出现了之前并未遇到过的情况。特别是在不同的数据项表现出相同或相似的趋势时，企业需要想办法澄清数据中显示的问题，并结合业务知识理解这些趋势背后可能的原因，以及它们对业务的潜在影响。

● 异常数据识别：监测与常规模式不一致的数据变化，这有助于及时发现潜在的市场变化或内部运营问题。例如，图6-8显示了从8月开始，客户反馈数量显著增加，这是对产品或服务不满意的直接反映。这些反馈可以提供关于问题本质的重要线索。另外，从8月开始，客户流失率从8%急剧上升至15%，并在接下来的几个月保持在较高水平。这种显著的增加可能指向了某种未知的问题，如产品质量问题、市场变化或服务体验下降。

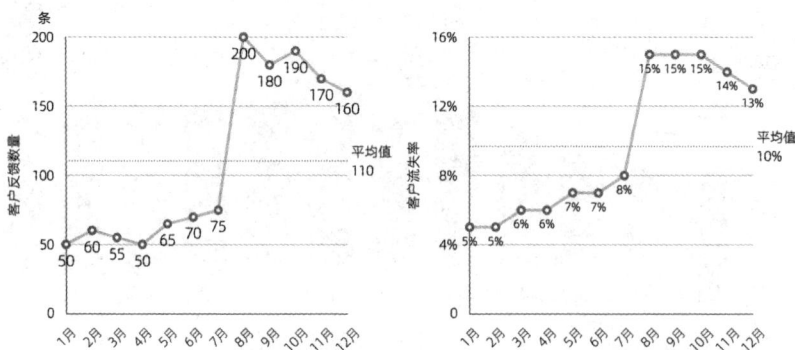

图6-8　一年内客户反馈数量分布（左）与客户流失率分布（右）

● 原因探索：深入分析异常数据背后可能的原因，可能需要跨部门协作，结合市场动态、产品变化、竞争情况等多方面信息。例如，图6-8显示的一年内客户反馈数量与客户流失率的变化上升趋势一致。

再次，着手识别具体的业务问题，这包括深入分析客户反馈、销售数据和市场趋势。假如通过了解得知，该品牌新能源车的经销商渠道8月临时搞大幅降价的活动，那么这可能是导致客户投诉数量和客户流失率上升的关键原因。按照这个思路，可以通过数据表现和相关辅助信息识别整理出来一系列问题。

- 具体问题定位：通过对客户反馈、满意度调查结果、销售数据等进行深入分析，定位具体影响客户体验的问题。例如，企业在8月开展了一系列活动，虽然销售量短期内有所增加，但同时客户投诉数量和流失率也显著增加。

- 业务活动关联：将识别的问题与特定的业务活动或决策联系起来。例如，经销商渠道8月临时搞大幅降价的活动，这种价格策略的变动直接影响了客户对品牌的信任和满意度。特别是那些在降价之前购车的客户，他们错过了更优惠的价格，感觉自己受到了不公平的对待。

- 深入原声反馈：通过图6-9的形式逐一审查客户反馈，可以发现确实许多近期购车的客户对价格变动表示不满。他们感觉自己处于不利的地位，认为企业应该为早期购买的客户提供某种补偿或优惠。

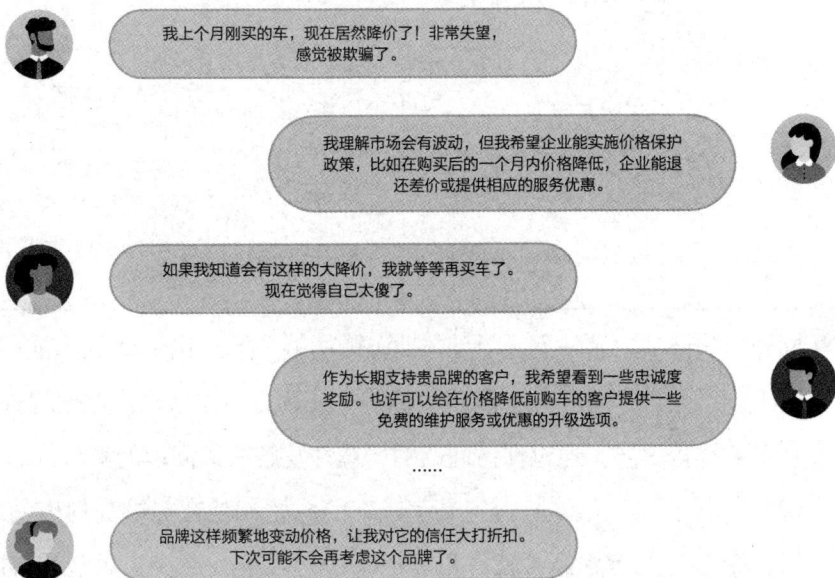

我上个月刚买的车，现在居然降价了！非常失望，感觉被欺骗了。

我理解市场会有波动，但我希望企业能实施价格保护政策，比如在购买后的一个月内价格降低，企业能退还差价或提供相应的服务优惠。

如果我知道会有这样的大降价，我就等等再买车了。现在觉得自己太傻了。

作为长期支持贵品牌的客户，我希望看到一些忠诚度奖励。也许可以给在价格降低前购车的客户提供一些免费的维护服务或优惠的升级选项。

······

品牌这样频繁地变动价格，让我对它的信任大打折扣。下次可能不会再考虑这个品牌了。

图6-9　客户针对降价问题的反馈原声

最后，我们会得到一系列待解决问题的列表，如表6-3所示。企业在面对这些问题时，会对资源投入成本以及所能产生的经营效果进行综合考量。通过价值证明和优先级判断，评估各个问题对业务的影响，确保资源和努力被有效地投入最关键的领域。

表6-3　数据问题转化为业务理解过程

M（测量）	信号捕获	业务理解（示例）		
		趋势、排名和波动	未知原因的异常监控	问题发现
客户满意度	分数低于8	年度满意度平均分为7.8，由年初的8.5逐月下滑至年末的7.0	观察到客户复购率也呈现相似的下降趋势，从年初的40%降至年末的33%	盘点不同渠道后发现线上渠道年度满意度平均分为8.5，而经销商渠道年度满意度平均分为7.1，这可能是导致客户满意度下滑的关键因素
……	……	……	……	……
客户反馈数量	超过150条	从8月开始，客户反馈数量显著增加，攀升到年度最高的200条。之后4个月的反馈数量略有下降，但还是高于150条的预警阈值	观察到从8月开始，客户流失率从8%急剧上升至15%，并在接下来的几个月保持在较高水平	盘点业务相关活动后发现该品牌新能源车的经销商渠道8月临时搞大幅降价的活动，这可能是导致客户投诉数量和客户流失率上升的关键原因

● 问题影响评估：评估问题对整体业务的影响，梳理包括负面影响（如销售下降、品牌声誉受损）和正面影响（如改进后的客户忠诚度提升）。从企业视角出发，通过评估问题的严重性及解决该问题的潜在价值，来确定其影响程度。体验一定是有成本的，尤其是在提供高规格的体验时，企业需要考虑高价值客群、潜在投诉客群、高流失风险客群的需求。如果某个问题影响了大量高价值客户，那么解决这个问题的严重等

级应该更高。这是因为保持高价值客户的满意度对于长期收入和品牌声誉至关重要。另外，如果一个问题虽然普遍存在，但对客户满意度和客户忠诚度的影响较小，那么它的严重等级可能相对较低。客户价值分群方式如图6-10所示。

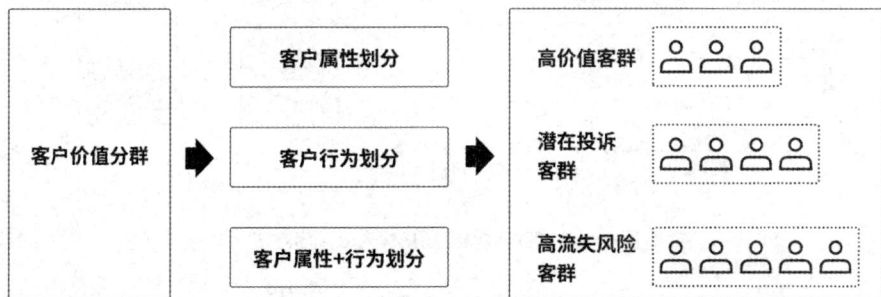

图6-10　客户价值分群方式

- 优先级判断：基于客户反馈的满意度和重要程度来判断问题的优先级。例如，通过客户调查或反馈，我们可以了解到哪些方面的服务或产品特性对客户最为重要，以及他们对这些方面的满意度如何。如果一个特定的问题在客户反馈中经常出现，并且与客户高度不满意的领域相关，那么解决这个问题应该被赋予较高的优先级。这种方法强调客户观点的重要性，确保企业的努力能够直接响应客户的核心需求和期望。

在图6-11的重要程度和满意度二维矩阵中，通过平均值划分出4个象限，其中在重要程度高、满意度低的部分就是我们需要首要重点关注的问题集。对于这个部分怎么进行优先级排序呢？这里可以提供一个简便的计算方法：首先，针对单一的问题可以找出其满意度的差距（重要性减去满意度），然后把满意度差距加到总的重要性分数上。比如某个问题的重要性 =9，满意度 =3，那么得分 =9+（9-3）=15。一般在10分或者以上的得分，说明企业解决这个问题可以获得更大的客户体验提升感知和价值回报。

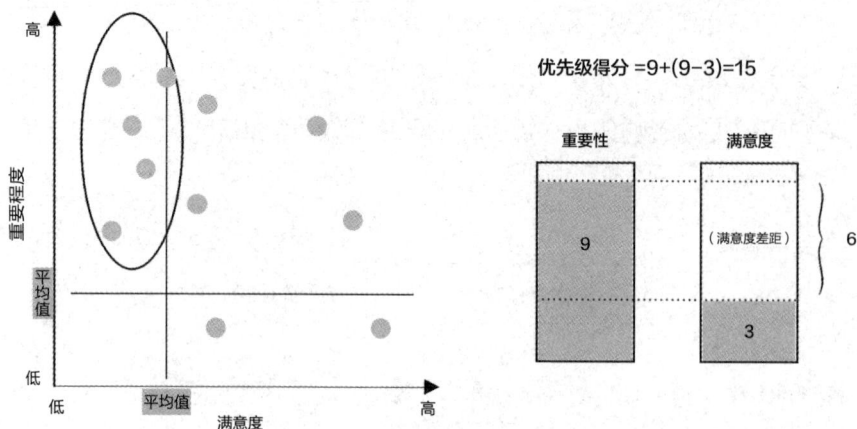

图6-11　客户体验问题集优先级排序方法

3.问题定义

在没有充分的业务理解和问题定义的情况下，我们的工作可能仅限于对数据的表面描述，而无法深入挖掘数据背后的真正业务意义。这种情况下的分析工作，可能在技术上很完善，但无法解决实际的业务问题或提供有价值的洞察。因此，投入时间和精力在业务理解上，确保从根本上明确和澄清问题，是确保我们的分析工作具有实际价值和应用效果的关键。

在业务理解中，我们可以将客户体验中的数据表现（如客户满意度下降、客户流失率提升）转化为具体的业务问题（如服务质量问题、产品功能缺陷）。对应地，还需要进一步对客户体验问题类型加以识别和归属，一般会将其划分为流程问题、产品问题、服务问题、设计问题、技术问题、人员问题、机制问题、渠道问题等，如表6-4所示。

表6-4　客户体验问题类型划分

问题类别	判断依据	举例
流程问题	客户反馈指向产品或服务交付流程的效率和流畅性，内部审查显示流程瓶颈或冗余步骤等	客户投诉订单处理时间过长；内部数据显示订单处理阶段存在重复审查等

问题类别	判断依据	举例
产品问题	客户关于产品功能、耐用性或安全性的负面反馈；产品退货率和故障率统计等	客户报告产品易损坏，频繁维修；产品故障率高于行业标准等
服务问题	客户反映客服的服务态度、专业性或响应速度不佳；服务满意度调查评分等	客户抱怨客服回应慢或信息提供不准确；服务满意度调查评分低等
设计问题	客户体验调查和反馈表明产品设计不符合客户需求或不易使用；使用难度高导致客户流失等	客户反映产品界面复杂难以理解；高使用难度导致客户流失等
技术问题	客户体验中出现的技术故障或系统性能问题；技术支持请求频繁等	网站经常无法正常访问，影响在线购物体验；客户反映移动应用频繁崩溃等
人员问题	客户直接反映员工的服务态度、专业能力问题；员工绩效评估低等	客户投诉某位员工服务态度恶劣；员工绩效评估显示培训需求等
机制问题	组织的政策、规则或管理决策导致的问题；市场反馈显示策略不符合客户期望等	错误的定价策略导致销售下降；市场调研表明新推广策略不受欢迎等
渠道问题	与销售或服务渠道的选择、管理或优化相关的问题；特定渠道的客户满意度明显低于其他渠道等	客户在线上渠道体验差，导致投诉数量增加；实体店客流量下降，销售减少等

在具体的观测环节，可以采取一种类似于科学实验的方法，通过建立假设并利用数据进行验证。这一过程要求我们深入探索各种可能的原因，并进行全面的分析。首先，我们基于 MECE 原则系统地考虑了可能导致不理想体验的所有潜在因素，并构建了相应的假设。接着，选取恰当的数据指标来具体描述这些假设因素，例如客户满意度调查结果、产品性能指标、服务响应时间等。最后，收集并分析相关数据，以验证这些假设。

针对上述客户体验分析中提到的两个示例问题，我们进一步深入地探讨。从表6-5中可以看到，一年内客户满意度从8.5逐月下滑至7.0，特别是在经销商渠道，客户满意度平均分仅为7.1，相比线上渠道的8.5明显较低。此外，客户复购率也呈现相似的下降趋势，从年初的40%降至年末的33%。这一趋势暗示了经销商渠道可能是导致客户满意度下降的关键因素。基于这些观察，我们提出了两个假设：一是经销商渠道的服务质量不高，导致客户满意度和客户忠诚度下降；二是经销商渠道购买流程的复杂性导致客户体验不佳。其次，针对客户反馈数量超过150条的问题，我们发现从8月份开始客户反馈数量显著增加，达到了年度最高的200条，并在之后几个月仍然高于预警阈值。与此同时，客户流失率也从8%急剧上升至15%。经过分析，我们发现该品牌新能源车的经销商渠道8月临时搞大幅降价的活动可能是触发这一问题的关键原因。临时的大幅降价可能导致了客户对品牌价值的质疑和不公平感，从而引发了大量的客户投诉和流失。对此，我们提出两个假设：一是降价活动导致之前购车的客户感到不满，从而增加了客户投诉和流失率；二是降价活动可能沟通不当，导致客户对品牌的信任度下降。

表6-5 客户体验分析问题定义拆解（示例）

问题识别（优先级 ≥ 10）	优先级	问题归属	问题描述
年度满意度平均分为7.8，由年初的8.5逐月下滑至年末的7.0；线上渠道年度满意度平均分为8.5，经销商渠道年度满意度平均分为7.1；客户复购率从年初的40%降至年末的33%	12	渠道问题、服务问题	经销商渠道可能是导致客户满意度下降的关键因素，这可能与经销商提供的服务质量或客户体验有关；客户复购率的下降表明客户忠诚度降低
……	……	……	……
从8月开始，客户反馈数量增加至200条，之后仍高于150条；8月开始客户流失率从8%急剧上升至15%。有新能源车的经销商渠道8月临时搞大幅降价的活动	10	机制问题、渠道问题	临时的大幅降价可能导致了客户对品牌价值的质疑和不公平感，从而引发了大量的客户投诉和流失，这可能涉及价格策略的问题，以及经销商渠道的管理问题

这些问题和假设的提出，为我们后续的分析洞察环节以及改善策略提供了方向，帮助我们更深入地理解客户体验中存在的问题。

6.3 客户体验分析的分析洞察

在客户体验分析的分析洞察阶段，我们将致力于通过结构化和严谨的流程，确保决策建立在批判性思维和最佳可用证据之上。这一阶段是在信号捕获、业务理解、问题定义的基础上，将先前的基础分析转化为能够支持实际行动措施的关键步骤。在此过程中，需要特别循证决策的重要性，即在决策过程中，不仅要使用证据，更要关注证据的质量，避免仅凭个人偏见、流行趋势或专家意见做出错误的判断。

循证决策强调批判性地评估和应用证据，避免基于不实信息做出错误的决策。为了实现高质量的决策，这个阶段包括3个关键步骤：假设问题的再处理、证据的收集，以及得出结论，如图6-12所示。

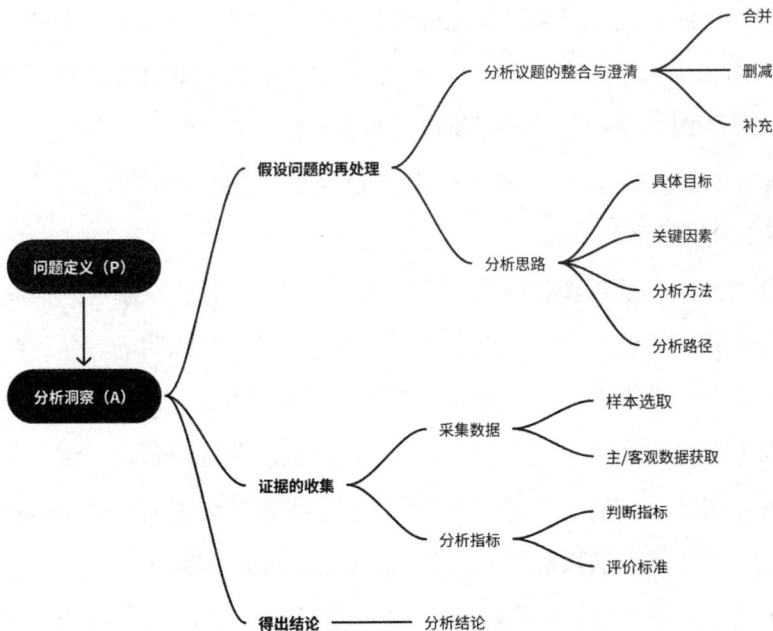

图6-12 分析洞察拆解逻辑

1. 假设问题的再处理

首先，我们需要先对假设问题进行再处理，这部分会进一步划分为分析议题的整合与澄清、分析思路两个关键的子环节。

（1）分析议题的整合与澄清

我们在问题定义阶段提出了一系列假设问题，这里需要做的是对这些待分析议题进行团队内的深入讨论和审视。这样的讨论有助于确保团队对问题的理解具有一致性，同时也能够集中众人的智慧，提炼出更准确、全面的分析议题。团队成员可能拥有不同的专业背景，他们凭借各自独特的视角和专业的知识可以带来新的洞察，有助于发现在初步假设中可能被忽视的关键因素。考虑到现实中存在"挑事"的客户，还有网络上的水军或同业的恶意商业行为等可能会影响团队对问题的判断，团队必须特别警惕这些因素。这类信息的存在可能会扭曲或误导对问题本质的理解，故而在分析过程中需进行仔细甄别和分析，确保所有讨论和结论基于真实、可靠的数据和信息。

此外，通过集体讨论可以优化资源的分配，对于假设问题的优先级再次进行确认，对初步提出的客户体验待分析议题进行团队内的有效合并、删减或必要性补充。同时，这种讨论过程不仅提高了分析工作的效率，还促进了团队成员间形成共识，保证了在后续的分析洞察过程中能够高效协同工作。

（2）分析思路

分析思路的首要步骤是明确分析的目标，例如，分析议题"经销商渠道的服务质量不高，导致客户满意度和客户忠诚度下降"可以明确具体目标为"提升经销商渠道的服务质量，从而提高客户满意度和客户忠诚度"。这个目标应该是具体和量化的，旨在解决一个或多个已识别的业务问题，或深入探索特定的客户体验领域。同时，如果一个组织希望了解客户流失的主要驱动因素，那么分析的目标将是识别和量化影响客户忠诚度的关键因素。

一旦分析的具体目标被明确，那么下一步就是识别可能影响分析结果的关键因素。为了确保分析洞察的全面性和深入性，我们整理了影响客户体验的关键因素列表，如表6-6所示，旨在提供更细致的视角以便团队进行全方位地检查和评估。

表6-6　影响客户体验的关键因素列表

类别	因素	说明
产品特性	性能、设计、创新、可靠性、安全性……	产品或服务的核心特性，包括其性能、设计美观、创新性、可靠性和安全性
服务质量	及时性、准确性、专业性、一致性……	服务提供的速度、准确性、专业水平以及在不同时间和地点的一致性
价格感知	公平性、透明性、性价比……	客户对价格的公平性、透明度以及与产品或服务价值的匹配度的感知
品牌印象	信誉、形象、差异化、品牌故事……	品牌在客户心中的整体形象，包括信誉、品牌差异化以及品牌背后的故事和价值观
交互体验	客户服务、销售互动、在线交流……	客户与品牌的所有互动点，包括人工客户服务、销售人员互动以及在线社区和平台上的交流
数字体验	网站体验、移动应用、社交媒体……	数字产品的体验，包括网站的导航和可用性、移动应用的功能性以及品牌在社交媒体上的互动
购物体验	购买便利性、支付流程、退换政策……	整个购物流程的体验，从产品选择、支付到退换货政策的清晰和便捷性
环境因素	商店布局、线上界面设计、氛围……	实体商店的布局和设计、线上界面的美观以及购物环境的氛围和舒适度
文化因素	文化适应性、价值观一致、多元化……	产品或服务是否适应并尊重不同的文化背景、价值观以及多元化需求
社会责任	ESG、DEI、公平贸易、慈善活动……	品牌在环境保护、公平贸易和社会慈善活动方面的实践和贡献
技术创新	新技术应用、客户体验创新……	产品或服务中新技术的应用以及如何通过技术创新来提升客户体验
市场动态	竞争分析、市场趋势、客户需求变化……	行业竞争格局、市场趋势的变化以及客户需求和偏好的演变
法规遵循	合规性、数据保护、消费者权益……	产品或服务在合规性、数据保护以及维护消费者权益方面的表现

类别	因素	说明
反馈机制	反馈渠道、响应速度、处理结果……	客户提供反馈的渠道、品牌对反馈的响应速度以及处理反馈的结果和满意度
个性化体验	定制服务、推荐系统、客户识别……	为客户提供个性化服务的能力，包括定制化产品、个性化推荐以及客户识别技术的应用
社群互动	用户社区、品牌大使、口碑传播……	用户社区的建设、品牌大使的推动以及通过社群互动促进口碑传播
后续支持	售后服务、保修政策、技术支持……	售后服务的质量、保修政策的可靠性以及提供的技术支持水平
渠道策略	分销渠道、销售渠道、沟通渠道……	产品或服务通过哪些渠道提供给客户，包括线上和线下的分销和销售渠道，以及客户沟通和服务提供的渠道
渠道体验	渠道一致性、渠道便利性、渠道整合、服务质量审核……	评估不同渠道之间的体验一致性，各渠道的便利性，以及渠道间是否实现了有效整合，提供无缝的客户体验
人员表现	员工专业性、服务态度、响应速度……	直接面对客户的员工，如销售代表、客服人员的专业技能、服务态度和对客户需求的响应速度
人员培训	培训质量、知识更新、技能提升……	评估组织对员工进行的培训质量，是否定期更新产品知识和服务技能，以及员工技能提升的机会和效果
人员激励	员工满意度、激励机制、团队文化……	员工的满意度和积极性，组织提供的激励机制是否有效，以及团队文化是否支持优秀的客户服务
人际互动	个性化服务、客户关系管理、客户参与……	在服务过程中提供个性化服务的能力，建立和维护客户关系的策略，以及鼓励客户参与和反馈的方式

这些因素可以分为内部因素（如产品特性、服务质量、价格策略）和外部因素（如市场竞争、经济条件、客户期望变化）。对这些因素的深入理解有助于团队构建更全面的分析模型，并确保分析覆盖所有可能影响客户体验的维度。

例如，如果具体目标是提高经销商渠道的服务质量，从而提高客户满意度和客户忠诚度，那么需要考虑如何建立有效的经销商管理和监督机制，这不仅涉及定期的服务质量审核，还包括为经销商提供足够的培训和支持等多个内部因素，确保他们能够贯彻品牌的举措以及提供符合品牌标准的服务。

同时，与经销商的合作模式和沟通流程也非常关键，企业需要与经销商建立开放、透明和双向的沟通机制，确保能够及时收集和反馈客户的意见和建议，还能及时了解竞争情况和市场动态。这些因素包括内部的操作流程、人员培训、服务响应机制等，以及影响客户感知和体验的外部环境因素，选择这些因素是因为它们直接或间接地影响着客户对服务质量的感知。

分析路径的具体规划如表6-7和表6-8所示。

表6-7　分析路径的具体规划（示例1）

分析议题：经销商渠道的服务质量不高，导致客户满意度和客户忠诚度下降	
具体目标	提高经销商渠道的服务质量，从而提高客户满意度和客户忠诚度
关键因素	服务质量：包括及时性、准确性、专业性和一致性，直接影响客户对经销商渠道的满意度 人员表现：员工的专业性、服务态度和响应速度是提高服务质量的关键 人员培训：确保员工接受足够的培训，包括产品知识和服务技能的提升 反馈机制：建立有效的客户反馈渠道，及时响应和处理客户问题和建议 渠道策略与体验：评估和优化分销渠道、销售渠道和沟通渠道的策略及体验，确保服务质量 后续支持：包括售后服务、保修政策和技术支持，对提升客户满意度和客户忠诚度至关重要
分析路径	通过对比经销商渠道与线上渠道的服务质量和客户满意度数据，评估服务质量对客户满意度和客户忠诚度的影响，包括以下几个步骤。 1.服务质量数据分析 ● 统计分析：用于处理和分析响应时间和问题解决率等定量数据，以识别服务质量的差异和趋势 ● 聚类分析：用于将经销商分为不同的群体，基于服务质量指标对它们进行分类，以识别表现不佳的经销商群体 2.客户满意度调查 ● 主客观关联分析：用于将客户满意度调查结果（主观数据）与服务质量指标（客观数据）相关联，以识别影响满意度的关键服务质量因素 ● 情感分析：可以在开放式的调查回答中应用，以深入了解客户的情绪和感受，进一步理解客户满意度背后的动因

分析路径	3.客户忠诚度指标评估 ● 统计分析：再次用于分析复购率和客户保留率等定量数据，识别趋势和异常 ● 因果关系分析：用于评估服务质量提高措施对提高客户忠诚度的实际影响，区分相关性与因果关系 4.人员表现和培训评估 ● 数据挖掘：可以用于从员工绩效记录中提取洞察，识别影响服务质量的关键员工行为模式 ● 机器学习：应用于预测培训和发展计划对提高服务质量的潜在影响，以及识别个性化培训需求 5.反馈机制和后续支持优化 ● VoC（客户之声）文本分析：用于分析客户反馈，识别常见问题、客户关切和改善机会 ● 情感分析：从客户反馈中提取情绪倾向，了解客户对后续支持的情感反应，从而指导改进策略

表6-8 分析路径的具体规划（示例2）

分析议题：降价活动导致之前购车的客户感到不满，从而增加了客户投诉和流失率	
具体目标	有效管理降价活动以减少老客户的不满和投诉，从而降低客户流失率
关键因素	价格感知：客户对价格变动的感知及其对公平性的评价 品牌印象：降价活动对品牌信誉和客户信任度的影响 反馈机制：客户反馈的收集、处理和响应机制的有效性 渠道策略：降价信息的沟通渠道及其清晰度和及时性 人员培训：确保一线员工能够妥善解释价格政策，处理客户疑虑
分析路径	对比降价活动前后老客户的投诉数量和流失率，来验证这一分析议题，包括以下几个步骤。 1.降价活动前后数据比对 ● 统计分析：用于处理降价活动前后的客户投诉和流失率数据，识别数据的变化趋势 ● 数据挖掘：从大量客户数据中识别特定的投诉模式和流失的主要原因 2.时间窗口分析 ● 主客观关联分析：分析降价活动的时间点与投诉及流失数据的变化，确定两者之间是否存在明显的时间关联

分析路径	3. 投诉内容分析 ● VoC文本分析：深入理解客户投诉的具体内容，特别是与价格变动相关的不满 ● 情感分析：从客户反馈中提取情绪，识别普遍的不满情绪及其原因 4. 流失原因调查 ● 因果关系分析：通过客户调查和数据分析，确定降价活动与客户流失之间的因果关系 ● 聚类分析：将流失的客户分群，以识别是否存在特定的群体对降价活动反应尤为负面

表6-7和表6-8列举的两个例子主要是基于已有的数据进行数据项内或数据项间的分析解读，对于预测的部分，可以阅读第7章。

（3）分析方法

选择分析方法时需要考虑数据的可用性、问题的复杂度及所需的深入程度。例如，服务质量的评估需要定量数据（如服务响应时间、解决问题的效率），而客户满意度和客户忠诚度则可能需要定性数据（如客户反馈、满意度调查结果）的支持。表6-9是常用的9种客户体验分析方法，可以根据实际的分析议题选择使用。

表6-9　客户体验分析方法汇总

分析方法	应用场景
统计分析	用于处理和分析定量数据，如服务响应时间和解决问题的效率
聚类分析	用于识别客户或问题的不同群体，以便采取针对性的改进措施
主客观关联分析	用于确定与体验（客户满意度等）强相关的指标，并围绕这些指标设定合理的目标
因果关系分析	用于验证特定措施和体验（客户满意度等）提升之间的直接关系，区分因果关系与相关关系
行为动线分析	用于分析特定客群在产品内的行为路径，寻找体验改进点
VoC文本分析	用于从客户反馈中提取关键信息，理解客户关注的问题和差异点
情感分析	用于从客户反馈、社交媒体帖子、评论等文本数据中提取情绪倾向和情感表达，识别客户的感受以及正面和负面的情绪
机器学习	用于预测未来趋势和从数据中自动提取洞察
数据挖掘	用于从大型数据集中发现模式、趋势和关联性

特别需要注意的是，涉及识别和验证因果关系，都需要通过谨慎和系统的方法进行控制变量实验或时间序列分析。如果错误地将仅存在相关性的变量误解为因果关系，会导致基于错误信息做出决策，从而浪费企业资源。例如，如果将客户满意度提升仅仅与某项客户体验措施的同时发生联系起来，而实际上这两者之间没有直接的因果关系，则可能导致企业错误地将更多资源投入这项措施，而忽视了真正能提升客户体验的因素。

2.证据的收集

（1）采集数据

在实际进行数据采集时，可选数据集通常包括客户体验测量指标数据，客户体验相关调查获得的信息，负面客户体验情况的报告，客户通过热线、投诉和其他方式反馈的信息，客户评论数据，对标研究结果，员工反馈的信息，客户体验绩效评价的结果，与客户体验相关的第三方数据等。在开展分析议题证据的收集过程中，两个关键事项"数据可获取性的判断"和"目标数据的选择"至关重要，有机会更大程度地将数据转化为证据，如图6-13所示。

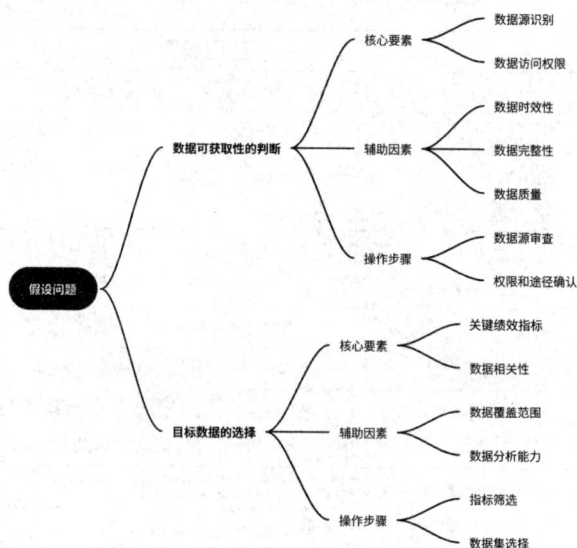

图6-13　分析议题证据的收集过程

在数据可获取性的判断方面，需识别和审查潜在的数据源，比如客户反馈系统或销售数据库，确认获取所需数据的权限和途径，并确保数据的实时性、完整性和质量。保证数据的一致性和准确性是基础，这要求从多个角度和渠道收集数据，以减少单一来源可能带来的偏差。另外，合理的客户分类能够确保分析的针对性和有效性，避免因过于泛化的分类而导致结论不准确。

● 核心要素

数据源识别：确定可能包含所需信息的数据源（如客户反馈系统、销售数据库、市场调研报告等）。

数据访问权限：确认获取所需数据的权限和途径（如访问内部数据库、购买第三方数据、公开数据集等）。

● 辅助因素

数据实时性：考虑数据的实时性，确保数据反映了当前的业务情况。

数据完整性：评估数据集是否全面，包含了解决问题所需的所有相关信息。

数据质量：确保数据的准确性和可靠性。

● 操作步骤

数据源审查：对所有潜在数据源进行审查，确定其适用性。

权限和途径确认：确认获取数据的权限，并确定获取途径。

在目标数据的选择上，专注于确定与分析议题直接相关的关键绩效指标，分析数据的相关性，并选择能够全面覆盖与分析议题相关的数据集。

● 核心要素

关键绩效指标：确定与问题直接相关的关键指标。

数据相关性：分析数据与问题之间的相关性，确保选择的数据与问题的解决直接相关。

● 辅助因素

数据覆盖范围：确保所选数据能够覆盖问题的所有相关方面。

数据分析能力：考虑组织的数据处理和分析能力，选择可有效处理和分析的数据。

● 操作步骤

指标筛选：筛选与问题最相关的指标。

数据集选择：从可用数据源中选择最合适的数据集进行分析。

此外，还要综合考虑组织的数据处理和分析能力，选择最合适的数据集进行分析。通过这个过程，我们可以在投入资源之前验证分析洞察在实务上的可行性。

如果发现现有数据不足以支持分析，则通常需要启动新的数据采集和样本选择过程。进行这一过程有几个关键注意事项需要考虑，以确保数据采集既有效又对客户友好。

在开始新的数据采集之前，我们应该清楚地定义数据采集的具体目标和预期用途。这有助于指导整个采集过程，并确保所采集的数据与分析议题紧密相关，从而提高数据的相关性和有效性。同时，需要确保样本具有代表性，覆盖不同的客户群体。此外，要考虑样本大小是否足够实现可靠的数据分析结论，并且避免因样本偏差而导致的误解。

在采集数据之前，准备好相应的分析工具和方法也是必要的，这样可以快速有效地处理和分析新采集的数据。应保持数据采集过程的灵活性，根据初步发现调整样本选择或数据采集方法，确保数据采集尽可能有效和高效。

在采集数据时，平衡主/客观数据的重要性不言而喻。客观数据（如购买历史、服务使用记录）可以直接从内部系统中获取，而主观数据（如客户满意度、感知）则通常需要通过调查或访谈来收集。结合这两种数据类型可以提供更全面的洞察。在进行调查或访谈时，要注意尊重客户隐私并遵守相关法规。合理安排调查时间，避免过度打扰客户，比如不要进行过长或过于频繁的调查。尽量利用已有的交互点收集信息，减轻客户的额外负担。同时，考虑为参与调查的客户提供一定的回馈（如折扣、优惠券或其他激励），以示感谢。这些举措不仅有助于提高客户的参与率，还能增强客户对品牌的信任和忠诚度。

（2）分析指标

在开始深入分析指标之前，必须确保采集的数据是完整和可靠的。这包括对数据的完整性进行检查，确保没有重要信息缺失；对数据的信效度进行验证，确保数据来源可靠，采集方法科学。此外，还需要考虑数据的实时性，确保分析基于最新的数据，以反映当前的客户体验状态。

分析指标应该反映客户体验的各个方面，包括但不限于客户满意度、忠诚度、参与度、转化率、复购率等。这些指标不仅需要量化客户的直接体验，还应涵盖操作层面的数据，如响应时间、服务效率、问题解决率等。选择这些指标时，需要确保它们能够真实、准确地反映客户体验的核心要素。在面对不同的分析议题时，我们应选择能够反映客户态度和行为的指标，并将它们有效融合和平衡。这种综合考量的方法能够提供一个全面的视角，它不仅反映了客户的主观感受，也反映了客户行为的客观事实。

评价标准的设定应基于行业标准、历史数据比较以及竞争对手的表现。以经销商渠道服务质量为例，如果行业平均的客户满意度是75%，那么企业可能会将其作为最低标准，并设定更高的目标以求超越行业水平。历史数据的比较可以帮助企业识别趋势和模式，而竞争对手的表现则提供了一个有力的基准，帮助企业定位自己在市场中的位置，如表6-10和表6-11所示。

表6-10　分析议题验证性评价标准（示例1）

分析议题：经销商渠道的服务质量不高，导致客户满意度和客户忠诚度下降			
分析路径	如何采集数据	判断指标	评价标准（示例）
服务质量数据分析	从客服系统中导出服务记录数据；使用问卷或调查工具收集员工和客户的反馈	响应时间	响应时间超过24小时的比例＞20%视为服务响应不及时
		问题解决率	问题解决率＜75%视为问题解决能力不足

分析路径	如何采集数据	判断指标	评价标准（示例）
客户满意度调查	通过电子邮件、电话或在线平台进行调查，获取客户对经销商渠道服务的主观评价	客户满意度	客户满意度＜4（满分为5）视为客户不满意
客户忠诚度指标评估	分析CRM系统中的客户交易记录，追踪复购率和客户保留率	复购率	复购率＜20%视为客户忠诚度低
		客户保留率	客户保留率＜50%视为存在严重的客户流失问题
人员表现和培训评估	通过员工绩效评估系统采集数据；进行员工满意度和培训反馈调查	员工满意度	员工满意度＜60%视为员工不满意
		培训完成率	培训完成率＜80%视为培训效果不佳
反馈机制和后续支持优化	利用客户反馈系统和社交媒体收集客户反馈；分析售后服务记录	客户反馈积极性	客户积极反馈的比例＜30%视为客户对服务不满意
		售后问题解决率	售后问题解决率＜70%视为售后服务未达标

表6-11　分析议题验证性评价标准（示例2）

分析议题：降价活动导致之前购车的客户感到不满，增加了客户投诉和流失			
分析路径	如何采集数据	判断指标	评价标准（示例）
降价活动前后数据比对	从CRM系统和客户服务记录中收集降价活动前后的投诉和流失数据	投诉数量增加的百分比；客户流失率的增加百分比	如果投诉数量增加超过30%或客户流失率增加超过10%，则视为降价活动可能导致客户不满和流失的显著指标
时间窗口分析	定义降价活动前后的时间窗口，并从销售和客户服务数据库中提取相关数据	客户投诉和流失数据的时间分布	如果客户投诉和流失数量在降价活动后的一个月内显著增加，且增幅明显高于历史平均水平，则认为降价活动对客户不满和流失有显著影响

分析路径	如何采集数据	判断指标	评价标准（示例）
投诉内容分析	利用客户反馈系统和社交媒体监控工具收集和分析客户投诉内容	提及价格变动的投诉比例；负面情绪表达的频率	如果提及价格变动的投诉超过50%或负面情绪表达显著增加，且这一变化与降价活动时间紧密相关，则支持降价活动引发客户不满的假设
客户流失原因调查	通过客户退出调查或访谈收集流失客户的反馈	流失客户中提及价格不满的比例	如果流失客户中提及价格不满作为主要流失原因的比例超过40%，并且这一比例在降价活动后显著上升，则认为降价活动是导致客户流失的重要因素

客户体验领域的动态性要求这些判断指标和评价标准不能是静态不变的。随着企业战略目标的调整、市场环境的变化及客户需求的演进，这些标准需要定期重新评估和调整。此外，随着新技术的应用和数据分析方法的进步，企业可能会获得更深入的洞察，进一步影响这些标准的设定。

3.得出结论

在客户体验分析的最后阶段，将数据分析结果转化为实际可行的业务改进措施和策略至关重要。基于之前的证据收集和分析，明确指出具体分析议题中哪些方面的客户体验需要改进，如服务响应时间、客户满意度、品牌信任度等。这些结论应该是具体、明确且可行的，能够直接指导后续的改进计划，如表6-12所示。

表6-12　分析议题的分析结论汇总

分析议题	分析结论
经销商渠道的服务质量不高，导致客户满意度和客户忠诚度下降	● 服务质量数据分析结果显示85%的经销商渠道的服务响应时间平均为30.1小时，问题解决率为55%，远超过设定的标准，集中出现在华北地区。这表明服务响应时间过长，问题解决率低，直接影响了服务质量。需要优化服务流程，缩短响应时间，提高问题解决率

分析议题	分析结论
经销商渠道的服务质量不高，导致客户满意度和客户忠诚度下降	● 客户满意度调查结果显示平均满意度评分为3.2（满分为5），低于客户满意度标准（4）。这说明客户对经销商渠道的服务不满意，需要提升服务质量，提高客户满意度，提升客户体验 ● 客户忠诚度指标评估揭示复购率仅为13%，客户保留率为28%，显示客户忠诚度低，存在严重的客户流失问题。为此，需加强客户关系管理，提高客户忠诚度，减少客户流失 ● 人员表现和培训评估指出员工满意度为55%，培训完成率为75%，低于期望标准。这表明需要加强员工培训和提升员工满意度，改进员工培训计划，提高员工满意度和服务质量 ● 反馈机制和后续支持优化分析表明积极反馈比例仅为25%，售后问题解决率为56%，未达到满意度标准。这需要改进反馈机制，优化客户反馈渠道，提高售后服务质量，提升客户满意度
降价活动导致之前购车的客户感到不满，增加了客户投诉和流失	● 降价活动后，客户投诉量增加了35%，客户流失率增加了12%。投诉内容分析显示，50%以上的投诉提及了对价格变动的不满，特别是老客户表达了不公平感。这表明需要重新评估降价策略，确保对所有客户群体公平；加强与老客户的沟通，解释降价原因，提供特别优惠或补偿；改善客户反馈机制，增强售后服务支持 ● 降价活动对客户不满和流失有显著影响，特别是在活动后的短期内。降价活动后的1个月内，同类型原因导致的客户投诉量增加了40%，客户流失率增加了15%。这表明需要评估降价活动的时间安排和频率，避免短时间内重复进行可能引起客户不满的降价活动 ● 客户对降价活动的不满主要集中在感知到的不公平和对品牌信任度的损失上。在客户投诉中，64.4%提及了对降价活动的不满，其中"不公平"和"失去信任"是最常见的关键词。这表明需要加强对降价活动的沟通，明确解释降价活动的原因和客户的利益；考虑为老客户提供额外的优惠或补偿措施 ● 降价活动是导致客户流失的重要因素，尤其使老客户感到自己的价值受到贬损。对流失客户的调查显示，64%的客户将流失原因归咎于对降价活动的不满，感觉自己的价值因为新客户的优惠而降低。这表明需要重新设计客户忠诚度计划，确保老客户感到被重视和尊重，防止其因价格调整而流失

在经销商渠道服务质量的分析里，85%（大幅超出标准的20%）的经销商

渠道，其响应时间平均达30.1小时（高于标准的24小时），问题解决率为55%（低于标准的75%），此情况表明服务响应不及时和问题解决能力欠缺，问题主要集中在华北地区的经销商渠道中。

进一步调查并跟进后发现，华北地区经销商渠道的平均响应时间皆超过30小时，其中最高的经销商渠道甚至超过96小时。与此同时，该地区的问题解决率远远低于所有经销商渠道的整体平均水平（55%），平均仅能达到35%的问题解决率。

另外，在经销商渠道整体的客户满意度调查结果中，平均满意度评分为3.2（满分为5），低于客户满意度标准（4）。而华北地区经销商渠道的平均客户满意度仅有2.6（满分为5），这反映了客户对于该地区经销商渠道的服务普遍感到不满。

在实际工作中，分析结论还会面对来自团队内外部的各种挑战。分析结论的一致性非常重要，特别是它们与其他相关指标（如复购率、客户流失率）的关系。不一致的结果可能指向需要进一步调查的潜在问题或未被考虑的因素。在可能的情况下，使用外部数据或行业研究作为参考，可以增加分析结论的权威性和可信度。同时，专家审查和同行评审提供了一个额外的质量保证步骤，有助于发现和纠正分析过程中可能的错误或偏差。考虑分析结论在不同时间点和不同客户群体中的稳定性是确保结论可靠的另一个重要方面。有效的结论应该具有一定的普遍性和稳健性，能够适用于多种情境和条件。

这样的分析结论能够帮助团队明确识别和定位客户体验中的关键问题和改进点，从而制定更有针对性和有效的优化策略。例如，通过分析经销商渠道的服务质量和客户反馈，团队可以发现服务响应时间延迟或问题解决率低下等具体问题，并据此优化服务流程或加强员工培训。同时，分析还能揭示客户流失的深层原因，比如价格策略的不公平感，进而引导团队调整定价策略或改善沟通方式，以增强客户的忠诚度和满意度。通过这一系列的洞察和分析，团队能够更系统和有针对性地改进客户体验，提升业务绩效，从而在竞争激烈的市场中保持优势。

（1）分析结论不支持分析议题的情况

如果在验证过程中某个步骤的结果不支持分析议题，则可以采取以下几个步骤来处理这种情况。

①重新评估数据和方法：首先确保数据采集和分析方法是正确的。检查是否有数据采集错误、分析偏差或解释误差。重新审视使用的数据是否足够全面和准确，以及分析方法是否适当。

②探索其他可能的因素：如果某个步骤的结果不支持分析议题，则应考虑是否有其他因素可能影响了这个步骤的结果。比如，客户满意度调查结果不支持分析议题，那么可能是因为除服务质量之外，还有其他因素影响了客户的满意度。

③调整或补充分析议题：根据不支持分析议题的步骤结果，调整或补充原有的分析议题。可能需要添加新的分析议题或改变原有分析议题的方向。比如，服务质量数据分析不支持分析议题，那么可能需要考虑服务质量以外的其他因素，如价格、产品质量等。

④进行更深入的分析：对不支持分析议题的结果进行深入分析，了解背后的具体原因。通过更详细的数据分析或进行额外的调查来获取更多信息。

⑤综合考虑所有步骤的结果：将所有步骤的结果综合起来考虑。一个步骤的结果可能不支持分析议题，但其他步骤的结果可能支持。对整体情况进行评估，决定是否需要调整整体的分析方向或结论。

即使某一个步骤的结果不支持分析议题，也并不意味着整个分析议题就完全错误。它可能是一个信号，提示需要更全面地考虑问题，或者需要对分析议题进行调整和补充。

（2）分析结论存在多种可能情况

如果分析结论存在多种可能性，可以设计体验改进方案并通过灰度测试和A/B测试来进行评估。这种实验方法可以帮助团队获取客观的评估数据，从而确定最佳的客户体验改进方案。灰度测试和A/B测试的应用确保了改进措施的有效性，同时最小化了潜在的风险，使客户体验优化工作更加精准和高效。

（3）分析结论指导行动计划的前置思考

在制订客户体验改进的行动计划之前，关键是要全面考量各种管理因素，确保措施的有效性和可行性。首先，需要明确受影响的客户范围及客户类别，这包括识别哪些客户群体最需要关注，以及他们具体的需求和期望。然后基于客户反馈和业务目标，确定应着重满足的客户体验需求，这有助于确保改进计划直接针对问题的核心。

其次，任何改进计划都必须与组织的发展战略保持一致，以支持企业的长期目标和愿景。考虑到在实际操作中可能存在的限制，如人力、技术、财务资源等，计划的制订需要在现有资源框架内进行合理安排，避免超出组织的承受能力。

再次，与客户及其他相关方的沟通不可忽视。要保持良好的沟通，确保各方的期望和反馈被充分理解和考虑，这对于计划的顺利实施至关重要。将整体客户体验目标细化到组织的各个职能、层级及过程中，可确保各部门和团队明确自己的责任和目标，从而促进整体协同工作。

最后，为了确保改进的持续性和效果的可衡量性，设定具体的、可量化的目标至关重要，如提升客户满意度指数、减少服务响应时间等。这些明确的指标不仅有助于监控计划的执行情况，还能为后续的评估和调整提供依据，从而形成一个持续改进的循环。

（4）总结

总体来说，PSBPA框架通过其全面和结构化的方法，为企业提供了一个强大的工具，以深入理解客户体验并据此做出明智的业务决策。从数据准备到分析洞察的每一步，都是为了更好地捕捉、理解并最终优化客户的整体体验。

PSBPA框架不仅停留在理论层面，还强调策略的实际落地。在经历了数据准备、信号捕获、业务理解、问题定义和分析洞察这些阶段之后，接下来的任务是将这些洞察转化为实际的行动计划。这意味着基于数据分析得出的结论，需要被转换成可执行的策略，并在实际业务中应用。只有这样，企业才能真正从数据洞察中受益，通过改进客户体验来驱动业务增长。

第 7 章

客户体验预测

本章概要

　　本章基于客户生命周期价值的预测框架，总结出客户体验预测的技术路线，将短期和长期目标与特定的技术解决方案相匹配，共划分为 4 个部分，首先从客户体验问题的分析定义与数据预处理开始，接着进行客户体验预测的算法模型构造，其次进行客户体验预测的结果算法处理和业务处理，最后开展客户体验预测效果评价与分析，制定策略和行动计划。通过持续改进应对客户需求和行为的变化，保持高准确性和卓越体验的闭环，帮助企业更有效地达成其商业目标。

7.1 客户体验预测是什么

客户体验预测是一个前沿的方法，是指使用数据分析和统计算法来预测未来客户的行为、偏好和趋势。企业的主要目标是预测客户可能会做什么或需要什么，以便能够主动调整互动和策略，从而提升整体的客户体验。这种方法超越了传统分析只关注历史数据和当前性能的局限。

随着大数据和先进数字技术的发展，企业有了更多的机会获得关于客户的深入见解，而不仅仅是依靠传统的市场调查方法。Acxiom公司发布了"2024年客户体验预测"报告，83%的企业认为利用数据和预测分析来提升客户体验是未来5年竞争优势的关键。打造预测性客户体验平台是这一趋势的核心，目的是利用客户级数据湖、预测性客户评分、行动与洞察引擎等工具，实时捕捉、分析和应对客户的需求和期望。

为什么企业需要这样的平台呢？首先，这种方法提供了一个全面的视角，涵盖了客户的完整旅程。长期来看，客户调研问卷反馈的数据正在逐渐减少，而且经历糟糕体验的客户，会减少消费或者转移到竞争对手那里，很大概率并不会提供相应的满意度反馈。因此，企业搭建预测性客户体验平台不仅仅是关注客户旅程中的某个时间点或某个触点，而是采用一种方法更准确地识别出哪些因素影响了客户满意度，从而进行有针对性的优化。

其次，这个平台强调的是前瞻性和预测性，而不是仅仅反应性地应对客户问题。企业可以提前预测潜在的问题并采取措施防止其发生。

最后，预测性客户体验平台连接了客户体验数据与业务指标，帮助企业更深入地理解客户体验对业务价值的影响。

例如，Affordable Tours是美国一家旅游服务提供商，专注于提供各种旅游套餐和体验，包括陪同旅游、巡游和休闲度假等。为了应对客户呼叫量，他们曾努力调配资源。有时呼叫中心的座席数量过多，有时又过少，这就会导致客户体验不一致、电话漏接率升高。他们使用 Amazon Forecast（一项由 Amazon Web Services 提供的完全托管的服务）来更好地预测客户呼叫量，并将电话漏接率降低了约20%。

随着市场竞争的加剧，出色的客户体验已成为区分赢家与输家的关键因素。预测性客户体验平台为企业提供了一个强大的工具，帮助它们在这场竞争中占据有利位置。

7.2 基于客户生命周期价值的预测框架

客户生命周期价值是企业用来预测一个客户在与企业整个交往周期所带来的总体经济价值的指标。在客户旅程视角下，旅程的不同阶段可以分解为：预期管理（前）、体验管理（中）、记忆管理（后）。为了更好地理解和管理客户生命周期价值，我们通常将客户的整个交互周期继续划分为若干个连续的子阶段。客户生命周期每个阶段都有其独特的特点和管理策略。下面是客户生命周期常见的8个阶段，如图7-1所示。

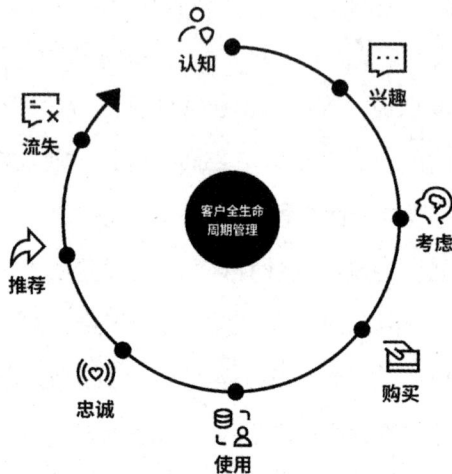

图7-1 客户生命周期常见的8个阶段

● 认知阶段：在此阶段，潜在客户首次意识到品牌或产品的存在，但可能还没有对其产生兴趣。

● 兴趣阶段：潜在客户对品牌或产品产生了兴趣，并开始寻求更多的信息。

● 考虑阶段：客户在此阶段对品牌或产品进行深入的研究，可能会比较不同的选项，并考虑是否购买产品。

● 购买阶段：客户决定购买产品，并完成交易。

● 使用阶段：客户使用购买的产品。

● 忠诚阶段：如果客户对产品或服务满意，他们可能会变得忠诚于品牌，并重复购买。

● 推荐阶段：满意的客户不仅会再次购买产品，而且可能会推荐品牌或产品给他们的朋友和家人。

● 流失阶段：出于各种原因，客户可能决定不再购买或使用产品。

理解这些阶段有助于企业确定在每个阶段应采取的策略，以优化客户体验并提高客户生命周期价值。通过在每个阶段提供适当的互动和支持，企业可以更有效地吸引、留住并扩大客户群。

预测分析是一种高级的数据分析形式，它尝试回答"接下来会发生什么？"这一问题。基于客户生命周期价值的预测框架，企业可以实现对客户行为和需求的深入洞察。这一框架不仅侧重于现有的客户数据，还通过综合分析各种数据来源（如社交媒体、在线行为和购买历史），来揭示客户的潜在价值。以下是这种预测框架可以带来的11个关键价值，如表7-1所示。

表7-1　客户生命周期各阶段的关键价值

客户生命周期	关键价值
认知阶段	优化资源配置、识别潜在客户
兴趣阶段	提供个性化客户体验、提高交叉销售和增值服务的机会
考虑阶段	分析客户行为、预测未来需求

客户生命周期	关键价值
购买阶段	减少营销浪费、提供更好的创新方向
使用阶段	提供个性化客户体验、建立长期关系
忠诚阶段	客户留存、提高客户满意度
推荐阶段	优化资源配置、提高交叉销售和增值服务的机会
流失阶段	客户留存、优化资源配置

（1）优化资源配置

通过对客户的价值和潜在需求进行预测，企业可以更合理地分配资源，例如将更多的资源投入高价值客户群体或有更大增长潜力的市场领域。

（2）识别潜在客户

企业可以利用预测性分析技术从海量的数据中挖掘出模式和偏好，从而有效地识别和触达潜在客户。这样，营销策略不仅可以更有针对性，而且可以提高 ROI（广告投入回报）。

（3）提供个性化客户体验

现代的消费者渴望获得与众不同的体验。通过预测行为营销，企业可以为每位客户提供量身定制的推荐和促销，增强客户的归属感和满足感，从而提高他们的忠诚度。

（4）提高交叉销售和增值服务的机会

了解客户的购买历史和偏好可以帮助企业识别交叉销售和增值服务的机会，从而提高每位客户的平均交易价值。

（5）分析客户行为

了解客户的购买模式、偏好和趋势是企业成功的关键。这些深入的洞察可以引导企业制定更具针对性的营销活动，并为不同的客户群体开发合适的产品。

（6）预测未来需求

基于客户的人口统计特征和在线行为，预测性分析可以预见客户的未来需求。这意味着企业可以更早地对市场变化做出反应，提前布局，满足客户的潜在需求。

（7）减少营销浪费

对于那些不太可能对某一产品或服务感兴趣的客户，企业可以避免将营销资源浪费在他们身上，从而提高营销效率和投资回报率。

（8）提供更好的创新方向

基于客户数据的深入分析可以揭示市场上未被满足的需求或新的消费趋势，为企业的产品或服务创新提供方向。

（9）建立长期关系

通过预测客户的需求和行为，企业可以提前为其提供所需的服务和支持，从而建立长期且有益的合作关系。

（10）客户留存

客户留存率是衡量企业健康的重要指标。预测性分析可以及时识别可能导致客户流失的因素，使企业有机会在问题变得更为严重之前，采取相应的策略来挽留客户。

（11）提高客户满意度

通过预测分析，企业可以更好地满足客户的实际需求，从而提高客户满意度，这也将直接影响客户的口碑传播和推荐。

基于客户生命周期价值的预测框架为企业提供了一个系统的方法，以深入理解客户在与品牌交往的每一个阶段所产生的价值。从初次认知到最终的忠诚与推荐，每个阶段都蕴含着关键的数据点和潜在机会。通过精确预测这些数据，企业可以更有效地制定策略，优化资源分配，从而提高客户满意度、忠诚度和整体收益。这种框架不仅帮助企业识别最有价值的客户群体，而且可以预测客户的未来行为，使企业能够提前做出反应，满足客户的期望和需求。

7.3 客户体验预测的技术路线图

客户体验预测的技术路线图是一种先进的规划工具，其将短期和长期目标与特定的技术解决方案相匹配，通过数据采集、处理、模型训练等精细化步骤优化和提升客户体验，帮助企业更有效地达成商业目标。技术预测的方法通常被划分为3种主要类型：探索性技术预测方法、规范性技术预测方法，以及结合这两种方法的综合型预测方法，这里着重讨论综合型预测方法。

探索性技术预测方法专注于预测未来可能发生的客户体验变化趋势，具体而言，它着眼于预测新的客户体验如何沿着特定的发展轨迹（如S曲线）演进，主要是对未来趋势进行客观的描述，并不涉及通过计划来影响或更改这些趋势。

规范性技术预测方法专注于设定未来的目标和理想状态，探讨如何通过具体的策略和行动计划来实现这些目标。与探索性预测方法不同，它主要涉及制定和推动变化，以引导技术发展和客户体验朝着预期的方向演进。规范性技术预测的常用方法包括形态分析法、层次分析法、回溯预测法，以及关联树法等。

通过结合这两种预测方法，可以充分利用各自的优势和特点来进行客户体验预测，从而得到更全面和准确的预测结果。

我们发现，制定客户体验预测的技术路线图有3个主要用途。

- 共识建立：确保所有参与者对项目目标、需求和所涉及的技术有清晰的理解和共同的认识。

- 预测机制：提供一种帮助预测技术发展的机制，使企业能够提前适应市场变化和技术进步。

- 规划框架：提供一个帮助规划和协调技术发展的框架，确保资源和努力集中在最重要的领域。

客户体验预测的技术路线图不仅是一个理论模型，更是一种实践指南，指引企业如何通过各个阶段的工作，逐步提升客户体验。客户体验预测的技术路线涵盖了4个部分，每个部分都包含若干关键步骤，它们共同构成了一套系统化的工作流程。这些步骤涵盖了客户体验问题的分析定义与数据预处理、预测的算法模型构造、预测的结果算法处理和业务处理，以及通过预测效果评价与分析，制定策略和行动计划，每一步都是为了更好地理解和满足客户的期望和需求。客户体验预测的技术路线如图7-2所示。

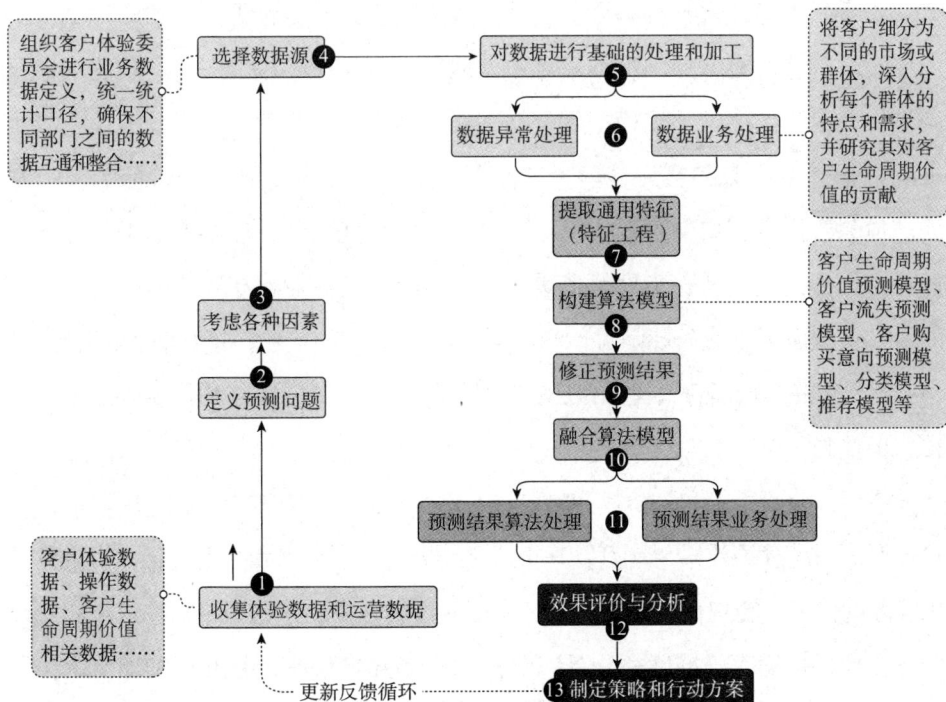

图7-2　客户体验预测的技术路线

①第一部分：客户体验问题的分析定义与数据预处理（步骤1～步骤6）。

首先，让我们关注问题的分析定义与数据预处理阶段。在这一阶段，主要工作是通过收集体验数据和运营数据获取必要信息，明确预测的目标和关键指标。此外，要考虑到影响预测的各种因素，选择适当的数据源，并对数据进行基础的处理和加工。为了保证数据质量，必须进行数据异常处理和数据业务处理。

② 第二部分：客户体验预测的算法模型构建（步骤7~步骤10）。

接下来，焦点转向预测模型的构建。在这一阶段，主要工作是通过特征工程从原始数据中提取通用特征。然后，选择和构建最适合的算法模型，并在必要时修正预测结果。为了实现最佳的预测效果，可能需要融合多个算法模型，这会涉及算法模型融合的技巧。

③ 第三部分：客户体验预测的结果算法处理和业务处理（步骤11）。

随后，进入模型的预测结果算法处理和业务处理阶段。在这一阶段，主要工作是在验证和测试预测模型后，将其融入客户体验管理，利用算法处理和业务理解来优化业务和客户体验。这涵盖了从个性化推荐到库存管理的多个方面。预测模型除客户的基本信息、行为和态度数据之外，还要考虑季节性、节假日、恶劣天气及特殊事件等多重因素，以应对其对业务和客户体验的影响。同时，企业需基于业务规则对预测结果进行调整，确保预测与实际需求相符。

④ 第四部分：客户体验预测效果评价与分析，制定策略和行动方法（步骤12、步骤13）。

最后，全面评价和分析模型的效果，确保其满足业务需求。在这一阶段，一旦模型达到满意的效果，就可以基于预测结果来制定策略和行动方案，为企业带来实际的价值。客户体验预测结果在实际应用后同样会采用评价指标进行测量，一般会包括精确率、准确率、召回率和F1分数（精确率与召回率的加权调和平均值）等，帮助企业评估预测模型识别客户行为或需求的能力。深入分析预测结果可揭示改进空间。企业需要持续监控、更新预测模型，以确保模型能够反映最新趋势，并基于预测结果制定策略和行动方案，识别策略执行过程中的问题，分析原因且持续改进，这是保证预测模型高准确性和提供卓越客户体验的闭环。

7.4 客户体验问题的分析定义与数据预处理

1.收集体验数据和运营数据

在客户智能领域，进行预测性分析需要企业从多方面获取关键数据，确保预测分析的准确性与全面性。这不仅包括传统的客户数据和交易数据，还涵盖了随着社交媒体的兴起而变得越来越重要的社交媒体数据。X-Data 是体验数据，这是客户与企业的各种产品或服务互动时产生的，主要是指客户满意度、品牌推荐度等和客户体验相关的数据。例如，当客户完成一个满意度调查或提供某种反馈时，所产生的数据就属于体验数据。O-Data 是运营数据，这个类型的数据是企业中管理供应链、财务、销售等运营所产生的，通常涉及企业日常的销售、供应链和其他操作活动。常见的数据有销售数据、点击率数据等。收集体验数据和运营数据是进行客户体验预测的第一步，只有充分理解客户在当前的体验情况和企业在提供产品或服务时客户的交互操作情况，才能对客户的未来行为做出准确有效的预测。

2.定义预测问题

在客户体验预测分析中，企业需要自我审问，核心内容是想要预测什么？是客户满意度、购买意向，还是更具挑战性的，如分析哪些因素可能导致客户流失？这些问题的答案直接决定了企业应该选择哪种预测方法。和客户体验分析一样，在定义预测问题的时候，我们会基于客户同理心进行客户需求和行为的假设，找对问题是很重要的。预测分析可以根据不同的业务需求和目标，进一步细分为多个维度，包括特定的产品 SKU（存货单位）、产品类目、销量、订单数量、总销售额、客户满意度、留存周期等。此外，时间的选择也很关键，不同的时间粒度，如按小时、天、周或月预测，会影响预测结果的实时性和准确性。同样重要的是预测的范围和渠道选择。选择特定的城市、店铺、产品种类，以及通过哪个销售渠道，无论是线下店铺、移动 App，还是其他线上平台，都会影响预测的结果。

但最核心的是，预测的出发点应始终围绕真实的客户体验问题。例如，如何为节假日促销活动预测并准备足够的库存，以保证不会因缺货而影响客户的购物体验？在电商越来越受欢迎的现在，如何预测并防范潜在的欺诈风险，确保客户的购物安全和信任度不受损害？又或者，当面临不可预测的恶劣天气时，我们如何预测并应对可能的供应链中断，确保客户需求得到及时满足？

简单来说，定义清晰、具体的预测问题，才能选择合适的方法进行分析，确保预测结果与实际的客户需求和期望相符。开发预测的相关能力需要投入大量的时间和精力，如果预测的问题更多地属于产品或服务的尖端创新，而不是真正源自客户价值，那么建议在实际的计划中推迟开发这种能力。在大规模验证了客户假设之后，所预测的产品或服务的尖端创新能够清晰对应客户的实际需求和价值时，再考虑开发预测的相关能力，这样能确保资源和精力得到更有效的利用。

3.考虑各种因素

在这个环节，企业要意识到客户体验并不仅仅是由产品的功能或价格决定的，还有其他多种因素，如竞争对手的战略和行为、产品的销售组合，以及不同的消费者群体和他们的需求差异。此外，季节性、各种促销活动以及节假日都是可能影响客户体验的外部因素。

根据客户体验预测框架整理出的多种影响因素，如图7-3所示。

| 功能 | 价格 | 目标人群的差异 | 服务的个性化 | 季节性 |
| 促销活动 | 节假日 | 互动和参与 | 技术和平台 | 更多…… |

图7-3　根据客户体验预测框架整理出的多种影响因素

产品或服务的核心属性是最基本的考虑因素。这包括产品的功能、价格，以及与竞争对手相比的优势和劣势。这些因素通常是客户首先评估的，它们直接影响客户的基本满意度。外部环境和市场动态也会对客户体验产生影响。这包括产品的销售组合、服务的个性化、目标人群的差异、季节性、促销活动、节假日、市场趋势，以及新兴技术的出现等。例如，大型促销活动可能会吸引大量的客户，但也可能因为库存不足或物流问题而降低客户满意度。

再者，客户的互动和参与、文化和背景也可能影响客户的预期和体验。这包括客户与品牌或产品的互动频率、他们在社交媒体上的活跃度，以及他们对品牌的忠诚度。在全球化的市场中，企业需要了解不同文化和背景的客户的需求和价值观。这些因素可以帮助企业了解客户与品牌之间的情感联系，以及他们对品牌的长期承诺。

同时，企业还要考虑技术和平台的因素。例如，一个网站在计算机上的性能可能与在移动设备上的性能完全不同，这可能导致不同的客户体验。为了确保客户体验预测的准确性，企业需要综合考虑上述所有因素，并根据预测的目标和业务的特点进行筛选和优先排序。

4.选择数据源

数据的选择和整合，包括社交媒体反馈、客户的购买历史、网站的访问流量、客户服务支持的相关数据等。为了确保数据的准确性和一致性，组织客户体验委员会进行业务数据定义是非常必要的。这不仅可以统一统计口径，还可以确保不同部门之间的数据互通和整合。数据的清晰度和实时性是另外两个需要关注的要点。应确保每一项数据与既定的维度严格保持一致，并确保数据实时更新，以满足业务的实时需求。

此外，影响因素的整合也是提高预测精确度的关键。这些因素是你认为可能会影响预测结果的变量。当预测一个在线零售商的客户满意度时，不仅要考虑常规的客户反馈和评分数据，还需要纳入与促销活动和节假日相关的时间信息，例如"双11"购物节、春节、情人节等。这是因为在这些特定日期，客户可能会对产品或服务的体验产生不同的反应。如果已有的观测项可以涵盖所有需要的预测日期，那么即使在预测期内可能存在某些因素值缺失的异常情况，我们仍然可以确保预测模型的有效性。

5.对数据进行基础的处理和加工

数据加工和处理需要对收集的原始体验反馈和运营数据进行预处理，包括数据清洗和格式转换，确保其质量满足后续分析的需要。此外，在数据仓库（DW）层面，需要进一步处理原始数据来适应算法分析。例如，可能需要将某一产品的总交易数据拆分为单品数据，解析未来的调价或促销活动，标注与体验相关的天气条件（如严寒或高温可能影响客户的购买体验），以及选择与客户体验高度相关的特定产品或服务进行日常分析。这样的数据处理不仅确保了分析的准确性，而且提供了对特定因素如何影响客户体验的深入洞察。

6.数据异常处理和数据业务处理

数据处理需要对数据中的异常值和缺失值进行处理，以维护数据的高质量。特别是在客户体验数据中，异常值可能会对最终的分析造成偏见。为了更深入地了解客户的体验，可以根据业务需求进行细致的数据处理。例如，可以将客户细分为不同的市场或群体，深入分析每个群体的体验特点和需求，并研究其对客户生命周期价值的贡献。同时，根据业务规则对数据进行调整（如出清销量的还原、大订单的识别、满意度反向问题检验数据有效性等），以及对历史数据中的异常点进行处理（如异常值检测和时序数据的补充）。

对于大量的客户互动数据，特别是多年累积的数据，必须确保其流程清晰并被适当地整理和存储。例如，可以使用BigQuery这样的数据仓库来整理和存储数据，为后续的预测分析模型提供坚实的数据基础。这样不仅确保了数据的准确性，还能从中洞察到客户真正的体验和需求，为后续的步骤提供更好的准备。

7.5 客户体验预测的算法模型构建

1.提取通用特征（特征工程）

高质量的客户体验数据预处理对于通用特征的提取来说是至关重要的。正如美国计算机科学家彼得·诺维格（Peter Norvig）的经典名言所说："更多的数据优于聪明的算法，而好的数据优于多的数据。"一项调查发现，数据科学家在他们的工作中花费了80%的时间来获取、清洗和组织数据，而真正从这些数据中提取出与客户体验有关信息的时间不到20%。

提取通用特征的过程类似于烹饪食物，购买并准备食材，然后按照特定的方法和顺序烹饪。在特征工程中，原始数据是我们的"食材"，而提取出的特征是最终的"佳肴"，如图7-4所示。就像食物需要经过适当的处理和烹饪才能被人们食用和享受那样，模型也需要经过特征工程才能被更好地理解和运行，这个过程将原始数据"翻译"成了模型可以理解的形式。

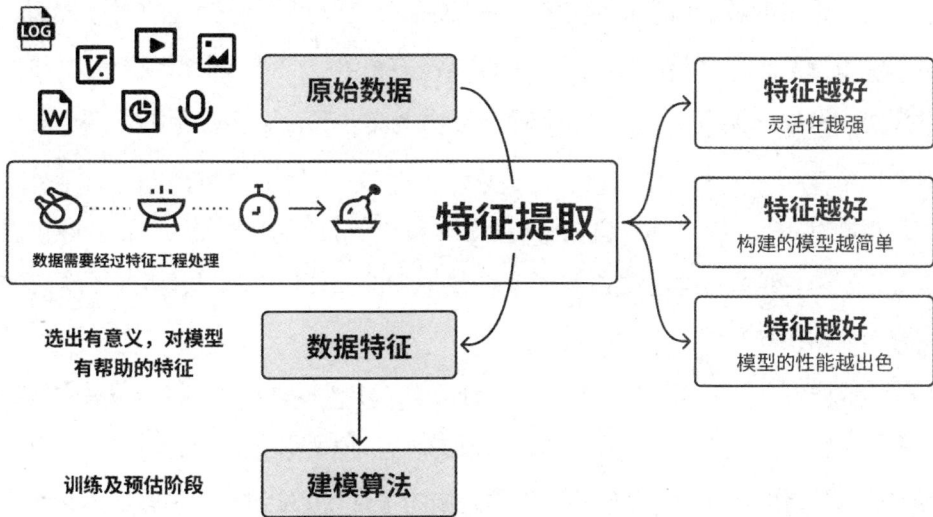

图7-4　提取通用特征的过程

例如，某电商平台希望通过客户行为数据优化客户的购物体验。他们会先收集客户的浏览历史、购物车操作、购买记录和反馈。数据清洗涉及删除重复条目、处理缺失值和标准化数据。在特征提取阶段，他们关注客户的活跃时段、购买频率、购物车平均物品数和反馈中的情感分析。这些特征经过转化［如归一化和PCA降维处理（提取数据主要特征的方法）］，将更适合机器学习模型。通过递归特征消除等方法，选出最有影响力的特征。

你可以理解特征工程是一个过程，这个过程将数据转换为能更好地表示业务逻辑的特征，从而提高机器学习的性能，也可以说是业务逻辑的一种数学表达。

2.构建算法模型

一直以来，我们在预测工作中的努力方向就是从大量数据中检测出模式，并应用于构建机器学习模型，这些模型和算法通过多次迭代的训练、测试和采用过程，能够准确预测未来的结果。

客户生命周期价值预测模型关注的是一个客户在与品牌的整个交互期间可能为企业带来的总价值。根据建模方式的不同，它们可以分为传统时序方法、机器学习方法、深度学习方法和时空图网络方法等。此外，根据预测的时间长度和输出结果的类型，模型又可以进一步分为单步预测、多步预测、点预测和概率预测等。

模型的主要目标是提高预测的精确率，以便更好地满足客户的期望和需求。为了建立这些模型，数据科学家会使用各种工具和技术，并考虑要解决的问题和数据集的性质。

一般而言，预测模型有两种类型：分类模型和回归模型。分类模型会尝试识别不同的客户群体并对其进行分类，以预测他们的体验反应或行为。例如，根据客户的购买历史和互动，零售商可以预测哪些客户更可能对特定的客户体验活动或营销电子邮件产生积极反应。回归是一种统计分析法，用于估算变量之间的关系。回归模型与分类模型不同，它注重预测客户在与企业的互动中可能带来的体验价值，如预测基于某种特定体验，客户可能为企业带来的长期收入。

以下是一些常用的预测模型。

- 线性回归模型和多项式回归模型，如图7-5所示。线性回归模型是一种预测模型，可以用来预测一个变量（如销售额）基于其他变量（如客户体验得分）的变化。通过创建一个线性回归模型，我们可以预测改进客户体验对销售额的影响，并据此计算 ROI。多项式回归主要是加入了特征的更高次项，相当于增加了模型的自由度，或者说增加了模型的复杂度，使得模型可以更好、更灵活地拟合数据。

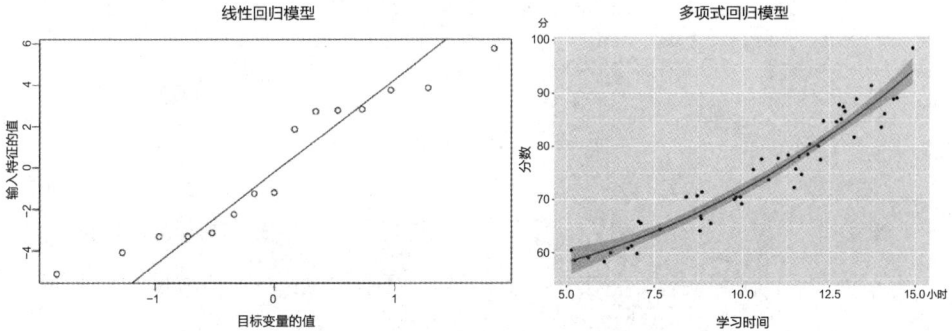

图7-5　线性回归模型和多项式回归模型

● 逻辑回归模型，如图7-6所示。逻辑回归是一种预测模型，可以用来预测一个二元变量（如购买或不购买）基于其他变量（如客户体验得分）的概率。通过创建一个逻辑回归模型，我们可以预测改进客户体验对购买概率的影响，并据此计算 ROI。

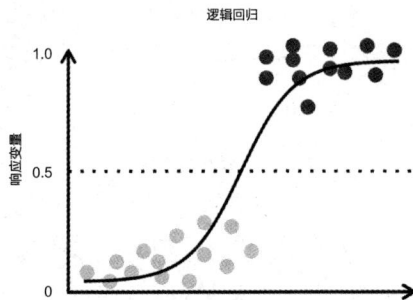

图7-6　逻辑回归模型

● 决策树和随机森林，如图7-7所示。这些是机器学习模型，可以用来预测一个变量基于其他变量的变化。这些模型可以处理非线性关系和交互效应，因此它们可能比线性回归和逻辑回归更准确。

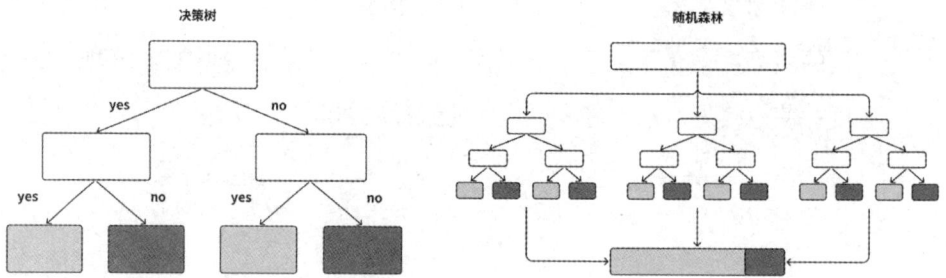

图7-7　决策树和随机森林

● 深度学习模型，如图7-8所示。深度学习是一种强大的机器学习技术，
如卷积神经网络（CNN）、循环神经网络（RNN）、长短期记忆网络
（LSTM）等，可以用来预测复杂的非线性关系。虽然深度学习模型需要
大量的数据和计算资源，但它们可以提供非常准确的预测。

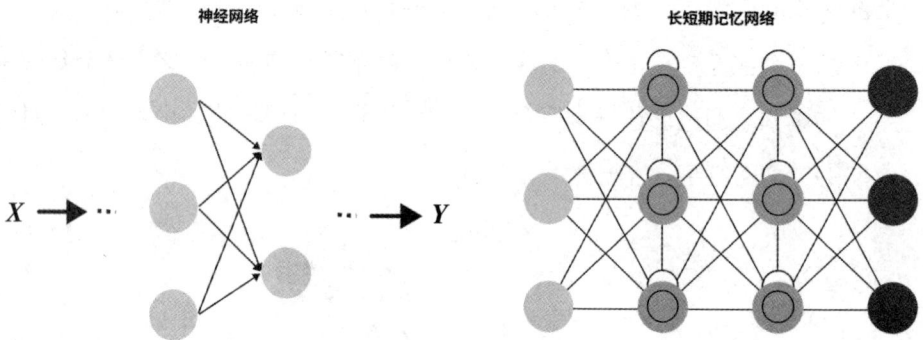

图7-8　深度学习模型

这些模型都需要一定的数据科学和统计知识，以及对业务和客户体验的深入
理解。此外，还有其他的模型，如差分自回归移动平均模型（ARIMA）、k近邻
查询（KNN）等。通过正确地应用这些模型，体验管理专家可以预测他们的工作
对商业价值和ROI的影响，并据此进行决策。

7.6 客户体验预测的结果评估与修正

1. 修正预测结果

对于预测模型的结果，很多时候更注重模型的排序性能，而不仅仅是预测概率。因为只要排序性能稳定，就能通过合适的阈值确保良好的客户体验。预测的绝对概率与客户体验的样本分布（如特定客户群的体验反馈）有很大关系，因此，我们需要根据这些反馈来调整预测概率，如图7-9所示。

连续型均匀分布

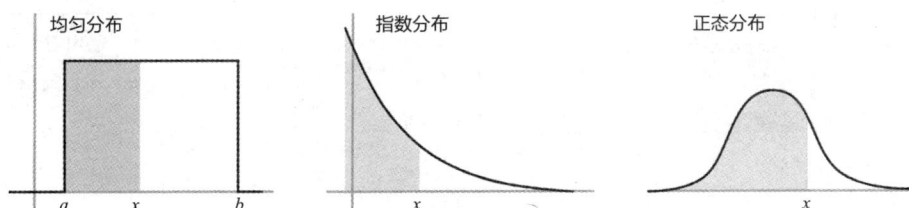

离散型均匀分布

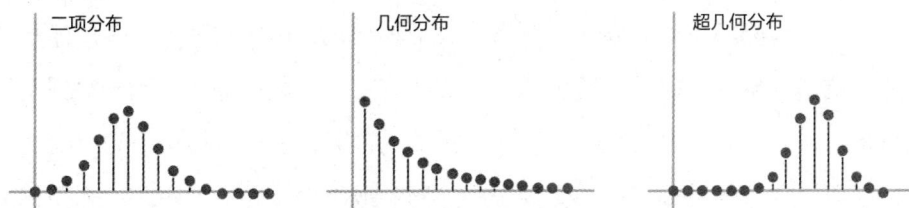

图7-9　客户体验样本常见反馈分布

例如，在有充足历史体验样本的场景下，通过评分和样本的反馈，我们可以很清楚地知道某种体验策略的效果。但对于新兴的体验策略或在数据收集困难的情况下，如何理解评分与客户体验的关系及如何修正预测概率就显得尤为重要。

模型的评估是确保客户体验策略正确执行的关键环节。这时，混淆矩阵成为评估模型是否混淆了客户体验反馈的有力工具，如图7-10所示。这种评估能够帮助我们直观地识别出模型是否将样本的类别混淆，从而采取措施修正预测模型，使其更贴近实际的客户体验。混淆矩阵是评判模型结果的指标，属于模型评估的一部分。

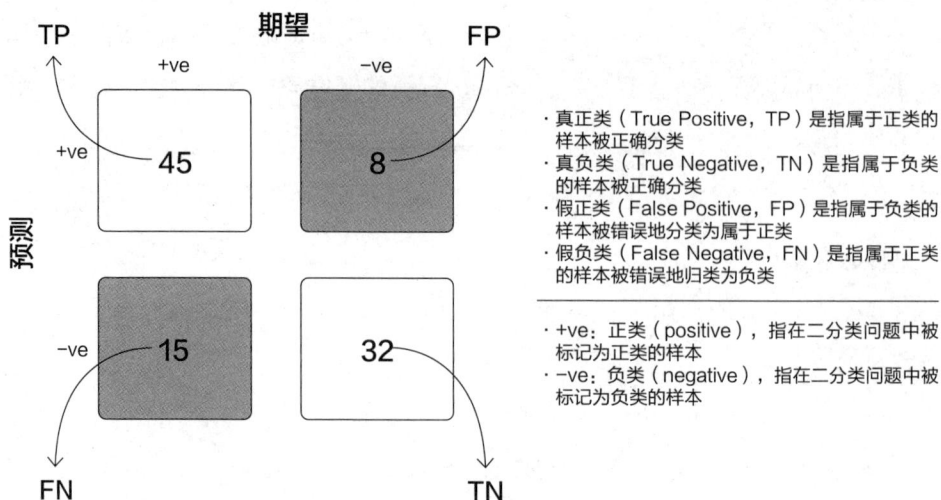

图7-10　混淆矩阵

- 真正类（True Positive，TP）是指属于正类的样本被正确分类
- 真负类（True Negative，TN）是指属于负类的样本被正确分类
- 假正类（False Positive，FP）是指属于负类的样本被错误地分类为属于正类
- 假负类（False Negative，FN）是指属于正类的样本被错误地归类为负类

- +ve：正类（positive），指在二分类问题中被标记为正类的样本
- -ve：负类（negative），指在二分类问题中被标记为负类的样本

每一个预测模型都需要经过严格的验证和测试，确保它为提升客户体验做出的预测是准确和可靠的。这包括与真实的客户体验数据进行对比，对预测结果进行修正，如处理异常反馈，以保证预测的准确性。一旦模型得到可信的结果，就可以通过各种渠道（如应用程序、网站或数据中心）与团队和利益相关者分享，以更好地指导企业的客户体验策略。

2. 融合算法模型

客户体验的测量和优化经常涉及大量的数据处理、预测和决策。为了提高预测结果的稳定性和准确性，算法模型融合是其中的关键技术，如图7-11所示。例如，某家电商公司希望预测其即将上线的特价活动的销量。这涉及的预测不仅需要考虑产品的特性，还需要关注节假日、会员日或促销活动等因素。融合这些模型，公司能够得到一个更全面和准确的预测，进而更好地管理库存和调整市场策略，提供更佳的购物体验。

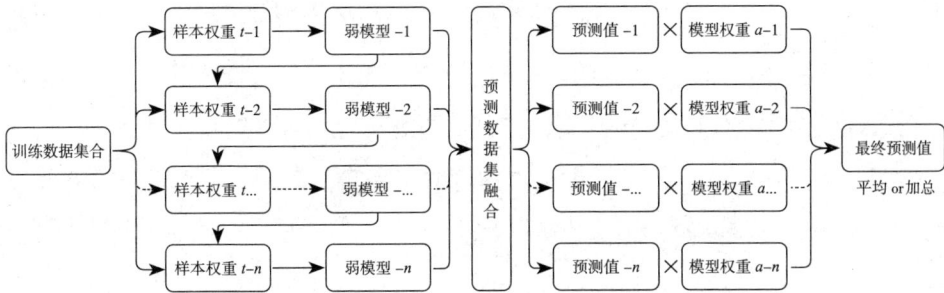

图7-11　算法模型融合示意

在客户体验管理中，当企业试图预测客户的行为、需求或满意度时，融合多个模型往往能带来更好的效果。正确的模型融合策略显得尤为重要。首先，需要根据预测目标来筛选合适的模型组合；其次，对模型的预测结果进行异常检测和处理，比如将一家酒店的客户满意度与其未来一年内重复预订客房的关系进行论证时，可能会出现部分模型预测与众不同的情况，这时需要排除这些异常数据，确保策略的准确性。最后，利用多种策略（如基于固定权重、历史准确率或元学习方法）对这些模型的结果进行融合。

在模型上线前，企业还必须考虑设计合适的数据结构来存储模型结果，可以开发统一的函数来处理模型的异常情况，并提供有效的风险控制措施，以确保预测的准确性和稳定性。

3.预测结果算法处理和预测结果业务处理

一旦预测模型经过验证和测试，企业就可以将其整合到客户体验管理流程中。预测的结果基于算法的处理，以及对业务深刻的理解所产生的洞察，可以同时赋能企业在业务和客户体验上齐头并进。在算法上，个性化推荐、库存管理、NPS、满意度预测与修复、最佳下一步预测，是目前较为成熟的应用。另外，在多因素影响的维度上，企业需要重点关注季节性和节假日、恶劣天气、特殊事件等，它们都会对业务和客户体验产生直接的影响。

这意味着要将预测工具整合到企业的客户关系管理系统中，或使用这些工具来优化客户的体验。例如，某家电子商务公司可以使用预测模型来分析客户的购物历史，以预测客户可能感兴趣的产品，并在网站上提供个性化的推荐。由于客户感到他们的需求被充分考虑，因此这种个性化的推荐可以提高客户满意度。

另一个例子是库存管理。如果客户订购了产品，但库存不足或物流问题导致他们需要等待很长时间才能收到，那么他们可能会感到不满。使用预测模型来优化库存管理，企业可以减少库存不足和库存过多的情况，从而减少订单等待时间。这有助于提高客户满意度，同时也可以帮助企业避免库存不足或库存过多的问题，这种高效率的体验（次日达甚至当日达）对客户忠诚度至关重要。

在多因素的维度上，具体的影响可以参考以下例子。

①季节性和节假日因素的考虑。预测模型可以分析季节性和节假日因素，以预测客户的购物需求。例如，在春节期间，许多人会购买礼物和装饰品，这会影响零售商的销售。因此，预测模型需要考虑这些季节性因素，以便提前准备。这可以通过学习历史趋势来实现，例如分析过去几年的销售数据以了解春节期间的销售模式。

另外，也可以在预测结果算法中考虑节假日因素。一些企业可能会使用特殊的促销活动来吸引客户，这些活动通常与特定的节假日相关。例如，许多餐厅在情人节提供浪漫的晚餐套餐。在这种情况下，预测模型可以根据节假日历史数据和客户偏好来确定最有效的促销策略。

②恶劣天气的影响。天气条件也可以对客户体验产生重大影响。例如，在恶劣天气条件下，人们可能更倾向于在线购物而不是亲自前往实体店。预测模型可以分析天气数据，并根据不同的天气条件来调整预测结果。这可以帮助企业更好地满足客户的需求，例如提供及时的配送服务以满足客户的紧急需求。

③特殊事件的管理。特殊事件（如突发事件）也需要在客户体验预测中得到考虑。特殊事件管理旨在沉淀一套自动化的响应方案，以确保在特殊事件发生时能够有效应对。在处理特殊事件时，可以考虑历史数据中同类事件的影响

以及业务输入的信息，来计算产品的特殊事件影响因子，从而在预测模型中自动响应。例如，一家航空公司可以使用预测模型来预测风暴天气对航班的影响，并提前通知客户，同时采取措施来减少航班取消或延误对客户的影响。

我们要综合考虑算法分析的准确性和业务实际情况的复杂性。算法生成的数据只是原始的洞察，应基于算法和业务规则相结合对预测结果进行调整和优化，来确保预测结果能够与实际业务需求相匹配。例如，在库存管理中，算法可能预测到某一产品在未来会有较高的需求。但是，如果不考虑当前的库存水平、供应链的灵活性和成本控制，直接基于预测增加库存，则可能导致资源浪费或库存过剩。因此，将这些预测与企业的库存管理规则和成本控制策略相结合，才能做出更有效的业务决策。

7.7 如何通过预测结果提升客户体验

1. 效果评价与分析

在客户体验预测中，常用的评价指标包括精确率、准确率、召回率和F1分数。这些指标帮助企业了解他们的预测模型在多大程度上能够准确地识别客户行为或需求。例如，一家电子商务公司可能使用这些指标来评估他们的个性化推荐系统。如果系统能够准确预测客户可能感兴趣的产品，并且客户购买了这些产品，那么精确率就会提高，客户体验也更有可能改善。

精确率、准确率、召回率和F1分数是模型评价中常见的指标，具体介绍如下。

（1）精确率（Precision）

精确率是指在分类模型中，分类正确的正样本数占预测为正样本数的比例。公式为Precision=TP/（TP+FP）。在新的数据集中，模型的精确率为Precision=95/（95+15）= 0.864。

（2）准确率（Accuracy）

准确率是指在分类模型中，分类正确的样本个数占样本总个数的比例。公式为 Accuracy=（TP+TN）/（TP+FP+FN+TN）。在新的数据集中，模型的准确率为 Accuracy=（95+80）/200=0.875。虽然准确率是分类模型中最直观的评价指标，但其缺陷在于易受样本不平衡的影响。

（3）召回率（Recall）

召回率是指分类正确的正样本个数占所有正样本个数的比例。公式为 Recall=TP/（TP+FN）。在新的数据集中，模型的召回率为 Recall=95/（95+5）=0.95。

（4）F1分数（F1-score）

F1分数是精确率（Precision）和召回率（Recall）的加权调和平均值，它的取值范围为 0 ～ 1。当精确率和召回率都较高时，F1分数接近1，表示分类效果较好。公式为 F1=（2×Precision×Recall）/（Precision+Recall）。在此情况下，模型的 F1分数为 F1=（2×0.864×0.95）/（0.864+0.95）=0.905。

除精确率、准确率、召回率和 F1分数之外，关注 ROC（接收者操作特征）曲线和 AUC（曲线下面积）值对于评估客户体验预测模型的效果也至关重要。ROC 曲线提供了在不同阈值下模型识别正类和负类能力的全面视图。其纵坐标表示真正类率（TPR），横坐标表示假正类率（FPR），理想情况下，曲线越靠近左上角，预测精确率越高，如图7-12所示。

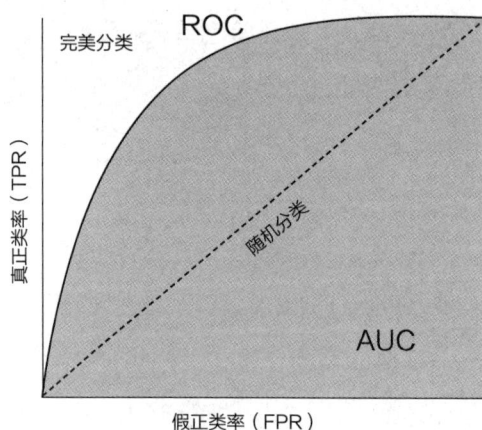

图7-12　ROC曲线和AUC值

ROC曲线的主要作用在于提供一种直观的方式来评估分类器在区分正类和负类时的性能。特别是在客户体验预测中，准确地区分不同客户的行为和需求是至关重要的。例如，在预测客户流失或对特定产品的兴趣时，ROC曲线能帮助我们理解模型在不同的判定阈值下的表现，从而选择一个最佳的平衡点。

然而，仅凭肉眼比较不同模型的ROC曲线可能既困难又不精确。这时，AUC值成为一个重要的补充指标。AUC值衡量的是ROC曲线下面积，其数值范围通常在0.5 ~ 1，如表7-2所示。

表7-2　AUC评价标准

AUC值范围	评价标准
AUC < 0.5	模型效果比随机猜测还差，基本不存在这种情况
AUC = 0.5	与随机猜测一样，模型没有预测价值
0.5 < AUC < 1	模型预测效果优于随机猜测，有一定的预测价值
AUC = 1	理论上的完美分类器，理论上存在，但绝大多数场景下不存在完美分类器

AUC值越高，意味着分类器在区分正类和负类时效果越好。AUC值提供了一种简洁的方法来量化和比较不同模型的性能。在客户体验预测中，AUC值可以帮助企业量化模型在区分高风险与低风险客户、高价值与低价值客户等方面的能力。

除基本的评价指标外，深入分析也是必不可少的。这包括对预测结果的详细分析，以找出可以改进的方面。例如，一家电信企业可能使用预测模型来预测客户流失。如果模型准确识别了潜在流失客户，但未能提供有效的干预措施，那么就需要进一步分析，以确定为什么干预未成功。也许是因为干预策略不够个性化，或者是因为执行效率不高。

为了全面评估客户体验预测的效果，不仅需要算法指标，还需要业务指标。例如，一家零售公司可能使用加权平均绝对百分比误差来衡量他们的库存需求预测的准确性。此外，他们还可以关注业务指标，如采纳率（顾客接受了建议的比例）和自动提交占比（无须干预，订单自动提交的比例）。通过监控这些指标，企业可以了解他们的预测模型对业务运营的实际影响，以及客户体验的改善程度。

2.制定策略和行动方案

首先，预测模型需要持续监控和更新，以保持准确和有效。这包括分析新的可用数据，并根据需要更新模型。举例来说，一家电子商务公司的预测模型可能需要不断地收集和分析客户的购买历史，以反映最新的购物趋势和偏好。这有助于确保预测模型能够准确地反映客户的需求，从而提供更好的客户体验。

其次，基于预测结果，制定相应的策略和行动方案，以达到优化客户体验的目的。例如，一家在线旅行预订公司可以根据预测的旅行需求，制定特定的促销策略，以吸引更多的客户。这种策略的制定需要根据预测结果做出明智的决策，以确保客户体验得到提升。

再次，在预测结果对外提供服务时，友好的提示和指导也很重要。例如，如果一个在线支付平台使用预测模型来检测欺诈交易，那么友好的提示可以帮助用户更好地理解模型的建议，例如是否需要人工审核，以及模型考虑的因素。这有助于确保预测结果得到正确的应用，从而提升客户体验。

最后，问题分析与持续改进是不可或缺的。当预测效果不如预期时，企业必须进行问题分析与改进模型。这包括检查数据质量、调整模型参数、改进特征工程，以及重新训练模型，如图7-13所示。持续改进是客户体验预测的关键，因为客户需求和行为随时间和环境的变化而变化。通过不断地分析和改进，企业可以保持其预测模型的高准确性，从而提供更卓越的客户体验。

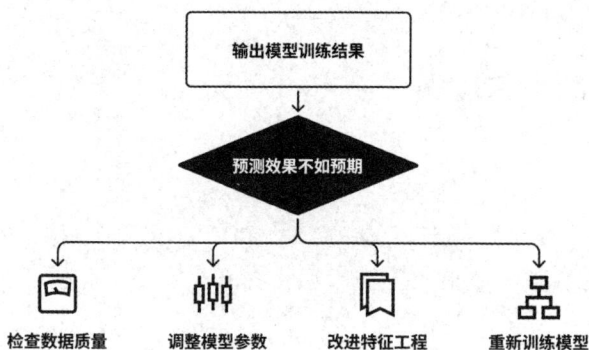

图7-13 问题分析与改进模型的举措

在客户体验预测的转型过程中，企业会面临几个关键步骤。首先需要转变观念，认识到预测性系统不仅仅是IT或数据科学团队的责任，也是客户体验负责人的新职责。其次，打破部门间孤岛现象，建立跨职能团队，包括数据科学家和客户体验团队，共同制定战略方向和策略。从基本的客户数据（如运营数据和财务数据）入手，一边建设，一边提高准确性。此外，关注能够快速产生价值的用例，如通过数据驱动的预测性系统，审视客户旅程中的机会点或痛点，创造新的解决方案或增强现有方案，来影响客户忠诚度和销售行为。最终，企业通过深入洞察客户需求和优化体验，可获得竞争优势。

第 8 章

客户体验行动

本章概要

在当今的商业环境中，客户体验已成为企业竞争力的重要因素之一，越来越多的企业将客户体验的提升作为经营和利润增长的重点。企业如何提高客户对于产品或服务的体验感知，是一个需要认真思考和积极实践的问题。客户体验测量是一种重要且有效的方法，想要在企业中针对客户体验测量展开体验行动，就需要进行全面的规划和管理，以确保达到预期的效果和目标。在开展的客户体验行动中，结合 PDCA 循环管理方法，可以更好地在客户体验的管理中不断提高客户体验质量。

8.1 PDCA循环管理方法与客户体验行动的结合

PDCA循环的概念最早是由质量管理专家沃特·阿曼德·休哈特（Walter A. Shewhart）在20世纪20年代提出的，后由威廉·爱德华兹·戴明（William Edwards Deming）采纳、宣传并普及，原本应用于制造业的品质管理和提高生产效率方面，如今已经被广泛应用于各种商业领域。

作为一种高效的工作管理方法，PDCA循环包括计划（Plan）、执行（Do）、检查（Check）和处理（Act）4个环节。

如果将PDCA循环管理法与体验行动结合起来，就可以形成一个循环的体验优化过程，再将每次通过PDCA循环所取得的体验改进结果变成企业整体的一部分，输出给客户并完成最后的验证。

PDCA循环管理法与客户体验行动相结合，可以将客户体验测量的结果作为输入，用于制订和调整计划，并在执行过程中进行监控和优化，形成一个闭环的行动管理流程，如图8-1所示。

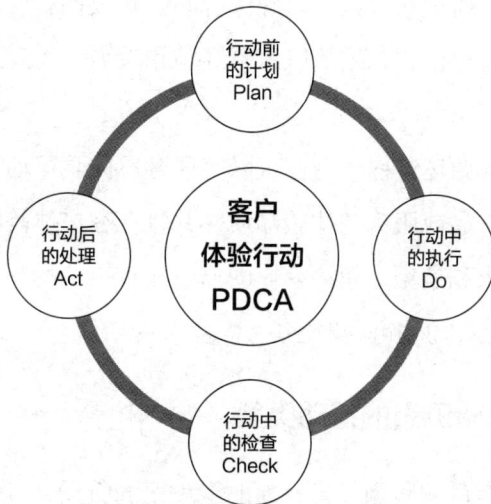

图8-1　PDCA循环管理法与客户体验行动的结合

具体来说，这套行动管理流程可以包括以下几个步骤。

（1）计划阶段

确定客户体验测量的目标和指标，选择合适的测量方法和工具，制订相应的计划和时间表，为下一步的客户体验行动做好准备。

（2）执行阶段

根据客户体验测量的行动计划，通过有效的方法和工具来收集客户的反馈和数据，并分析暴露的问题及其产生的原因，了解并掌握客户的需求和痛点。

（3）检查阶段

对收集到的客户数据和反馈进行分析和比较，确定问题产生的原因及改进方向，并对客户体验测量结果进行评估和分析，制定改进方案。

（4）处理阶段

使制定的改进方案进入实施阶段，同时再次进行客户体验测量和方案执行的反馈收集，监测和调整改进的效果并持续优化后续的客户体验行动。

总体来说，企业可以根据客户体验测量的结果，制订相应的客户体验行动计划，包括目标、行动措施、时间轴、资源分配等方面。在行动过程中，企业需要对行动本身进行监控和调整，以确保行动的有效性和实施效果。同时，企业还需要对行动进行评估和总结，以积累经验和教训，为后续体验工作的提升提供参考和借鉴。

通过融入 PDCA 循环过程，企业可以实现客户体验行动的有效管理和持续优化，不断地提高产品或服务的体验品质，并且在客户体验测量的保证下，持续地满足客户的需求和期望，解决客户的痛点和难点，提高客户的满意度和忠诚度，增强企业的竞争力和市场地位。

8.2 基于客户体验测量的行动类型

在企业中开展客户体验测量是一项非常重要的行动，其可以帮助企业了解客户对产品或服务的真实体验，从而优化产品或服务，提升客户体验。通过收集客户在使用产品或服务的过程中的反馈及行为数据，进行客户体验测量的分析和解读，可以帮助企业了解客户的需求和痛点，以便更好地改进产品或服务，提升客户的满意度和忠诚度。

客户体验测量的方法可以从客观的角度出发，评估产品或服务的实际效果，而不是仅仅从主观感受出发进行评价。然而，对于如何解读这些数据，需要进行科学地分析和判断，不能盲目地进行推断和假设，以确保数据的准确性和可靠性。

典型的体验测量的方法包括以下两种。

● 定性测量

这种测量方法是通过客户访谈、客户洞察与研究等方式来了解客户对产品或服务的感受和想法，并对客户的反馈进行深入的剖析和理解，从而更好地通过客户的定性数据来评估产品或服务的体验结果，确定客户需求和痛点的组成原因，为定量分析做准备。

● 定量测量

这种测量方法是通过问卷调查、客户调研等方式来收集客户的定量数据，并对数据进行统计和分析，得出结论并制定相应的优化策略，来评估产品或服务带给客户的体验感受。这种测量方法可以提供客观的数据，并大规模地对客户样本进行研究，从而得出更有代表性的结论，帮助企业更准确地了解客户的真实需求和痛点。

不管采用何种测量方法，客户体验测量都是为了帮助企业更好地了解客户的需求和体验，从而优化产品或服务，提升客户体验。在执行客户体验测量时，还需要根据具体的数据分析情况选择合适的行动类型和执行方式，不同类型的体验行动也可以帮助企业实现客户体验测量结果的验证和优化，如图8-2所示。

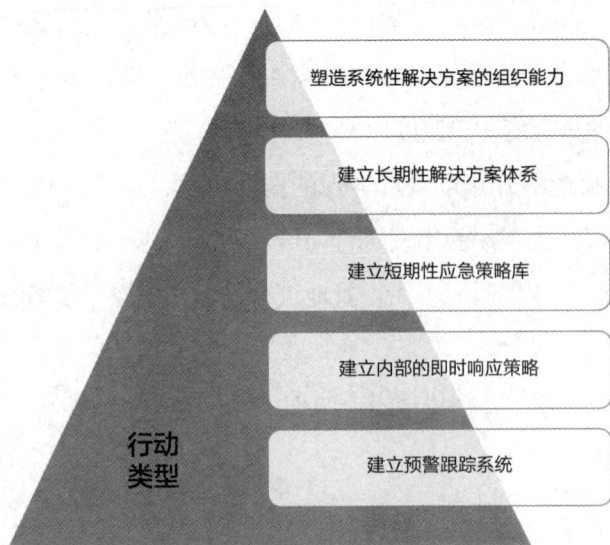

图8-2 客户体验测量的行动类型

客户体验测量的行动类型包括以下几种。

1.建立预警跟踪系统

通过对客户体验数据实时地采集、监测和分析，企业可以提前发现潜在的问题和风险，并及时采取措施预防和解决。通过实时监控客户反馈和数据的趋势变化，及时发现问题并进行提前预警，企业可以避免问题扩大化。这一系统可以通过数字技术来实现，同时，这也是客户体验管理在企业数字化转型过程中的一项重要行动策略。

2.建立内部的即时响应策略

在对客户反馈的体验数据进行监测的过程中，当体验数据出现异常时，企业应立即采取措施，如开展紧急应对、调整产品或服务策略等，以便快速地改善和优化客户的体验，使得后续的体验测量数据快速趋于正常。对一些紧急的客户反馈问题进行即时响应，并提供快速的解决方案，还能避免客户的不满和投诉。

3.建立短期性应急策略库

短期内的重大事件、投诉或服务高峰期导致客户的体验感下降时，企业可以采取临时性的应急策略，如增加人手、建立临时性的解决方案库、加大资源投入等，保证客户体验不受影响。企业在面对一些突发问题时，需要快速做出反应，采取临时措施来解决问题，防止客户流失。企业还需要阶段性地复盘并建立短期性应急策略库，以便在紧急情况发生时能够快速投入有应对措施的体验行动，其目的是及时为客户解决问题，并保障客户体验的完整性。

4.建立长期性解决方案体系

通过结合持续与阶段性的客户体验数据分析，企业可以挖掘出产品或服务问题的根源，并制定长期性的解决方案，如改进产品或服务的设计、优化流程、打通组织结构、建立体验文化等；并对一些长期存在的影响客户体验的问题进行深入分析和解决，提出长期的改进方案，以便持续改进和优化体验行动。

5.塑造系统性解决方案的组织能力

不论是短期性的应急策略，还是长期性的解决方案，从企业的视角来看，都是在做好客户体验的组织能力建设。塑造系统性解决方案的组织能力是企业应对客户声音、采取有效体验行动的一项战略层面的策略。通过体验测量数据与业务数据的结合，企业可以制定系统性的解决方案，包括产品前端的界面优化、后端服务的流程改进、售后环节的客户服务提升等多个方面的综合改进。同时，企业应对一些系统性的问题进行持续地分析，提供全面的解决方案，确保问题不再出现，从而逐步在客户体验方面建立强大的组织能力。

8.3 客户体验行动的策略

制定客户体验行动的策略是企业启动项目前的必要工作，只要启动一个项目，就要做到最后，决不能半途而废，不能在项目的跟进上有丝毫的懈怠。客户体验行动的工作同样如此，在体验测量之后的每一次行动之前，行动策略的制定都是关键环节，其可确保客户体验优化与业务增长，提升企业对行业环境变化的应对能力，强化以客户体验为核心的竞争力。同时，它能够直接影响到行动的结果，以及预期效果和目标的实现，并且对于解决方案的执行和落地都能起到关键的支持作用。所以，行动之前必须制定策略，这是客户体验工作顺利开展的保障。

根据客户体验测量结果和行动类型的结合，企业可以制定出相应的体验行动策略，根据自身情况和客户体验测量数据来决定体验行动策略的执行周期，如短期策略、中期策略和长期策略。

短期策略在体验优化方面主要是针对实时的预警跟踪和即时的应急方案来展开的，时间周期可按实时和天数来确定。

中期策略通常是为了解决一些需要一定时间才能显现效果的问题，同时又不能等待长期策略完全实施，时间周期可按月或半年来确定。

长期策略在体验行动中是需要慎重评估和具体计划的，要确保在执行过程中的每一步都有助于实现市场、产品、服务和组织发展的综合目标，并确保所有行动都符合企业的长远目标。

要想制定一个清晰可执行的客户体验行动策略，首先要了解企业在战略和愿景中对客户体验管理的重视程度，以及高层管理者对客户体验工作的支持程度。在客户的主观意识和行为高度随机和不确定的体验经济时代，要想传递给客户记忆深刻的体验感知，企业就必须有明确的体验战略和目标，以及管理者对于体验工作的认可和支持，否则企业传递出来的客户体验结果对于客户的感受来说也只会是一种随机行为，缺乏明确的目标感。同时，客户体验工作如果得不到管理者的支持和赋能，那么实操的过程就会遇到很多挑战，不仅很难打破部门之间的壁垒和建立有效的沟通渠道，而且会增加实际工作的各种成本，还会影响员工工作的积极性和创造性，使他们对客户体验行动产生困扰。

其次，要了解企业现有的客户体验文化建设处于什么样的程度。因为，每个企业对于"以客户为中心"的文化渗透能力和程度都不一样，很多企业还停留在喊口号的阶段，只是将"以客户为中心"作为一个宣传语告知客户，但这从客户的视角来看是无感的。只有将这一理念融入企业文化并转化为实际行动，才能保证客户体验改善项目的成功。

那么，制定客户体验行动策略的具体思路应该是怎样的呢？在制定客户体验行动策略的时候，可以利用三位一体图来分析想做的目标、可做的环境和能做的优势，这能够帮助企业在客户体验策略上更好地实现"应该做"的目标，如图8-3所示。

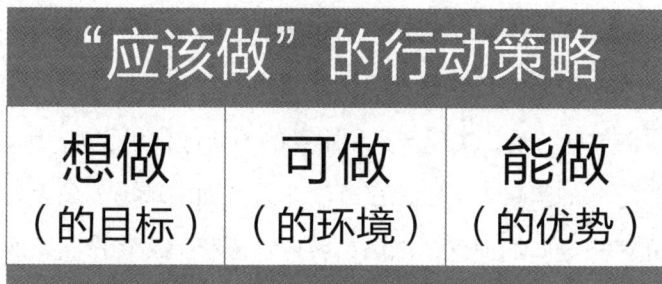

图8-3　客户体验行动中的"应该做"

1.客户体验行动的"想做"

企业根据客户体验测量的结果，获得一定数量的客户数据和反馈，通过对数据和信息的具体分析与整理、拆解，可以确定接下来体验行动的具体目标和期望结果，并明确客户体验优化的方向和指标体系的衡量标准，包括客户满意度、客户忠诚度等，通过持续的体验优化，实现客户体验对于企业长期发展的真正意义。

2.客户体验行动的"可做"

客户体验行动的启动，首先需要相应的方法和工具来支持，包括客户旅程管理、客户研究与洞察、数据分析等，同时也要密切关注行业发展趋势、竞争对手的行动以及市场变化，关注客户的需求变化，并使用客户体验测量工具收集数据，作为行动的输入和驱动力。其次，要对收集到的数据和反馈进行分析，找出问题和原因，确定可行的改进方向，同时根据客户体验测量结果和业务的重要程度，确定行动的优先级，并鼓励不同部门之间的协作，以确保体验行动的成功实施。

3.客户体验行动的"能做"

制定好了改进方案和行动实施计划，包括参与人员、行动时间、资源协同等，接下来就要评估企业内部对于客户体验行动的执行和推进能力，尤其对于不同部门之间的数据孤岛和业务谷仓，需要及时联动和打通，以保证客户体验行动中的解决方案能够顺利执行且落地验证。最终的目标是能通过客户体验测量和行动，实现客户体验策略在企业中的持续改进和提升。

通过以上对于策略制定的分析，企业要明确"应该做"的具体行动策略，更好地开展客户体验行动，实现产品和服务的不断优化和改进。

客户体验行动的策略对于企业在客户体验方面的市场表现极为重要，制定的时候要建立客户导向的理念，以满足客户需求和提高客户满意度为核心；行动的时候要从战略层面注重创新和改进，不断推出新产品或服务，提高客户体验和品牌价值；推动的时候应该鼓励组织内的全员参与，发挥团队的创造力和智慧，共同推动客户体验行动的优化和改进；同时要加强持续地监测和评估客户体验效果，及时发现和解决问题，实现解决方案的持续迭代与更新。

8.4 客户体验行动的评估

在客户体验行动策略实施的过程中，企业需要对行动的阶段性结果和效果进行评估和跟踪，以确保行动的实施符合预期，并能够达到预期的结果。对客户体验行动的评估是非常重要的一项过程管理工作，其可以帮助企业及时了解改进的效果和随机问题，进一步确定和优化行动的方向和策略，如图8-4所示。

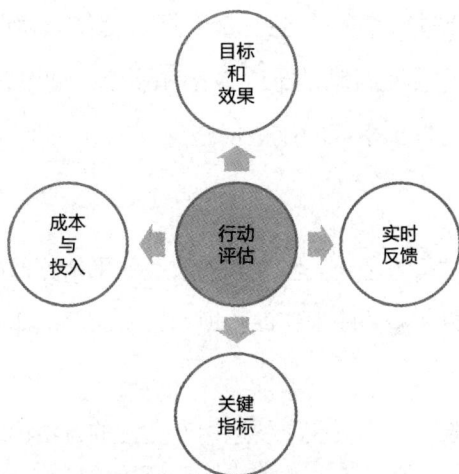

图8-4　客户体验行动的评估思路

客户体验行动的评估需要从以下几个方面进行。

1.目标和效果

客户体验行动的具体方案在实施的过程中会出现各种随机的情况和预期的变化，所以，阶段性地对比行动改进前后的目标和指标变化，评估客户体验改善方案的推进效果和达成程度，可以有效把控过程中有可能出现的风险，进一步量化客户体验效果，便于后期的整体分析和比较。

2.实时反馈

在行动过程中实时地收集客户对于体验改善方案的反馈和满意度的变化，可以帮助企业在行动中评估改进效果和客户满意度的提高程度，随时发现问题和执行瓶颈，并调整策略的方向，以保证客户体验行动能够达到预期的结果。

3.关键指标

在整理数据和信息之后，企业可以根据不同的需要从不同的维度来使用常规的分类和聚类分析方法，针对各种问题和需求进行深度的细化与拆解，并初步提炼出关键点。通过分析客户体验测量数据的变化，确定关键绩效指标的过程表现，以便评估客户体验行动的最终效果和影响。同时，如果发现指标的设置问题和不足，应及时提出相应的改进措施。

4. 投入与成本

客户体验行动的过程势必会关注成本和收益的平衡。通过对行动实施进行评估，可以提前做好客户体验的成本管理和规划，从而保证体验行动的经济性和可行性。

客户体验工作的难度，不仅在于要运用专业性的方法论，更主要的是在沟通和执行方面会遇到很多挑战。企业要实现持续增长，不仅需要足够的耐心和时间的积累，还需要周密的计划和策略。

8.5 客户体验行动的计划

在客户体验测量工作完成后，企业需要根据测量结果制订后续的行动计划，以确保所有的客户体验改善行动能够有序地开展，如图8-5所示。

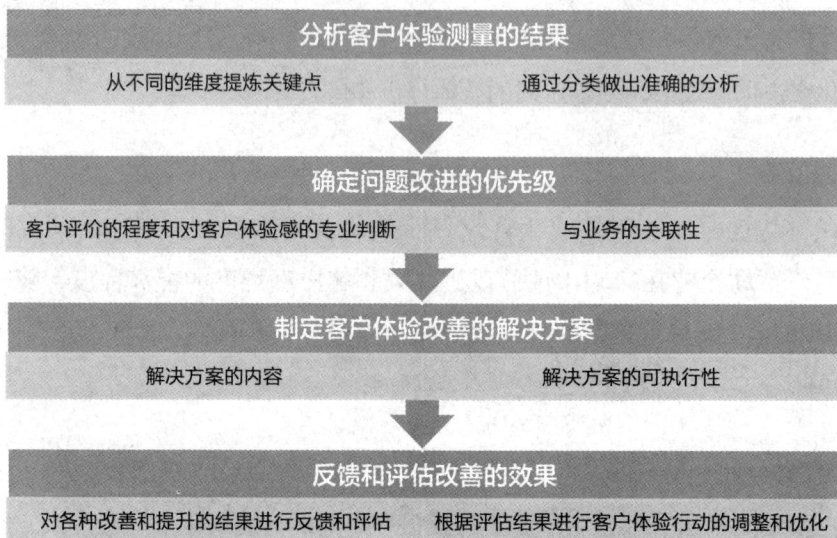

分析客户体验测量的结果	
从不同的维度提炼关键点	通过分类做出准确的分析

确定问题改进的优先级	
客户评价的程度和对客户体验感的专业判断	与业务的关联性

制定客户体验改善的解决方案	
解决方案的内容	解决方案的可执行性

反馈和评估改善的效果	
对各种改善和提升的结果进行反馈和评估	根据评估结果进行客户体验行动的调整和优化

图8-5 客户体验行动的计划思路

具体来说，企业可以采取以下措施来制订计划。

1.分析客户体验测量的结果

首先需要仔细分析客户体验测量的结果，了解客户对产品或服务的反馈和评价。分析结果可以包括整体体验、功能、易用性、外观等方面的评价，以及客户的建议和意见等。

可以从不同的维度来使用普遍的分类和聚类的分析方法，确定具体的问题和原因，然后针对各种问题和需求进行深度的细化，初步提炼关键点，分析的方法包括5W1H法、鱼骨图、流程分析等。

应该从不同的维度来分析测量结果，如反馈的时间维度、产品设计的思路维度、服务流程的触点维度、客户群体的类型维度或者单一纯粹的问题和需求的量级维度等，可以帮助我们对产品或服务的现状做出较清晰和完整的划分和掌握。应通过细化分类的情况来对标内部的产品研发设计思路和服务流程体系，找到客户与企业在不同触点上的问题数量和类型，加以归纳总结。还可以分析出哪些是真的问题，哪些是有风险的连带问题，甚至有些可能就不是问题，而是客户在不同场景下的一种体验感，是一种纯主观的判断。要对这些问题的分类和辨别做出较为准确的分析，需要对产品设计和服务流程充分理解和掌握。

2.确定问题改进的优先级

根据对客户体验测量结果的分析，确定产品或服务在痛点和需求方面应该要改进的优先级。确定优先级的方法可以从以下3个维度来实现。

第一，客户评价的程度。对于那些评价较低的方面，企业可以考虑优先进行改进；对于评价较高的方面，也可以排在优先改进或提升的行列中。

第二，对客户体验感的专业判断。企业在确定改进优先级时，还需要运用同理心和共情力从客户视角来考虑问题对客户的影响程度。真正能拿到桌面上理论的痛点，首先是影响客户体验感的，其次是产品或服务的真实缺陷和相关需求，并且反馈的量级足够大。面对客户的痛点和需求，企业要能够运用专业的体验视角分析出痛点或需求中哪些是真，哪些是假，哪些是客观影响的，哪些是主观造成的。

第三，与业务的关联性。这一点在确定痛点和需求改进的优先级时是非常重要的评判依据，其也决定了在改进过程中的难易程度。如图8-6所示，对客户本身的影响程度更高且对业务的影响偏低的一类客户层面反馈问题是可以优先改进的。这是因为，对于客户反馈的产品或服务问题，尽管在客户视角下的严重程度很高，但是从企业视角来看，是需要平衡成本和对业务的影响程度才能决定问题的改进程度和优先级的。

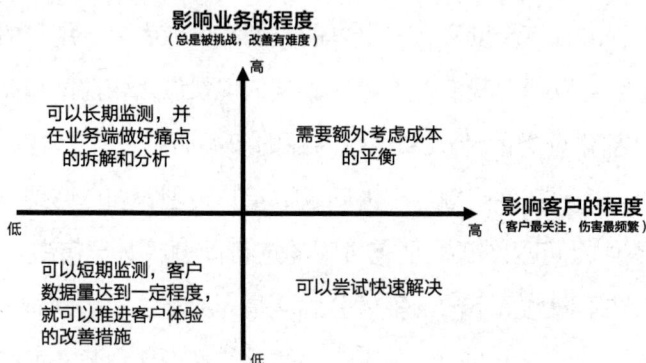

影响业务的程度
（总是被挑战，改善有难度）

高

可以长期监测，并在业务端做好痛点的拆解和分析

需要额外考虑成本的平衡

低 ———————————————————— **影响客户的程度** 高
（客户最关注，伤害最频繁）

可以短期监测，客户数据量达到一定程度，就可以推进客户体验的改善措施

可以尝试快速解决

低

图8-6　在客户体验测量中的客户与业务之间的相互影响

3. 制定客户体验改善的解决方案

在确定了需要改善和提升的问题之后，就要制定相应的具体解决方案了。解决方案应该包括具体的改善措施、责任人、时间表和预算等方面的内容。同时，制定有效的解决方案还需要丰富的业务知识和经验，熟悉业务的每个环节，包括客户接触点、内部流程和后端支持。

4. 反馈和评估改善的效果

在实施改善的解决方案后，企业需要对各种改善和提升的结果进行反馈和评估。可以通过再次进行客户体验测量来了解改进措施的效果，并根据评估结果进行客户体验行动的调整和优化。

8.6 客户体验行动的方案执行与流程协同

对一系列痛点和需求进行了测量和分析后，对于所得到的客户反馈结果，包括数据和信息，企业是需要以其为依据，形成调研分析报告的。而且，测量结果涉及的关键点都是从痛点问题和需求提炼出来的，因此通过测量的结果来验证的痛点和需求项需要进行二次深入分析，并制定出可行的改善解决方案。

将调研结果形成报告和制定改善问题的解决方案是一个系统化的过程，这里总结了以下4点经验。

第一，选定数据的分析维度和方法。不论是根据业务的需求还是管理层的要求，都需要一个确定的维度来对数据进行分类和统计。

第二，需要有足够的耐心和业务经验来归纳总结客户的反馈，能够抓住重点，提炼核心问题，并在分析过程中保持客观，避免个人偏见影响结果。

第三，针对数据类的结果多以可视性强的图形化方法来呈现，而文字信息类的反馈则多以反馈数量或反馈类型的百分比来呈现。

第四，在处理客户反馈并进行总结性陈述时，应避免主观臆断和过早下结论，尤其是当反馈涉及产品或服务的问题时，可使用客观的表述，并尝试从客户的角度理解问题，从而做出合理的分析。

接下来就是要制定解决方案。这一步需要深入理解业务的各个方面，总结下来，也有以下4点建议。

第一，每条方案都应该具备数据支持、原因分析、可行性建议、执行方法、监管机制、后期验证、风险管理和应急预案等关键要素。

第二，方案必须是客观的、符合业务端现阶段的能力范围的，尤其是某些改善提升类的方案，需要和业务端紧密配合并协同实施。

第三，方案都是单向性的，也就是说，这样做了，就会更好，而不是可对比性的，否则会直接打击业务端的信心，甚至会出现方案被抵触、无法推进的情况。

第四，不要安排那些不懂业务、没有业务执行经验的人参与解决方案的制定。

在体验改善的解决方案制定完成后，接下来要制订详细的沟通计划，促进跨部门协作和赋能业务团队。在做内部汇报和业务打通的过程中，从客户视角来推动协作和消除部门间的隔阂才是关键，这样才能保证方案顺利推进和落地验证。

在客户体验工作行动的汇报过程中，要如何汇报才能让管理层和业务端之间接受产品或服务的现状并支持相应的体验改善解决方案，这是需要一定的沟通技巧和方式的。

首先，汇报内容一定是以客户为中心的，是客户满意或者不满意的，是客户愿意买单或拒绝买单的，总之就是一切以客户为中心。

其次，汇报的内容一定是客观、合理、符合业务发展和企业愿景的，并与企业的价值观相匹配。

再次，解决方案一定是可执行、有监控、有验证的，不能是空口无凭、任意推测的。管理层需要的是结果，而且这个结果能有效地推动业务端的改善和提升。

最后，汇报内容应该简洁明了，结构清晰，便于管理层快速把握要点。比如，客户说什么，问题是什么，原因是什么，建议怎么改善，该怎么执行和验证，我们会怎么支持和配合等。

除横向和纵向的汇报之外，跨部门的沟通和协作同样重要，这样才能确定方案的最终执行，实现由表及里的、打破业务壁垒的流程体系，并形成连通式的协同工作模式。打通、协同、赋能，是工作推进的关键点。

目前企业的管理模式会造成业务之间的沟通阻碍，在这样的情况下，客户体验行动所带来的解决方案，很容易被各业务板块看作挑毛病、找错误的一种挑衅方式而被拒绝，从而难以沟通和推进。

那么，怎么做才能打通封闭的工作模式、实现协同的目标呢？

首先，先和各业务的负责人增加沟通的频率，日复一日地介绍自己、介绍业务，让大家知道你是来辅助每个业务板块从客户的角度来提升产品或服务的质量和品质的，而不是来挑毛病、找麻烦的。

其次，向上汇报的结果和效果是帮助客户体验改善方案向下推进和落地的重要节点，因为提升客户体验的工作一定是自上而下地宣贯和执行的。

再次，展开与业务之间的会议讨论。注意第一次会议可以不邀请管理层参加，只需与涉及需要改善的各业务板块的负责人在一起完成第一轮的讨论。主要从客户端反馈的结果、解决方案中的建议、执行的思路与想法等方面来收集业务的反馈和执行痛点。在后续的会议中，可以邀请管理层参与进来，提高方案落地的接受程度，并为其成功实施打下坚实的基础。

最后，把每次会议讨论的内容、结论和执行计划传达给相关利益者，同时积极配合各业务板块开展改善工作，并监控整个过程，保持协同的状态。

8.7 客户体验行动过程的监管和优化

在客户体验行动过程中，企业需要对解决方案的执行过程进行监管和持续优化，确保改进方案能有效实施，达成预期的目标，如图8-7所示。

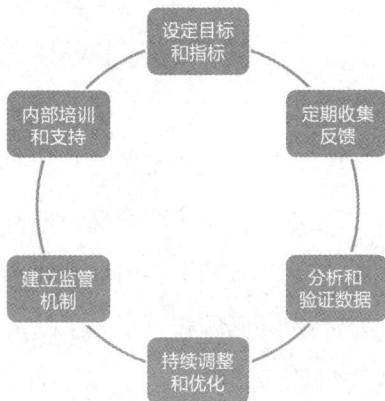

图8-7 客户体验行动过程的监管和优化

具体来说，企业需要采取以下几个方面的措施。

1. 设定目标和指标

企业需要设定客户体验改善方案的目标和指标，可以是提升客户满意度、减少客户投诉、提高服务质量等。通过设定明确的目标和指标，企业可以更好地了解行动的进展情况，并及时进行调整和优化。

2. 定期收集反馈

在客户体验改善方案执行过程中，企业需要不断地收集客户的反馈，包括满意度、意见和建议等。这个过程可以通过调查问卷、电话访谈、在线客服等客户体验测量方法来进行。通过再次收集客户的反馈，企业可以掌握方案的实施效果，并及时发现和解决问题。

3. 分析和验证数据

对再次收集到的客户反馈数据进行更为深入的分析，以了解方案的进展情况和执行过程中存在的问题。在这个过程中，企业可以使用一些典型的数据分析工具（如 SPSS、Excel 等），来发现数据中的模式和趋势，并提供有力的决策支持。

4. 持续调整和优化

在分析数据并验证之后，企业需要根据反馈结果及时调整和优化方案，包括改进服务流程、提高员工素质、优化产品功能等。通过不断地调整和优化，企业可以不断提升客户体验行动方案的实施效果，从而实现预期的目标。客户体验改善方案是一个持续的过程，需要企业建立一种持续改进的文化，鼓励企业内部的所有人员不断地运用 PDCA 的工作循环方法来发现问题、解决问题并持续改进。同时，企业也需要定期回顾和更新方案的目标和指标，以确保方案始终与企业的发展战略保持一致。

5.建立监管机制

为了确保所有客户体验改善方案顺利进行，企业需要在调整和优化的过程中不断地总结与复盘来建立一套完善的监管机制，包括定期的会议、报告模板、审核流程等。通过定期循环的监管，企业可以及时发现和解决过程中的问题，并确保组织内部能够始终保持高效的客户体验优化的工作状态。

6.内部培训和支持

为了提高组织内部所有人员的体验素质和能力，企业需要提供客户体验相关的培训和支持，包括体验认知建设、方案技能培训、沟通技巧培训、体验能力培训等。通过培训和支持，企业可以提高组织的专业性和体验建设的能力，从而更好地实现客户体验改善方案的目标。

总之，在客户体验改善方案执行过程中，通过设定目标和指标、定期收集反馈、分析和验证数据、持续调整和优化、建立监管机制、内部培训和支持等措施，可以对体验行动实现有效的监管和优化，从而更好地提高企业的客户体验水平和产品服务质量。

8.8　客户体验方案的内部推进、落地执行与验证复盘

客户体验行动方案的制定、执行流程和监管机制的建立，都是为了客户体验方案的落地执行与验证复盘而打下的基础。尤其是在从客户体验驱动的角度出发，制定改善性解决方案并完成内部沟通协同之后，执行和验证阶段的重要性就显得尤为重要了。

如果前期所有的内部执行工作都是顺利的，那么接下来就应该将改善性的解决方案由内向外推进，并逐步落地到业务端的产品研发和服务流程中，最终实现客户端的再次体验和验证。

从客户体验的变化性和随机性上来说，每一个解决方案的客户端验证，都不太可能是之前提出问题或反馈的原始客户能够参与的。如果需要原始客户的参

与，那一定要在前面的客户体验测量阶段对样本的选择做出明确的梳理和限定，以保证后续方案验证的准确性。如果是正常随机性的方案投放，则应计算参与验证的新客户群体的样本偏差和数据方差，以保证最终验证结果的相对准确性。否则，一个解决方案如果不能得到充分的样本验证，那其后续的可执行性和持久性就会大打折扣，方案本身的价值也不会充分地体现出来。

解决方案的准确性需要通过足够数量的客户样本来验证，但同时也更加需要企业内部和前端各层人员的协同推进。因此，从企业层面来说，及时收集客户的验证反馈是很重要的，获取渠道依然是通过客服、客诉、线上线下等方式，重点是要发现客户对改善点的反馈，维度不限。这是为了验证解决方案的可行性，做到及时优化和改进，并确认产品或服务原始问题的解决程度和需求的满足程度。

在推进和验证的环节，我们需要再次强调一下，客户体验改善项目的推动者一定要积极配合业务端，保证上下左右的连通协作模式，以实时沟通的方式推进，及时止损。在客户体验改善方案执行过程中，肯定会出现新问题或旧问题未被验证的情况，而运用 PDCA 的工作循环方法就可以形成客户体验行动工作的闭环，这样持续下去，客户体验团队的赋能和驱动所产生的长期价值就会越来越明显。

8.9 客户体验行动的复盘与跟进

前文已介绍了客户体验行动中的策略制定、行动规划、行动计划、方案制定、内部执行、流程协作、监管优化等一系列工作的详细方法和执行思路，接下来对整体体验行动的复盘和跟进是非常重要的收尾阶段。怎样做好客户体验行动之后的总结、沉淀和跟进？以下是一些执行的建议。

1.定期复盘

在客户体验改善方案执行过程中，企业需要定期进行复盘，包括回顾方案的进展情况、存在的问题分析、解决方案的实施和内部推进的效果等。复盘的方式包括会议、讨论、报告等。通过复盘，企业可以了解整个客户体验行动的进展情况，并及时发现问题和解决问题。

在复盘的过程中，还有一些需要注意的方面。

① 没有复盘意识：在客户体验行动之后，不管得到的结果是好是坏，企业都没有考虑过分析原因。

② 只分析不实施：在客户体验行动之后，企业只是做了单一的解读和分析，并没有付诸行动。

③ 实施不等于万事大吉：在客户体验改进措施完成后，企业没有进行效果评估与分析，没有持续复盘。

此外，客户体验行动需要建立一些关键指标，企业要定期针对这些指标进行复盘，并通过不断积累和分析指标了解行动的优点和缺点，从而实现对行动结果的衡量和及时优化与迭代。

2.制订跟进计划并落实

在复盘之后，企业可以制订一份详细的跟进计划，包括要解决的问题、解决方案、实施时间、责任人等。这样可以帮助企业内部更好地跟进和落实解决方案，从而确保方案的有效性和实施效果。制订跟进计划以后，企业需要跟进落实相应的解决方案，包括与团队成员沟通、监督实施过程、收集内部反馈等。

在跟进落实的过程中，企业可以通过再次复盘、收集反馈、分析数据等方式检查和调整解决方案，以确保其有效性和实施效果。企业通过持续改进可以不断提高客户体验改善方案的实施效果，并不断提升客户体验水平。

8.10　客户体验行动的赋能要素

企业强化客户体验的理念，建立客户体验管理的组织体系，其核心目标就是要通过提供优质、个性化、有价值的体验，来提升客户的满意度、忠诚度和推荐意愿，从而促进企业的收入、利润、市场份额的增长。这是一种以客户为中心、以体验为核心、以增长为目标的经营策略。对于企业内部来说，客户体验管理更是在不断地赋能和推进各业务在产品能力和服务能力方面的提升与优化。这也是其最核心的价值体现。

因此，从客户价值出发，反观客户体验对企业内部的赋能价值，企业还需要做到以下几点，才可能保证所有传递给客户的体验都是积极的和优质的。

1. 明确并传达企业在体验方面的目标和愿景

企业需要有一个清晰而有意义的目标和愿景，来指导其在市场上的定位和发展方向，以客户为中心的客户体验理念也不例外。这些目标和愿景必须传达给所有的员工、合作伙伴和客户，这样可以增强企业的品牌形象和口碑，激发员工的工作热情和创新能力，吸引和留住有共同价值观的客户。

同时，企业还需要制定明确的体验战略，进一步引导客户体验行动的实施。愿景和战略应该得到员工的认同和支持，并能够激发员工的积极性和创造力。应明确客户体验优化和改进的愿景和目标，以确保客户体验行动得到有效的引导和支持。

2. 利用并应用数据和技术

客户体验的提升需要依靠数据和技术来实现服务的个性化和智能化。这意味着企业需要充分利用数字技术，包括大数据分析、人工智能、机器学习、云计算、客户体验管理系统平台等，来提高客户体验测量和分析的精度和效率，从而实现更高效的客户体验提升，以及客户体验行动和改进方案的智能化和自动化。

3. 建立企业的体验文化

客户体验的驱动力与企业的体验文化密切相关，这种文化体现了企业的使命和价值。这意味着企业需要建立一种以客户体验为中心的文化，使员工深刻理解并积极参与到提升客户体验的工作中，并通过奖励机制来激励员工在提升客户体验方面作出贡献。建立以客户体验为中心的文化氛围，能够确保组织内部全面支持和推广体验行动。

4.形成数字化转型的赋能优势

在企业中实现数字化转型也是能够充分赋能客户体验管理的，不仅可以优化客户旅程，提供更好的产品或服务体验，还能够显著增强品牌的竞争力。但这种关系往往被忽视。

数字化转型和客户体验管理之间存在着一种良性的循环，甚至可以被视为一个闭环系统。数字化转型的起始点和推动转型的输入最终都归结于人的需求和期望，如果企业的产品或服务在市场上没有消费群体的关注和体验，何谈转型呢？企业采用数字化、智能化的技术和方法进行转型，本质上是在寻求一种显著的变革，以在竞争激烈的商业环境中实现突破。

数字化转型最终的受益者是企业，但谁是能够让企业持续受益的主体呢？是各类消费群体。作为企业数字化转型的框架内容之一，客户体验管理可以通过客户旅程的设计和分析来收集消费群体的需求和体验痛点，从而帮助企业的产品或服务实现不断地优化和改善。同时，其也能够辅助企业从消费群体的视角，来实现业务技术的创新、逐步完善新的商业模式，以及促进内部生态圈的创新和人员组织变革。

总之，围绕客户体验测量开展的体验行动，不论在战略层面还是执行层面，都可以结合 PDCA 行动管理方法，根据不同的情况选择不同的客户体验行动类型，并制定相应的策略、评估和计划。同时，企业需要保证客户体验行动与产品或服务的完善和改进流程协同一致，实现内部推进和落地，并通过验证和复盘不断优化和提升客户体验，从而提升客户满意度和品牌价值。

第 9 章

客户体验测量
规模化

本章概要

　　一旦企业建立了客户体验测量的最小可行计划，就可以进入下一阶段——将客户体验测量计划在企业内进行规模化推广，应用到更多的客户群和客户旅程的测量中。本章首先简要介绍了规模化客户体验测量对企业的促进作用；其次重点阐述了如何提升客户体验测量的科学性与规范性，并在不同的客户旅程层面和业务领域规模化推广客户体验测量；最后介绍了客户体验测量推广中的规范化、标准化、基础设施和文化建设工作。

9.1 通过规模化客户体验测量推动企业转型

个别、小范围的客户体验测量计划对企业的影响是有限的，为了让客户体验测量实现从量变到质变，推动企业的整体转型和演进，需要升级客户体验测量计划，实现客户体验测量的规模化。

1. 在更大范围内推动客户体验测量不断改进

初期创建客户体验测量框架后，仍然需要在实际应用中不断完善客户体验测量指标体系，以确保测量指标与客户和业务的重要性是紧密相关的。通过关注跨职能指标、利用工具从非结构化数据中获取洞察力、设定合适的工作目标、以吸引人的方式分享客户体验测量中的洞察，企业能够不断改进其客户体验测量计划。

2. 跨业务部门扩展客户体验测量计划

规模化客户体验测量需要一种测量架构，该架构能在整个企业范围内实施标准化测量方法，在整个企业范围内扩展客户体验测量行动，在更多业务范围内扩展客户体验测量计划及其最佳实践，同时增加对更多客户群的体验测量。这需要正式地对客户体验测量流程进行规范，明确职责，建立更具有扩展性的测量团队。

3. 提升客户体验测量的科学性与规范性

提升客户体验测量的科学性，企业首先需要验证在制订客户体验测量计划时所做的假设，然后按照最佳实践来定义指标体系，设定工作目标和收集洞察。为了提升客户体验测量的规范性，企业应创建一个与财务绩效相关的、企业范围的指标系统，并标准化指标数据收集过程，使测量过程正式化、规范化。此外，通过更简洁的访问、更吸引人的方式分享洞察，以增强洞察力分享实践。

4.营造注重不断完善客户体验而不是数字的文化

过度地关注客户体验具体指标的变化，很可能导致一些不健康的员工行为，如员工可能过分追求数字上的达标而忽视了客户体验的本质。例如，一家大型商业银行在其部门试点客户体验测量体系，将客户体验测量的指标用作考核工具，导致各级员工对客户体验测量计划产生强烈的抵触情绪，严重阻碍客户体验测量体系在整个企业内的规模化推广和应用。因此，要使用指标来构建一种专注于改善客户体验的文化，而不是将其作为一种考核手段。

9.2 提升客户体验测量的科学性与规范性

如果想将客户体验测量计划提升到中级水平，则需要将其推向持续改进的道路。更广泛、更全面的中级客户体验测量计划能产生更多、更好的洞察，不断将客户体验的改进与业务成果联系起来，激励企业员工采取更加明确有效的客户体验行动。

1.通过加强数据采集和分析获得更多可行的洞察

数据采集是测量的关键部分，但是升级客户体验测量计划并不仅仅意味着要采集更多的数据。为了强化数据采集活动应做好以下几点。

（1）保证问卷调查与业务和客户的持续相关性

问卷调查是进行客户体验测量数据采集最常用的方式，各类指标（尤其是感知指标）的数据获取都来源于对客户大范围、持续的问卷调查。客户在填写问卷时，是在付出时间和精力，帮助企业认识自己，所以企业应该尊重客户的付出。对于客户体验分析和测量没有用到的数据，应该删除相对应的调查问题。企业内没有明确所有者的调查问题，也应该删除。

另外，问卷发布的时间和场合也非常重要，信用卡机构美国运通（American Express）发现，在电子邮件邀请中显示第一个问题时，客户更容易完成调查，这样做可以将响应率提高50%。更为重要的是，企业还应该根据客户的具体体验来调整问卷，让调查与客户的实时相关性更强。例如，在乘客刚经历了一次航班延误后，航空公司向乘客发送一份通用的 NPS 调查询问他们是否会推荐公司的服务时，可能会进一步激怒客户，此时让客户评价总体的体验显然是不合适的。

（2）有效利用工具从开放式调查反馈中获取洞察

通过分析调查问卷中开放式问题的客户反馈，可以深入理解客户的感受和需求，从而提升客户体验测量的准确性和洞察力。例如，西捷航空公司的产品团队使用文本分析工具来分析调查问卷中开放式问题的客户反馈，根据客户的建议调整和推出了新的航班定价模式。

（3）采集多源数据进行多角度分析

除了常用的问卷调查数据，企业还可以使用其他来源的数据——如客户投诉、呼叫中心记录、社交媒体和员工反馈等，来评估客户体验的真实情况。例如，蓝捷航空公司利用社交媒体数据，监控和测量其飞机上的无线互联网服务（Fly-Fi）的质量，还通过识别客户在社交媒体上分享的乘坐飞机时的照片，确定客户乘坐的是哪个航班，并结合客户的感受和评价，对该航班的客户体验进行分析。

2.明确目标和共享洞察促进员工行为

设定正确的目标并为员工提供可执行的行动建议是客户体验测量取得最终成功的关键，企业应该设定合理的目标，并让员工参与目标设定过程。

（1）设定明确且可达到的改进目标

在客户体验测量计划的初级阶段，只需要保证客户体验测量体系能让体验获得提升，这一阶段的主要目的是验证客户体验测量的有效性，树立企业对开展客户体验测量的信心，至于能提升多少并不是首要目标。

但到了规模化推广阶段，必须为客户体验测量计划设定具体目标，这是客户体验测量从初级走向中级的关键。为客户体验测量计划设定具体的目标包括两个方面：一是明确需要提升的体验维度，二是在每个维度上设定具体的提升目标。

健身机构 Life Fitness 使用体验咨询机构 ForeSee 的优先级矩阵把工作项进行分类，根据项目在4个象限内的位置确定每项工作的优先级：维持现状、持续监控、维护或改进，以及最高优先级。确定了具体目标后，再利用过往数据和驱动因素分析来确定模型中的每一个驱动因素要提升的程度，以促进更高级别的结果指标达到目标，如图9-1所示。

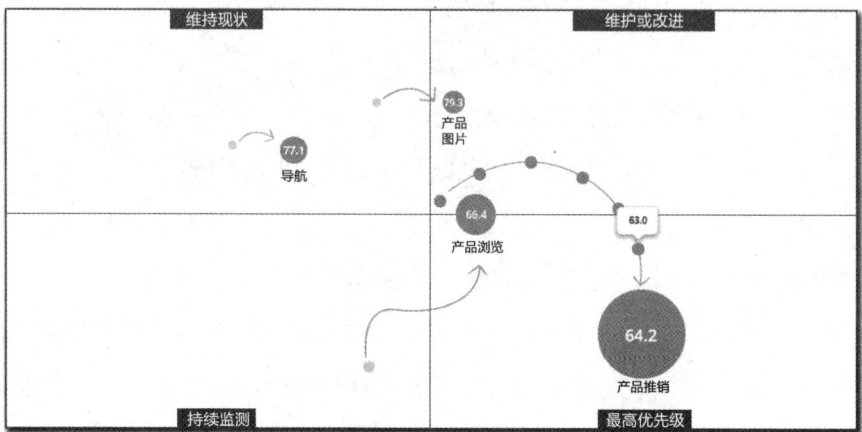

图9-1　Life Fitness 的体验测量工作项优先级矩阵

（图片来源：体验咨询机构 ForeSee）

（2）设计吸引人的方式来分享指标数据和洞察

为了让员工和合作伙伴都能参与到客户体验测量和持续改善的工作中，企业需要针对他们不同的工作内容和需求，使用多样化的形式来分享客户体验测量的结果和洞察，如仪表板、信息图表，以及客户原话或视频等。

为了引起员工的兴趣和注意，在形式上可以大胆创新和突破，例如一家公司将其 NPS 仪表板改为黑色，如图9-2所示，而不是公司常用的主题色橙色，这使得客户体验测量数据在众多数据仪表板中脱颖而出，引起了员工的兴趣。不仅如此，系统还要求输入特殊的访问码才能进入 NPS 仪表板，这种饥饿营销方式使得员工更加好奇地想去关注。这家公司甚至还采用了游戏化仪表板的访问方式，只有顶级玩家才能解锁"隐藏级别"的客户体验测量指标数据。

图9-2　某公司的 NPS仪表板

（图片来源：Nationale-Nederlanden）

（3）优化洞察分享流程来提升对行动的驱动

除在形式上创新外，企业还要在流程和方法上进行优化，以便更快地向利益相关者提供客户体验测量结果和反馈。在富达投资集团（Fidelity），一旦客户填写了 NPS调查问卷，客户体验测量平台就会根据分数直接向不同级别的员工发送警报。有一个来自高价值客户的糟糕分数引起了一位高管的注意，正好这位高管与这个客户比较熟悉，他立即联系客户解决了问题，挽留住了这位客户。赛门铁克（Symantec）的客户体验团队通过开发内部网站，实现了对客户体验测量指标、洞察、最佳实践和工具的集合管理和访问，使员工能够快速解决问题，从而提升了客户满意度。

9.3 将客户体验测量扩展至客户旅程层面

在客户体验的3个层面中，关系层面最综合，触点层面最具体，在对这两个层面进行测量时，指标体系的设置以及数据的获取相对容易。因此，企业在首次制订客户体验测量计划时，选择专注于关系和触点水平的客户体验测量体系是比较合适的切入点。

当要进一步将客户体验测量计划升级到中级水平时，就应该在旅程层面进行客户体验测量。这对提供符合客户场景，特别是对于跨职能孤岛的客户体验尤其重要。要实现客户体验测量从触点层面和关系层面向旅程层面的推广，需要做到以下几点。

1.验证前期客户体验测量计划的假设

在扩展客户体验测量计划之前，需要验证在初级阶段选择的各类客户体验测量指标是否有效。通过回归分析，确认假设的驱动因素确实提升了总体的客户体验指标，并确保所采用的问卷调查收集了准确计算驱动因素所需的信息。

结果指标的检查问题清单：

- 没有跟踪哪些企业目标？
- 没有跟踪哪些客户目标？
- 哪些结果指标仅跟踪了客户意图而不是实际行为？
- 过早跟踪了哪些结果而导致指标不准确？
- 过迟跟踪了哪些结果而导致太迟而失去了意义？
- 哪些结果指标与业务或客户目标不一致？

感知指标的检查问题清单：

- 没有测量客户旅程中的哪些客户期望值？
- 没有测量哪些关键时刻的客户期望值？
- 哪些步骤之间的相互依赖性或关联性没有被跟踪？
- 在哪些错误的时间跟踪了哪些感知指标（如在客户使用产品之前询问推

荐意愿）？

● 哪些感知指标与实际客户期望不一致？

交互指标的检查问题清单：

● 哪些感知指标缺少相应的交互指标？

● 哪些交互指标缺少相应的感知指标？

● 哪些交互指标与其相应的感知指标不一致？

如果实际的数据不能为前期的假设提供确切的支持，则需要重新审查初级阶段的各项流程，调整测量指标和相应的数据采集问卷中的调查问题，直到可以证明这些指标是正确的，结果是有效的。

例如，一家汽车租赁公司通过不断地数据验证和调整，最终确定租车客户忠诚度的真正驱动因素不是预先假设的汽车的干净和整洁程度，而是租赁人员与车辆管理经理的个人关系。

2. 绘制客户旅程地图查找当前客户体验测量指标与客户期望之间的差距

通过绘制真实的客户旅程地图，企业可以系统性地排查和发现初期没有跟踪过的关键时刻。这时绘制客户旅程地图尤其需要注意的是：一定要保证从真实客户角度出发绘制客户旅程地图，尽量选择基于研究和共创法来绘制，而不是基于假设。尤其要避免将内部的工作流程作为客户旅程地图的检查和分析基础，这样做的结果是根本无法发现客户体验中存在的问题。

当订票平台 Expedia 推出可以用低于两个单程航班的价格预订往返机票时，初期的市场反应还不错，但不久 NPS 指标开始下降。Expedia 通过详细的客户旅程地图绘制和研究发现，这是因为更改航班意味着客户必须支付两笔改签费用，而这在预订过程中没有明确说明。Expedia 意识到不仅要测量预订流程的体验，还需要对整个旅程的预订体验进行完整的测量才能发现和解决这个问题，包括客户需要对其旅行计划进行变更时会发生什么情况。

3.选择要对哪些客户旅程进行测量

大型企业的业务线和客户群非常多，客户旅程的数量也非常多，需要选择其中的少数几个作为扩展初期的切入点。首先选择那些对客户关系有决定性影响或者投资回报高于平均水平的客户旅程进行测量。

英国的劳埃德银行集团（LBG）在推广客户体验测量体系时，绘制并测量了10个关键的客户旅程。为了确定这10个关键的客户旅程，LBG首先挑选了30个客户旅程，并通过评估成本、对客户的重要性，以及与竞争对手相比所处的水平等因素来缩小范围，最终选择的客户旅程包括高层级的宏观旅程，如抵押贷款业务的旅程；以及非常重要的微观旅程，如消费者在分支机构开设银行账户。同样地，麦肯锡在帮助招商银行制订客户体验测量计划的过程中，也对30个客户旅程进行了分析，最后选择了10个重点客户旅程作为第一阶段的测量对象。

4.针对客户旅程最重要的维度选择测量指标

应为关键客户旅程设定适当层级和类型的客户体验测量指标，具体包括：从客户角度选择能测量客户旅程成功与否的结果指标，基于客户的预期选择测量客户旅程质量的感知指标与交互指标。

例如，在一位新的光纤宽带客户看来，只有当她的所有设备，包括手机、笔记本电脑、平板电脑，以及各种智能家居设备（智能音箱、智能灯）都成功连接到网络时，她的安装过程才算是结束，而不仅仅是上门的安装维护技术人员让所有无线路由器上的指示灯变为绿色。

9.4 在整个企业范围内推广客户体验测量

通过最佳实践对客户体验测量计划进行完善和升级后，就可以寻求在整个企业范围内推广和规模化客户体验测量了。在整个企业范围内开展大范围、大规模的体验测量计划，是体验测量体系走向不断成熟的必经阶段。

1.将客户体验测量计划应用到更多业务部门和客户群

这项工作可以通过重复在初始阶段制订第一个最小的、可行的客户体验测量计划时的7个步骤来开展，但是要根据后期的时间对最开始的7个步骤的工作进行完善和调整。如果资源充足，则企业可以同时在多个业务线和客户群推广，如果资源不足以支持，则可以选择对企业非常重要且非常支持客户体验测量工作的业务线或客户群开始推广。

然后确定重要的客户群进行测量，并定义要收集哪些指标以及如何收集数据，确保这些指标与客户和企业的更大目标相关联。采集和分析这些客户的数据，并通过工作闭环实施与优化解决方案。按照以上步骤和方法，对各业务单元逐一应用，直到客户体验测量计划覆盖整个企业。

2.通过展示专业性和前期的效果赢得内部的支持

在向各个业务单元和客户群推广客户体验测量计划时，一个非常重要的前期工作就是向这些部门展示在以前测量工作中总结的经验和教训，这有助于建立他们对客户体验测量工作以及团队的信任。展示以前所有客户体验测量计划的最佳部分，并从这些最擅长、效果最好的部分开始是一个非常好的选择，例如不是从测量关系层面的指标和洞察开始，而是从颗粒度更细但对业务部门更有作用的触点层面开始。

当新加坡的星战银行（DBS）开始在内部推广其客户体验测量计划时，企业负责人聘请了一位正式的记者，每周在内部沟通渠道上至少发布两篇相关的报道，以便在内部就客户体验测量展开讨论，产生吸引力和影响力。

3.扩展客户体验测量框架以创建相互关联的整体架构

在正式推广客户体验测量计划之前，企业有必要创建一个整体架构，如图9-3所示，其完整地展示在整个企业范围内应跟踪哪些触点、哪些客户旅程，指标应该是什么，以及这些指标如何升级到关系级指标和全公司总体指标。

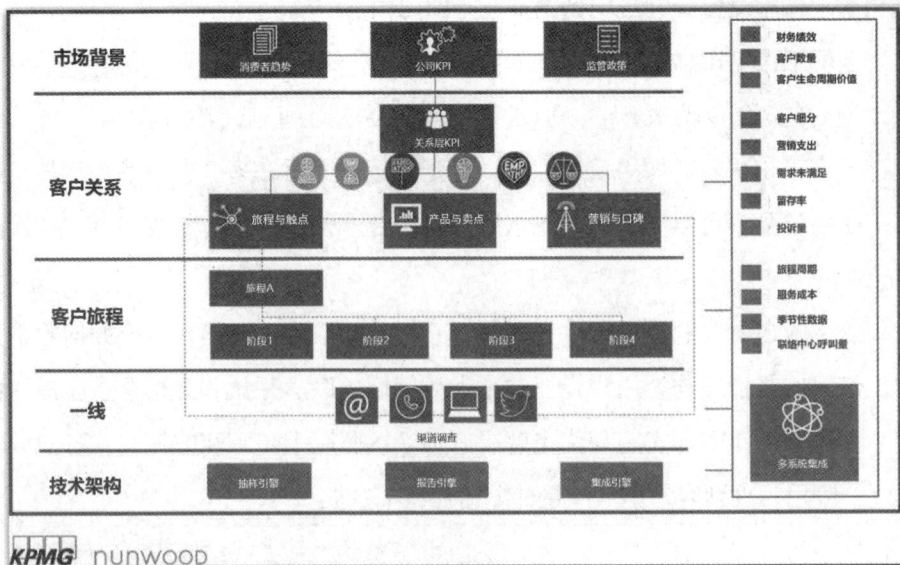

图9-3 客户体验测量整体架构（示例）

（图片来源：体验咨询公司 KPMG Nunwood）

这个蓝图为企业内部所有的客户体验测量指标提供了统一的单一视图，可以为补齐指标提供非常直观的帮助，并有利于在整个组织内实现客户体验测量的统一性。它还能确保整个企业的所有客户体验测量指标都旨在改善企业整体的客户体验，并实现企业的目标。

4. 确定一个"北极星"指标来统一企业整体目标

"北极星"指标是与企业的一个或多个关键 KPI 相关的高级客户体验测量指标。企业可以选择一个这样的指标来代表整体的客户体验水平，并将其广泛公布和传播，以便在企业内形成统一的认知。一个有效的"北极星"指标应该是所有员工都很容易理解、与财务指标相关联、能在管理层中产生共鸣的，如业务收入、销售增长或钱包份额。

行业通用的或实际工作中正在使用的指标（如 NPS、CSAT），都是比较合适的"北极星"指标候选项。此外，企业也可以根据自身的情况设定自己的

"北极星"指标：如果企业的业务客户群体非常广泛，而且相互之间的差异非常大，则可以分别设置多个"北极星"指标。或者针对不同的重要目标，设置多个针对性的"北极星"指标，例如体验平台 Verint 发现，提高客户的整体满意度能提升客户推荐的可能性；提高对最近措施的满意度可以促进客户的重复购买行为。

5.将企业的整体目标与业务部门相关联

识别企业中所有利益相关者对客户体验指标的贡献，确保这些指标在组织内从高层到基层都具有相关性。澳大利亚的 Thermo Fisher Scientific 创建了一个图表，突出了客户旅程中重要的时刻，显示了各个部门对特定时刻的影响程度，如图9-4所示。

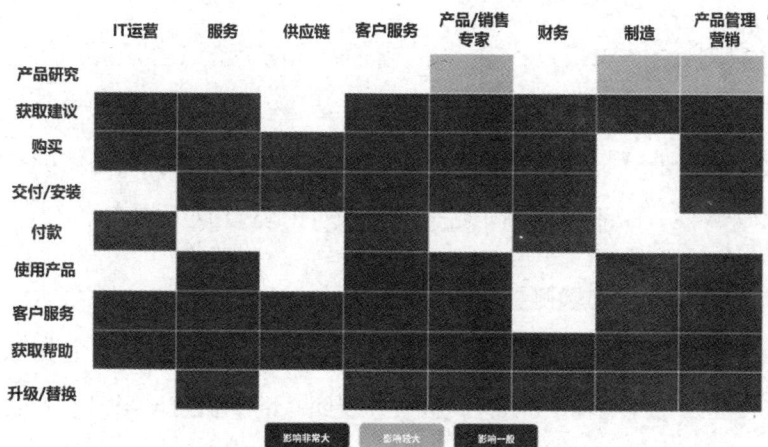

图9-4　各个部门对客户旅程特定时刻的影响

（图片来源：Thermo Fisher Scientific）

在分析不同业务部门对整体客户体验的影响和作用时，可能会出现不同的几个业务部门都与客户的某个问题相关，但每个业务部门都有自己独立的目标。这种情况会导致不同的业务部门相互推诿，造成客户体验出现问题。这时如果不能进一步切分出不同的指标，明确分配给不同的业务部门，那么就需要另外设置一个共同的指标，促进相关部门之间的合作。

6.优化仪表板体系以代表整体的指标架构

可通过添加关键客户旅程指标和"北极星"指标来优化客户体验测量的仪表板体系，让客户体验测量结果的可视化和分发跟上整体的应用进程。给每一个客户旅程创建单独的仪表板，包括交互指标、感知指标、结果指标（如财务指标），这有助于客户体验专业人员和利益相关者从客户的角度了解旅程及其触点的表现，以及一个触点的改变如何影响其他触点。在客户体验测量体系已经广泛覆盖到各类业务时，仪表板还应包括用于跟踪整体体验转型计划进展的核心指标。

9.5 客户体验测量推广中的规范化与标准化工作

在客户体验测量推广过程中，将一些关键和常规的工作项规范化是一种提高效率的有效手段，可以帮助企业实现工作流程和方法的复制和规模化应用。规范化还能保证在不同业务和客户旅程中推广客户体验测量时，保持方法、指标的总体一致性，保证使用共同语言，从而便于沟通和对比分析。

1.创建规范化的客户体验测量团队

在由客户体验专业人员组成的核心团队之外，可以从整个企业中挑选出一个与核心团队合作的扩展团队。这些扩展团队的成员应该来自不同的业务部门，包括已经在使用指标（特别是交互指标）、设定目标、采集数据、定义KPI和创建仪表板的人员。在寻找合作伙伴时，重点是寻找那些天生就以客户为中心的个人，并就客户体验测量的规划蓝图、推广思路、指标框架等核心要素达成共识，通过进一步的培训（如客户体验冠军行动）培养出更多的团队成员。

2.规范客户体验测量的工作过程

应确定具体的人员来负责客户体验测量，并以文档形式规范他们的工作流程，即使主要参与者离开了，客户体验测量工作也能够继续进行。健康医疗机构 Optu 利用 Microsoft OneNote、PPT 和视频记录客户体验测量流程，包括从其数据存储平台搜索和提取指标信息的正确方法。对于每个流程，企业可以使用 RACI 模型（Responsible、Accountable、Consulted、Informed，一种用来设置角色和责任分配的工具）来指定谁负责执行、谁负责决策、谁负责咨询、谁负责通知。

3. 规范客户体验测量中的假设验证工作

随着时间的推移，企业对客户体验测量的管理可能会失真。在企业战略或目标发生变化时，以前已经熟悉的指标会变得不那么有用（或者不相关），因此企业需要对这些测量指标不断进行检验。同样，每当有新产品、新定位、新客户群出现或创建了新触点时，企业都要对客户体验测量指标进行检查。当客户体验测量指标发生变化时，同样需要重新验证已建立的测量假设，如有关驱动因素等。如果需要，还应创建新的假设并验证这些假设。

福特公司发现经销商的 NPS 和满意度调查结果与客户对经销商的忠诚度关系不大，根据专题客户焦点小组的洞察，福特公司调整了针对关键经销商的调查问题，在问卷调查的推荐问题中，整合了客户在关系和推荐上的态度："我通常会将在福特经销商的出色体验告诉其他人。"

监控事项与沟通形式如下。

● 企业战略 / 目标：通过内部沟通，内部邮件通知。

● 客户细分群体：通过内部沟通，内部邮件通知；定期（如半年一次）进行内部调查；定期（如每个季度）召开客户体验测量分析会议。

● 产品或服务：通过内部沟通，内部邮件通知；定期（如半年一次）内部调查；定期（如每个季度）召开客户体验测量分析会议。

● 客户旅程和交互：定期（如半年一次）进行内部调查；定期（如每个季度）召开客户体验测量分析会议。

4.标准化客户体验测量中的问卷调查方法

标准化各业务部门的问卷调查方法,如统一客户体验测量中问卷调查的题目、打分方式、抽样方法、推送机制等。通过标准化客户体验测量中的问卷调查方法,可以整合调查结果,并对进度和效果进行横向比较,但需要注意的是,制定的标准既要足够明确,又要具有适当的灵活性,应留有一定的调整空间,以下是示例。

（1）问卷调查中的指定问题

● 问卷的外观和给人的感觉。

● 问卷调查长度（最长的问题和最短的问题）。

● 专项问题的数量。

● 人口统计问题和选项。

● 顶级测量指标问题。

● 语言风格。

● 调查频率。

● 使用的打分尺度。

（2）问卷调查中的可调整选项

● 调查时间。

● 题干文字。

● 调查渠道。

9.6 建立客户体验测量所需的基础设施和文化

为了确保客户体验测量计划能在企业内部不断推广和应用,并且可以一直持续运作,最终成为企业常规运营的一部分,必须建立客户体验测量实践所需的基础设施和相应的文化氛围。

1.构建客户体验测量所需的技术工具与平台

为了持续进行客户体验测量,企业需要收集和分析各种来源（如问卷调查、呼叫中心、网站后台等）的数据。因此，客户体验测量团队需要与IT和洞察团队合作，建立合适的技术基础设施，以收集、存储、管理和分析各种客户体验测量数据。

如果企业还没有相应的工具与平台，则可以考虑构建一个客户反馈管理平台以支持客户体验测量计划，其功能包括客户反馈收集、反馈与其他数据的集成、分析与报告、闭环行动管理，以及集中式数据中心。如果不打算自建，则购买或订阅市面上已有的相关工具与平台也是一个不错的选择，相关的工具与平台会在后面的章节中进行详细介绍。

2. 创建指标演进路径为利益相关者提供目标感

企业通过制定一系列相互推进的客户体验测量指标，并按照时间进度不断推出相应的实施计划，给员工和合作伙伴持续注入动力。首先要挑选出关键的客户体验驱动因素，将重点聚焦在未来的一段时期（如一年），确定它们的顺序，并将其作为一项工作在内部进行传达和沟通。例如，在前6个月专注于易用性；之后将更多地关注情感指标，测量是否能带给客户一种目标、意义和价值感。

3. 制定持续分享客户体验测量效果的沟通策略

在企业内部广泛分享客户体验测量的成功案例，可以赢得管理层和员工的支持。这项工作在客户体验测量的初级阶段和规模化推广阶段都非常重要。应制定规范的沟通策略，并及时用吸引人的方式持续分享这些成果。软件厂商Sage Software发现，即使在客户体验测量计划运行了几年之后，分享快速取得的效果仍然能创造积极的正能量。

不断监测和发现各种客户体验的小问题，找到修复它们的最佳方式，评估修复问题后的效果，并进行广泛地传播，这也是体验优化闭环行动的一部分。

4. 正确地沟通指标以避免对分数的迷恋

必须避免用客户体验测量指标压迫员工，以免他们开始玩数字游戏。经常出现的数字游戏形式包括只调查有给出好评倾向的客户，以及用提供赠品来"贿赂"客户评高分。这些做法将让客户体验测量的所有投入付诸东流，并让客户体验测量背上恶名。

因此，有必要对管理者进行培训，帮助他们正确地与员工沟通客户体验测量指标，让大家能专注于客户体验的改进而不是数字。例如，沟通谈话必须从"这是我们本周从客户那里获取的意见和建议"开始，而不是"这是你们部门的NPS分数"。

第 10 章

基于客户旅程
的测量

本章概要

很多企业现有的客户体验测量计划在完整性
和有效性方面存在问题，本章首先分析了导致这
些普遍性问题的原因，并提出为了有效测量端到
端的客户体验，必须从考虑客户旅程开始。本章
重点介绍了基于客户旅程制订和实施客户体验测
量计划的 4 个主要步骤，包括选择并绘制具有测
量指标的客户旅程、根据客户旅程地图评估当前
客户体验指标的使用情况、使用客户旅程地图设
计未来状态的客户体验指标，以及在客户旅程地
图的基础上更有效地分享体验指标，最后对构建
基于客户旅程的体验测量体系提出了总体性的
建议。

10.1　由内而外的测量指标浪费了提升客户体验的机会

构建客户体验测量体系，通常是企业迈向客户体验成熟之路的第一步。目前，很多企业开始实施客户体验测量计划，有些大型企业的测量体系已经非常复杂。但是，即使是一些比较完善的客户体验测量计划通常也存在以下问题。

1.急于进行客户体验评估

企业通常按触点来度量客户体验，但客户是根据已经经历的交互是否帮助自己实现了预期目标来评估自己的旅程体验的。例如，致电一家银行的客服热线，结束时客服人员会在最后让客户对本次服务打分，同时客户的手机还会立即收到短信，邀请客户对本次服务的满意度进行评价。但此时银行连客户投诉问题的根本原因都没有搞清楚，更谈不上解决，这种情况下让客户对本次服务的满意度进行评价往往会让客户感觉莫名其妙，要么随意打个分，要么直接跳过。这种急于进行客户体验测量的做法通常得到的数据并不准确，而且会引起客户的反感。

2.遗漏了重要的关键时刻

如果没有对客户为达成目标所经历的全部步骤进行跟踪，企业就可能错失对重要交互环节的测量。例如，客户可能会收到邮寄的纸质账单，然后在线支付，但支付后发现付款确认信息令人困惑，然后致电客服中心确认是否已收到付款。如果只是在付款完成后请客户对账单的清晰度进行评估，或仅对客服代表的服务进行打分，就会错过后面可能出现失败或需要引起注意的步骤。

3.客户评价和反馈并不能说明全部情况

在很多企业，客户的评价通常会按各个细分维度（如价格、服务、产品等）或单个触点（如实体渠道、电子渠道、客服热线等）等割裂的形式进行分析和测量。这些方法无法捕捉每个客户所处的具体场景，导致无法衡量整体体验，无法将客户行为与客户体验指标和最终的业务成果联系起来，也会影响识别和优先考虑那些具有高影响力的改进机会。例如，一家银行的网站要求客户在完成网上支付账单后对体验进行5分制的评分。网站负责人看到客户的评级下降，于是认为网站上的账单支付功能需要优化。但实际情况是，大多数客户试图先在移动应用程序上支付账单，但无法完成交易，访问该网站进行支付是最后的选择，因此虽然网站的在线支付账单功能既快速又简单，但客户到达时已经感到了沮丧和不满，所以在评分时给了低分。由此可见，仅在单个渠道中分析客户评分和反馈并不能准确测量客户的体验，也难以找到问题的根本原因。

4. 无法将交互指标与客户感知、业务结果关联起来

很多企业无法将运营指标（如交付准时程度或者呼叫等待时间）与客户体验水平关联起来。例如，将呼叫等待时间作为 KPI 的企业可能会认为，更短的等待时间是获得良好客户体验的最重要因素。然而，首次呼叫问题解决率对客户而言可能更为重要，他们会乐意花费更长的等待时间，以换取可以在不转接电话的情况下就能解决自己的问题。

同时，交互指标与感知指标、结果指标之间的关联通常也非常模糊。例如，企业设定了一个目标——提高客户满意度或减少客户在某些渠道的费力程度。于是企业煞费苦心地优化交互以实现计划，研发团队通过多次的设计和开发迭代完成了优化，客户反馈也得到了改善，但当进一步追问时——这次行动带来的客户满意度提升了5%如何影响了企业的钱包份额？对每个用户的平均收入影响有多大？往往又没有非常直接的证据来证明这些行动的最终结果。根据软件公司吉尼塞斯（Genesys）2021年的调查，41%的企业表示获得了净推荐值或满意度等指标的改进，但无法将其转化为收入或成本。一个负面的调查回复并不表示客户会流失，多个积极的客户响应也并不意味着客户会留下来。需要一种更好的方法将客户评估、反馈、行为与最重要的业务指标联系起来。这时，需要有足够的上下文来完整、真正地识别或解决客户体验问题，基于客户

旅程进行体验测量是一种必然选择。

10.2 基于客户旅程地图来定义由外而内的体验指标

针对目前客户体验测量中存在的问题，客户旅程地图可以帮助企业从客户的角度看待端到端的体验。客户旅程地图记录了客户为实现目标所经历的每个步骤，在每个步骤中使用的触点，客户在每个步骤中花费的时间，步骤之间间隔的时间，以及客户对每个步骤和整个旅程的期望。这些正是确定应该测量什么，何时测量，以及用什么指标测量时所需要的关键输入。想要利用客户旅程地图来制定更好的客户体验测量指标，需要遵循以下4个基本的步骤。

1. 选择并绘制具有体验测量指标的客户旅程

企业首先需要遵循客户旅程地图绘制的最佳实践方法来绘制高质量的客户旅程地图,并进一步丰富地图的要素,作为改善客户体验测量的工具,具体内容如下。

（1）选择缺少良好体验测量指标的重要客户旅程

企业首先需要选择对客户重要但还没有进行有效测量的客户旅程。理想情况下，这可能是一个存在问题的客户旅程，但是目前的洞察还不能向客户体验团队和内部利益相关者揭示存在问题的根本原因。

（2）建立包括数据专家的跨职能绘制团队

绘制客户旅程地图时，需要让企业中的利益相关者参与到指标的制定中来，他们了解每个触点所发生情况的具体细节。团队还应包括在企业或渠道负责客户调查或制定客户体验指标的人员，如市场研究、客户洞察、满意度管理等专业人员或分析师。这种跨职能的方式可以提升客户体验测量的利益相关者对新设立的测量指标的认可和支持。

（3）通过回答关键问题明确体验测量指标的输入

在绘制客户旅程地图的过程中，客户体验团队需要回答一些关键问题，用于定义客户体验测量指标，并为定义正确的客户体验测量提供重要的输入，如

表 10-1 所示。

表10-1 通过绘制客户旅程地图定义客户体验测量指标的关键问题

关键问题	问题的目标
目标： ● 这个客户旅程的企业目标是什么（如提供服务、销售产品） ● 这个客户旅程的客户目标是什么（如解决问题、获取产品）	● 从企业角度定义结果指标来测量是否成功 ● 从客户角度定义结果指标来测量是否成功
步骤和触点： ● 客户旅程中的哪些步骤对客户来说是不成则败的（真实时刻） ● 哪些步骤是现有的痛点 ● 客户旅程中各步骤间的依赖性是什么（如在某一步中得到的信息必须与后面某一步中得到的信息联系起来） ● 哪些步骤不是与该企业直接交互的（如与第三方交互）	● 判断所需客户体验指标的优先级来跟踪什么是最重要的 ● 发现并理解客户旅程中不同步骤是如何相互影响，并影响整个客户旅程的 ● 估计有多少关键步骤是在企业控制范围内的
时间： ● 这个客户旅程通常花费多长时间 ● 客户在一个单一步骤上花费多长时间 ● 步骤之间耗费了多少时间（如等待时间/延迟）	● 计划发起调查的最佳时机，以在体验完成后尽快获取客户反馈（但不要太早发起调查，导致反馈信息不准确）
客户期望： ● 客户对整个旅程的客户体验质量有什么期望 ● 客户对旅程中真实时刻的客户体验质量有什么期望（如知识丰富的电话代理人员、透明的政策） ● 客户对相互依赖的步骤的一致性和连续性有什么样的客户体验质量期望（如对于同样的问题，在每一个触点，期望得到同样的回答）	● 定义用于测量客户旅程质量的感知指标和交互指标 ● 定义用于测量真实时刻是否成功的感知指标和交互指标 ● 定义有助于测量客户旅程中步骤一致性和连续性的指标

2. 根据客户旅程地图评估当前客户体验指标的使用情况

绘制和掌握了完整的客户旅程地图后，企业首先需要评估现有的客户体验测量指标对改善客户体验的指导程度，需要开展的工作如下。

（1）梳理现有的客户体验测量指标

按照场景对应的客户旅程地图，检查整个企业内的仪表板和客户体验测量报告，创建目前用于评估客户体验的测量指标清单。需要在客户旅程的每个步骤，以及整体的客户旅程中都执行这种操作，创建指标时可以考虑基于客户反馈的指标，以及从其他来源收集的各类指标，如表10-2所示。对于每个客户体验测量指标，明确是感知指标、交互指标还是结果指标，并记录数据采集的频率、数据来源和数据所有者。

表10-2　现有的客户体验测量指标清单

类型/来源	客户体验测量指标（示例）	指标类型
结构化调查问题（关系、交易）	客户体验的整体满意度	感知
	客户体验在某个纬度（如产品、服务、价格等）的满意度	感知
	客户使用某个触点的比例	交互
	推荐/回购/再次光顾的可能性	结果
	客户实际推荐品牌的比例	结果
	客户购买竞争企业产品的比例	结果
客户情绪	关于特定问题评论的频率	感知
	客户拥有正面/负面情绪的比例	感知
运营/事件数据	内部原因确认与回复时间	交互
	客服电话转接的比例	交互
	呼叫等待时间	交互
	呼叫放弃比例	交互
	客户问题第一时间解决比例	交互
	某个问题导致的呼叫数量	交互
	网站访问和路径	交互
	填写表格中途退出比例	交互

类型/来源	客户体验测量指标（示例）	指标类型
	客户的花费	结果
财务/交易数据	留存率	结果
	流失率	结果

（2）评估当前指标的有效性

接下来，企业需要评估当前的结果指标、感知指标和交互指标在测量整个客户旅程体验上的有效性，如表10-3所示。重点关注存在最大差距的地方，这些差距可以指引组织增加或重新定义客户体验测量指标。企业需要找出对测量重要目标或客户期望没有作用的指标，剔除这些指标将帮助企业减少测量的工作量，并专注于更为重要的指标。

表10-3　评估当前客户体验测量指标的有效性

指标类型	需要关注的差距
结果指标	哪些企业目标未被跟踪 哪些客户目标未被跟踪 哪些结果指标只跟踪意图，而不是实际行为 哪些结果指标跟踪得太早以至于不精确，或者跟踪得太晚以至于并没有帮助 哪些结果指标与业务或客户目标不一致
感知指标	客户旅程中的哪些客户期望没有被测量 真实时刻中的哪些客户期望没有被测量 哪些步骤间的相互依赖性没有被跟踪 哪些感知指标是在错误的时间进行跟踪的（如在用户第一次使用产品前考察产品推荐的质量） 哪些感知指标与真实的客户期望不一致
交互指标	哪些感知指标缺乏相应的交互指标 哪些交互指标缺乏相应的感知指标 哪些交互指标没有很好地与其相应的感知指标保持一致性

3. 使用客户旅程地图设计未来状态的客户体验指标

在这个步骤中，企业需要确定新的客户体验测量指标组合，并明确如何收集所需的数据来计算这些指标，具体的工作如下。

（1）删除不相关和弱相关性指标

在为客户旅程地图绘制开展的研究中，可以发现客户在客户旅程中最重要的目标和期望，当前客户体验测量指标中与这些目标不一致的需要马上删除，因为这些指标测量的是对客户无关紧要的事情。同样，相应的感知指标、相关性很弱的交互指标也应该被剔除，应停止花时间监测、分析和报告这些没有价值的指标。

（2）弥补那些存在差距的客户体验测量指标

接下来，企业需要有针对地为没有进行跟踪或者没有得到很好跟踪的重要结果、感知和交互增加相应的测量指标。首先，应该针对核心业务和关键客户目标定义能有效监测绩效表现的结果指标；其次，为整个客户旅程中最重要的客户期望和最重要的关键时刻定义感知指标；最后，对于每个感知指标，需要挑选一个交互指标或多个交互指标的组合，测量在每一个步骤中会影响客户感知的事件。

（3）规划和制定数据采集方案

为了获得客户体验测量指标所需的数据，企业可以在客户旅程地图上标识出时间线，如图10-1所示，确定何时对客户进行调查，以及何时收集其他形式的数据（如事件数据和交易数据），至少需要在整个客户旅程结束后发送一份客户调查问卷收集客户体验测量所需的数据。但是许多客户旅程非常长，以至于客户在旅程结束收到调查时，已经记不清楚在关键时刻所经历的事情了。在这种情况下，需要采取其他形式的调查，在关键时刻出现后尽快测量客户的感知，在客户能够做出准确判断时获取数据。

旅程阶段	咨询对比	订购办理	安装	使用	查询缴费	故障维修	续约	离网
渠道触点	公众号	营业厅	工程师	应用	官网	工程师	官网	营业厅

时间线	30分钟	20分钟	60分钟	300分钟/天	30分钟	60分钟	20分钟	20分钟
	第0天	第5天	第7天	第7天	第38天	第60天	第370天	第700天

关键时刻		是	是	是		是	是	
客户期望		套餐清晰、办理方便、快捷、不需要太多准备	工程师业务熟练、态度好，安装指引清晰	使用操作方便，性能稳定，网络速度快		响应快速，问题定位准确，解决迅速	有优惠，办理方便、快捷	
测量指标		● 等待时间 ● 办理时间	● 服务态度 ● 安装时间	● 易用性 ● 网络速率		● 呼叫等待时间 ● 第一时间解决率	● 易用性 ● 价格满意度	

图10-1　基于客户旅程地图来收集客户体验测量指标所需的数据（示例）

4. 在客户旅程地图的基础上更有效地分享客户体验测量指标

客户体验测量的成功要求企业内部的每个员工都必须对客户体验有清晰的认识，并且了解体验在不同级别上的改善情况。要实现这一点，需要在客户旅程地图的基础上开展以下工作。

（1）结合生态系统和客户旅程地图明确每个指标的负责人

首先，需要明确客户旅程中每个阶段的体验由谁来负责交付，可以在已经绘制的客户旅程地图的基础上，绘制客户体验生态系统地图，并添加到客户旅程地图的下面。在绘制客户体验生态系统地图时，需要与内部利益相关者合作，确定谁对哪一个具体的指标产生的影响最大，就由谁来负责这一指标。有时，可能出现生态系统中的外部合作伙伴也会影响客户体验指标的情况，这时需要找到从这些合作伙伴获益最大的内部利益相关者。

（2）创建基于客户旅程地图的仪表板

通过客户旅程地图上的仪表板来呈现测量指标，可以让客户体验专业人员和利益相关者更直观地从客户角度理解客户旅程中每个触点的表现，以及每个触点的改变如何影响其他触点。图10-2通过一个概要性的客户旅程地图，将每个阶段、场景和触点的指标直观地呈现出来。如果需要，也可以进一步开发一个客户体验问题热点地图，可视化呈现对客户旅程中各个触点体验产生负面影响最大的问题，标出哪些触点受到了主要的影响，以及受影响的下游触点有哪些。有些数字化工具可以将客户旅程地图数字化，为客户旅程中的关键客户体验测量指标提取数据，并进行可视化呈现，如印达科技（Quadient）的 Inspire 等工具。

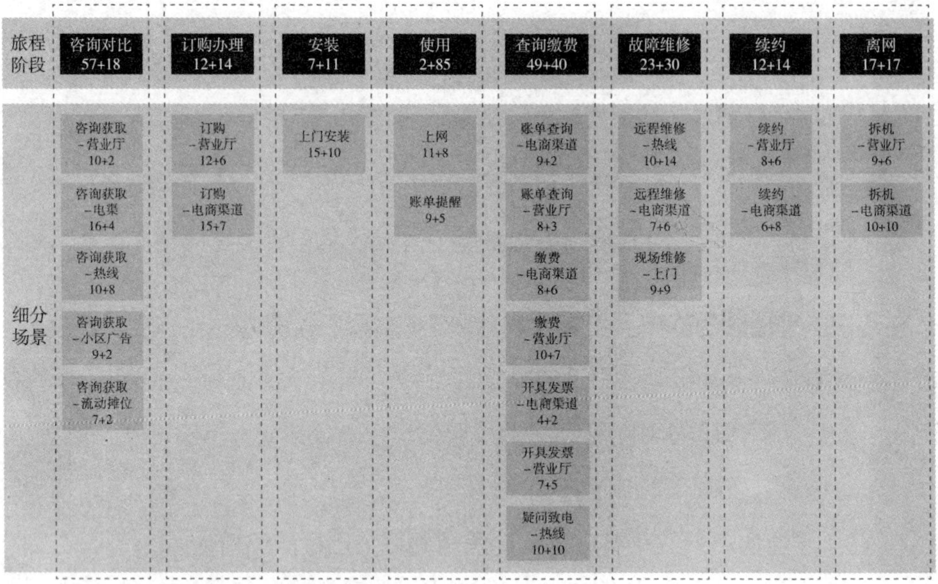

旅程阶段	咨询对比 57+18	订购办理 12+14	安装 7+11	使用 2+85	查询缴费 49+40	故障维修 23+30	续约 12+14	离网 17+17
细分场景	咨询获取 –营业厅 10+2	订购 –营业厅 12+6	上门安装 15+10	上网 11+8	账单查询 –电商渠道 9+2	远程维修 –热线 10+14	续约 –营业厅 8+6	拆机 –营业厅 9+6
	咨询获取 –电票 16+4	订购 –电商渠道 15+7		账单提醒 9+5	账单查询 –营业厅 8+3	远程维修 –电商渠道 7+6	续约 –电商渠道 6+8	拆机 –电商渠道 10+10
	咨询获取 –热线 10+8				缴费 –电商渠道 8+6	现场维修 –上门 9+9		
	咨询获取 –小区广告 9+2				缴费 –营业厅 10+7			
	咨询获取 –流动摊位 7+2				开具发票 –电商渠道 4+2			
					开具发票 –营业厅 7+5			
					疑问致电 –热线 10+10			

说明：每个文本框中的第一个数字为客观指标数量，第二个数字为主观指标数量

图10-2　概要性的客户旅程地图（示例）

10.3　基于客户旅程的测量建议

为了使客户体验测量指标与企业目标和客户的期望持续、系统性地保持一致，在构建基于客户旅程的体验测量体系时，有以下两个主要的建议。

1.持续验证客户旅程、关键输入和指标

使用客户旅程地图来定义客户体验测量指标是一个持续的优化过程，即使

初始的指标是基于广泛的研究和改进而设定的，但市场条件、客户期望、业务目标和技术的发展都可能随时间而变化，因此需要定期进行测试以确保这些指标的相关性和正确性。此外，还需要定期检查定义客户体验测量指标所使用的关键输入，如果这些输入发生了变化，则客户体验指标也需要更新。另外，还需要通过收集有关客户真正经历的步骤、顺序、使用过的触点，以及每一步所经历的时间和间隔时间等相关数据来定期或不定期地验证客户旅程的有效性。

2.将度量思维融入每一个客户旅程

在优化和重新设计客户旅程时，尽早规划和设计正确的客户体验指标，可以防止后期出现指标缺失，并为客户旅程的绩效表现设定可比较的基准。例如，快递公司 UPS 与客户体验咨询公司桑树咨询（Mulberry Consulting）合作，绘制了一张未来状态的客户旅程地图，用来展示在理想客户旅程的每个阶段中客户和企业的活动，并将客户旅程地图与业务流程和触点图关联起来，标识出客户旅程的每个步骤中 UPS 每个部门的行动和职责。这些地图还详细列出了每个触点的必要信息，如客户的目标、UPS 内部相对应的所有者，以及用来管理该触点的指标。

第 11 章

客户体验测量
工具与平台

本章概要

客户体验测量从数据采集、分析，到最后的
行动闭环落地，都极度依赖于数字化的工具与平
台。本章对客户体验测量工具与平台的分类、定
义和价值进行了分析，梳理了目前市场上可供使
用的各类客户体验测量工具与平台。

11.1　什么是客户体验测量工具与平台

客户体验测量工具与平台是用于收集、分析和报告客户体验数据的一系列技术和方法，要定义这类工具，应再次回到客户体验测量的定义：

> 客户体验测量是指通过多种形式采集数据，对组织提供的体验质量进行量化，建立体验与组织总体指标之间的关联，并进行持续监测、分析和优化的实践。

—— 客户体验101

根据客户体验测量的定义，企业进行客户体验测量有以下几个核心的工作内容：数据采集与整合、体验质量的量化、与总体指标的关联分析，以及对体验的监测与持续优化。

客户体验测量工具就是要在以上几个方面支持客户体验测量的各项工作内容，客户体验测量工具与平台的主要模块也可以相应作如下的划分。

模块1：数据采集与整合

从一个或多个渠道采集各种类型的数据，尤其是定量数据，并进行整合和治理，保证数据的质量可用。

模块2：体验质量的量化

设计客户体验测量所需的指标，定义指标的计算规则，并基于采集的数据进行测量指标的计算。

模块3：可视化与分发

对计算出的客户体验测量指标进行多种形式和维度的呈现，并可基于角色和场景进行针对性地分发。

模块4：数据分析与洞察

针对客户体验测量指标进行多维度的趋势、分布、对比等各类分析，或者建立模型进行相关性、预测、预警等专项和主题分析，输出分析结论和洞察。

模块5：决策支持与行动

基于体验指标的分析和洞察，支持在产品、营销、服务等方面的决策，或者通过工单流转驱动行动和应用落地。

在以上5个模块中，模块1、模块2、模块3是体验测量工具与平台的基础模块，模块4、模块5是增强型模块。根据具备的模块数量以及模块的功能情况，客户体验测量工具与平台可以分为以下3个等级。

等级1：基本型

具备模块1、模块2、模块3，既能进行常见渠道和数据类型的采集（如问卷调查、客户反馈），也能进行简单的指标设计与计算，还能进行常见形式的可视化，但是自定义功能较弱或不支持。

等级2：增强型

增强型可以细分为两类，一类是在基本型的基础上增加增强型的模块4和模块5；另一类是增强模块1、模块2、模块3的功能，例如能进行多渠道的数据采集，具备指标库和复杂指标设计，能进行自定义分析和复杂模型的分析等。

等级3：高级型

高级型一般要求具备客户体验测量的各个模块，并且各个模块能具备的功能要超出基本的功能水平。

11.2 客户体验测量工具与研究洞察工具的比较

客户体验测量工具和研究洞察工具虽然都与了解客户体验和反馈有关，但二者在以下方面存在一些不同。

1.目标不同

客户体验测量工具：主要用于评估客户在与产品、服务或品牌进行交互时所获得的体验质量，旨在收集客户的反馈，以了解客户的感受，帮助企业改进产品、服务和体验，提升客户满意度。

研究洞察工具：主要用于进行深入的用户研究，如用户测试、焦点小组讨论和用户访谈等，帮助企业深入了解用户的需求、行为和体验痛点，以获得更全面的用户洞察。

2.数据类型不同

客户体验测量工具：主要收集定量数据，如用户评分、满意度指标、点击次数、转化率等，这些数据提供了对客户体验的整体评估和量化指标。

研究洞察工具：主要收集定性数据，如用户意见、反馈、建议和情感表达。这些数据提供了更深入的用户洞察和对用户行为背后的动机的理解。

3.应用范围不同

客户体验测量工具：主要应用于日常的客户体验管理，如网站满意度调查、产品评估、NPS调查等，用于持续监测和改进客户体验。

研究洞察工具：主要应用于特定的用户研究项目，如新产品测试、市场研究、用户需求分析等，用于获取特定问题或项目的深入洞察。

虽然两类工具在一定程度上可以互补使用，但它们的侧重点和方法有所不同。客户体验测量工具更注重在大规模和持续的基础上量化客户体验质量，并推动优化行动；而研究洞察工具则更关注深入了解用户需求和体验背后的动机，提供分析和洞察。企业可以根据具体的业务目标和需要，综合使用这两类工具，以获得全面而有价值的分析和洞察。

11.3 客户体验测量工具与平台的发展历程与现状

客户体验测量是大部分企业开展客户体验工作的切入点，所以对客户体验测量工具与平台的需求一直非常大，而且增长迅速，是应用得最早、最广泛的体验工具与平台。这类工具与平台一般从以下几类工具与平台演变而来。

1. 基于传统在线调查工具

在线问卷调查是采集客户行为和感知数据最主要的方法，由于实施简单、快速、门槛低、结构化程度高而得到广泛使用。这类平台往往具备非常完善的在线问卷数据采集和数据分析功能，并在此基础上进行扩展，包括数据采集方式的扩展，并增加了量化分析、可视化等功能，可以非常平滑地发展成为客户体验测量工具与平台，典型的有国外的 Qualtrics，国内的如倍市得客户体验管理平台。

2. 基于客户反馈类平台

客户反馈管理（CFM）平台和客户之声平台这两类平台在初期往往也具备在线问卷功能，并且数据采集的方式更加丰富和强大，如邮件反馈、图文反馈、内外部客户服务数据，以及社交媒体、舆情数据采集等。除了结构化数据，这类平台往往能通过多种渠道采集到更多的非结构化数据，在不同类型数据的整合和分析上，它们比在线调查工具更强大，所以发展成为客户体验测量工具与平台也更加顺理成章，典型的有国外的 Verint、Inmoment、Clarbridge 等。

3. 基于生产运营平台

客户关系管理、自动化营销平台等，与前两类侧重于研究和洞察的平台不同，这类平台本身是偏运营和生产的平台，前期的核心功能是支持日常的客户运营、互动和营销。开展这类工作往往也需要进行内外部的数据采集（尤其是内部运营和业务数据的采集），并且需要分析运营策略的效果，从而进行调整和优化，因此这类平台在数据采集和分析方面也具备良好的基础，如果再增强一些量化和可视化功能，就可以很快成长为非常强大的客户体验测量工具与平台，典型的这类平台包括国外的 Sprinklr、Salesforce 等。

除以上基于现有功能演变而来的客户体验测量工具与平台外，还有一些从一开始就聚焦于客户体验测量的工具与平台。这类工具与平台的初期功能并不强大，聚焦于某一个切入点，然后逐步扩展和增强，如 NPS 测量平台，从 NPS 的评分和分析入手，逐步扩展到基于 NPS 的行动闭环，再进一步扩展到其他测量数据和指标的采集和分析。这一类代表性的平台包括 Asknicely、Satmetrix、Delighted 等。

4. 客户体验测量工具与平台的总体现状

客户体验测量工具与平台由于既能帮助企业理解客户，评估体验水平，发现体验问题，又能推动体验优化的流程，因此其商业价值是比较显性的，尤其是在洞察和管理上的作用，故而得到了快速地发展和应用，成熟度快速提升。

但发展到现阶段，客户体验测量工具与平台的基本模式没有新的拓展，数据采集、量化分析、行动优化各个模块没有新的突破。面对数字化程度、一体化程度不断提升的企业，客户体验测量工具与平台对企业日常生产和经营的直接嵌入和促进显得不够，其商业价值逐步落后于期望。

总体来说，如果从成熟度和商业价值两个常用的工具与平台评估维度来评估，客户体验测量工具与平台目前已经进入了高成熟度、中等商业价值的象限。从发展趋势来看，由于投资和维护成本很高，在方法和功能方面获得突破的可能性不大，其总体的商业价值可能会呈现进一步下降的趋势。客户体验测量工具与平台的总体现状如图 11-1 所示。

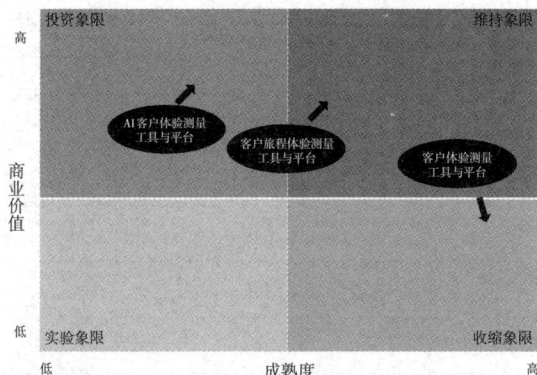

图 11-1　客户体验测量工具与平台的总体现状

虽然整体上进入一个发展瓶颈期，但客户体验测量工具与平台在某些方向上已经开始进行探索，目前来看有两个重点发展方向：一个方向是基于客户旅程的测量工具与平台，开始从更加端到端的视角和方向，以客户旅程为主线进行测量和优化；另一个方向是 AI 技术的应用，包括利用 AI 技术进行客户体验的分析、测量和预测，支持更加智能和快速地行动。目前，基于客户旅程的测量已经得到了初步的应用，AI 技术的应用还处在起步阶段。这是未来一段时间客户体验测量工具与平台可能会取得突破的两个重点方向。

11.4　典型的客户体验测量工具与平台

以下是一些常见的客户体验测量工具与平台，根据每个工具具备的功能，对该工具与平台所属的级别做了评估，如表 11-1 所示。

表 11-1　常见的客户体验测量工具与平台

序号	工具名称	备注
1	倍市得	增强型
2	体验家 XMPlus	增强型
3	快决测	增强型
4	数阔云听	增强型
5	CustomerGuage	增强型
6	Forsta	高级型
7	Inmoment	高级型
8	Medallia	高级型
9	NICE	高级型
10	SMG	高级型
11	Qualtrics	高级型
12	Verint	高级型

作为未来客户体验测量工具与平台的重点发展方向之一，基于客户旅程的测量工具与平台是非常有发展潜力的领域，但由于其技术的复杂性，目前这类工具与平台仍然处于发展初期。主要的基于客户旅程的体验测量工具与平台如表11-2所示。

表11-2　主要的基于客户旅程的体验测量工具与平台

序号	工具与平台名称	备注
1	csg	原 Kitewheel
2	Genesys	原 pointllist
3	Medallia	原 thunderhead
4	Quadient	
5	Alterien	
6	inQuba	

第 12 章

客户体验测量
的发展趋势

本章概要

　　本章分析了客户体验测量的发展趋势和存在
的挑战，提出客户体验测量创新的方向和原则，
并对构建更加符合未来趋势的客户体验测量体系
的几项重点措施进行了详细的介绍。

12.1 客户体验测量的趋势与挑战

企业客户体验测量面临的挑战和机遇主要来自客户体验本身在不断演进，变得越来越复杂、多变，越来越难以捕捉，如客户触点的大爆炸，新兴交互形式的不断出现和广泛应用，以及客户体验测量体系本身面临的问题，但也有可以利用的机会，如 AI 技术的不断成熟和应用。具体来看，客户体验测量面临的挑战和机遇主要包括以下几点。

1. 客户交互的渠道和触点急剧增加

在新需求、新技术的驱动下，消费者与企业互动的渠道越来越多元化，客户与企业打交道的触点数量急剧增加。根据美国 GWI（Globla Web Index）2017年的调查，美国商务人群平均拥有3.64部终端，常用的 App 为15～35个，平均拥有5.54个社交账号，平均每天收发121封邮件。因此，不论对于企业还是消费者，都将迎来一个触点大爆炸的时代。

2. 新兴交互形式不断出现和普及

新兴的交互技术不断出现，图文交互是移动互联网初期的主要交互形式，但最近几年，新的交互形式不断涌现并得到广泛应用，如会话式交互、语音交互、AR/VR、物联网等交互形式。同时，脑机接口等非常前沿的交互形式也开始受到关注，并得到初步的尝试。根据市场研究机构 TechReport 的数据，美国的消费者已经可以与超过100000个 Facebook 的聊天机器人进行会话式交互。语音交互开始取代文本输入：2023年，41%的用户每天会通过手机语音进行搜索。此外，客户越来越多地使用视频和照片互相交流，以及与品牌互动。

然而，目前主流的客户体验测量解决方案难以评估各种快速增长的新型体验，即使是对最近几年已经在快速普及的交互，目前也缺乏非常有效的、体系化的测量方法和模型，对于最前沿的交互形式的测量，更是鲜有探索。

3.传统的体验数据采集方式受到挑战

最明显的例子，就是消费者越来越抗拒陈旧的客户体验调查问卷。作为最常见的客户体验测量数据采集方式，全球每年通过低成本的电子渠道发布出去的问卷，少说也会有几十亿份。对于客户来说，这些机械的问卷调查既不容易完成，互动性也不够，还会问很多的问题（一份30道问题的在线问卷遍地可见），而且往往按照企业期望的时间进度回收，聚焦在抽象的、策略性问题上，而不是客户关注的问题。更重要的是，客户没有动力完成它们，因为客户不相信自己的反馈会起到作用（事实上也是如此）。

以上这些原因导致问卷调查总体的响应率持续降低，皮尤研究中心的一项研究发现，电话调查的响应率在过去10多年里从36%降到了6%。同时，用户对调查也变得越来越没有耐心，美国用户体验研究公司Medallia对零售行业的研究发现，调查长度每增加一分钟，退出率就会提高2%～4%。一些研究公司甚至预测很快就无法使用调查来收回有效的客户反馈数据，这让现有的客户体验测量面临非常严峻的挑战。

4. AI技术提供了更好的测量和分析方法

由于低成本、可扩展的计算能力，标签化的数据训练，以及深度学习开源框架的普及，AI和深度学习已经开始得到广泛的应用并取得实际效果。很多企业开始尝试这些方法，利用AI技术提高客户体验测量在文本分析和预测分析方面的速度和准确性。

AI和深度学习也可以分析新形式的客户反馈，如图像和视频，可以大规模、高精度地进行分析，同时还可以允许客户使用自然语言与分析系统进行交互，提升客户体验测量和应用中的便利性和效率。新技术在给客户体验测量带来挑战的同时，也给客户体验测量提供了重大机遇。

12.2　客户体验测量创新的方向与原则

面对以上挑战和机会，企业需要不断创新客户体验测量实践活动，在模式和方法上不断尝试。根据目前面临的主要问题和机会，客户体验测量领域可以重点创新的方向包括：

- 方向1：基于客户旅程开展客户体验测量；
- 方向2：采用更现代化的调查方式；
- 方向3：挖掘更多的客户体验测量数据来源；
- 方向4：利用技术升级能推进客户体验行动的分析。

企业在进行客户体验测量创新与尝试时，也要避免过于盲目，在开始新措施时，要先确认新措施能否让自己的客户体验测量体系在相关性（Relevance）、实时性（Realtime）、洞察力（Insights）、行动力（Actions）上实现提升，且能提升多少。客户体验测量体系的演进原则如图12-1所示。

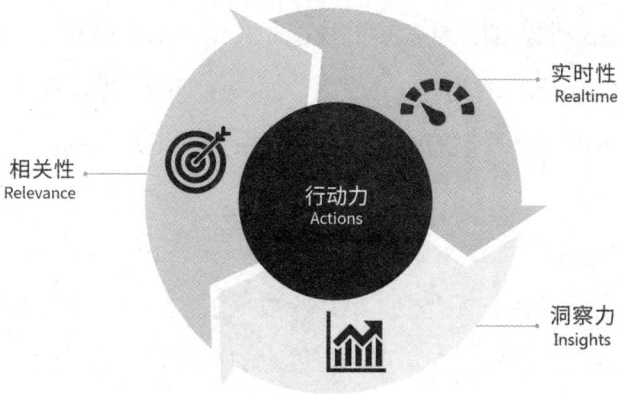

图12-1　客户体验测量体系的演进原则

原则1：相关性

客户体验测量的相关性包括与客户的相关性，以及与企业的相关性。与客户的相关性主要是在采集客户体验测量数据时与客户所在的场景和个人相关，保证采集的客户视角，让客户愿意提供自己的行为和感知数据，而且是真实的数据。与企业的相关性包含两大部分：相关数据采集和相关报告，保证对企业关注的业务和客户进行测量，并提供针对性的洞察和报告。

数据采集的相关性可以概括为"在正确的时间采集正确的数据"。通过一致的客户体验测量体系架构，将具体的数据进行连接和整合，以提供全面的客户体验评估。在这个集成和一致的整体框架内，也可以对数据采集方法进行微调以测量特定的交互行为。报告的相关性是要确保收集到的数据以特定的形式交付和分发给使用信息的各种受众和利益相关者。

原则2：实时性

在数字化时代，客户对企业响应的实时性属于最高级别的期望。快速采集的"即时"数据可实现对具体反馈的快速响应。相反，收集经过长时间考虑的数据可以提供更全面的洞察，但可能会导致整体周期的拉长和速度变慢。总体来说，在数字化时代一个及时的反馈比一个深思熟虑的反馈更有价值。

与相关性类似，实时性也有两个方面的考虑因素，即数据采集的速度，以及数据和信息在企业内的流动速度。快速的数据采集能提升客户体验测量的相关性，同时也能提升洞察和发布的速度，加快内部的数据流动，促进迅速的行动闭环，缩短客户等待反馈的时间，强化对反馈的感知和价值，从而进一步提升客户对反馈的积极性。

原则3：洞察力

在快速采集了与客户高度相关的体验数据后，接下来的关键是能基于这些数据进行深入的洞察，包括在广度和深度上的分析和评估。在广度上，需要打通各个渠道、触点、平台和部门之间的数据，形成对客户体验的整体洞察。在深度方面，不能仅仅停留在表面"症状"级别的分析，要结合内部运营数据，以及关于客户的定性数据，找到体验问题的根本原因。

当然，也要根据企业内部不同部门的需求，根据不同情况控制深度以确保客户体验测量的内部相关性，这是让企业各个层面能使用洞察力促进增长的最有效的方法。简而言之，数据的呈现和使用需要平衡其深度和广度，以帮助不同部门的员工更好地理解和利用数据,从中获取有价值的信息。

原则4：行动力

所有的数据采集、分析、洞察,最终目的都是为了找到问题的根本原因,制定针对性的解决方案并执行,形成客户体验测量的闭环。针对不同客户、不同部门的特点,将相关性、实时性、洞察力进行针对性地结合,是形成最终可执行解决方案的关键,也是提升体验测量行动力的关键。

12.3 开展基于客户旅程的客户体验测量

数字化时代,客户与企业交互的触点迅猛增加,客户的整体体验更大程度上取决于端到端的客户旅程,而不是单一的触点。所以,企业对客户体验的测量也不能局限于触点层面的测量,而需要建立对客户旅程的体验测量框架。

根据客户体验测量平台提供商 Pointillist 在2020年对1050位客户体验从业人员的调查,那些表现最好的企业,都因为开展基于客户旅程的体验测量和优化而获得了成功。超过90%的受访者表示,基于客户旅程的方法对他们识别改善体验的机会、在目标和测量上协调团队,以及洞察影响绩效的关键机会都产生了积极影响,如图12-2和图12-3所示。

79%
的人表示基于客户旅程
的战略对企业的整体成
功非常重要或极其重要

图12-2　企业对基于客户旅程的体验测量的重视程度

（数据来源：Pointillist 的《2020年客户旅程管理和客户体验测量报告》）

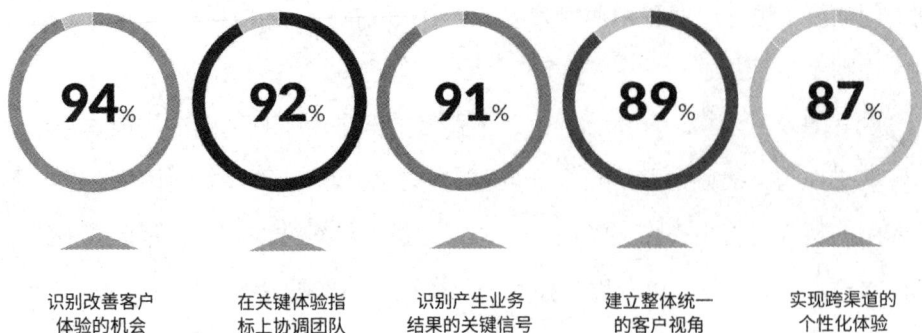

94% 识别改善客户体验的机会

92% 在关键体验指标上协调团队

91% 识别产生业务结果的关键信号

89% 建立整体统一的客户视角

87% 实现跨渠道的个性化体验

图12-3　基于客户旅程策略的作用

（数据来源：Pointillist 的《2020年客户旅程管理和客户体验测量报告》）

建立基于客户旅程的体验测量框架需要具备一些基础条件，遵循一定的步骤和方法，后面的章节将对如何建立这一框架进行详细的阐述。

12.4　采用更现代化的调查方法

来自美国运通（American Express）的客户聆听副总裁路易斯·安赫尔·拉兰内（Luis Angel Lalanne）说："我一直在提醒大家，客户是在帮我们一个忙。我们需要使调查更简单、更具吸引力。"

这也是当下每一个做客户洞察和体验测量的专业人员必须谨记的一点，要想建立一个更有效的客户体验测量体系，必须采取措施实现客户调查的现代化，提升调查的效率和有效性，保证数据质量，这是客户体验测量取得成功的基础。

1.创建可视化和个性化的调查

客户之声（VoC）供应商 Customerville 的设计师创建了高度可视化和体验感的调查，让受访者重温经历的体验，触发记忆，使互动更具个性化和吸引力。阿拉斯加航空公司利用 Customerville 的这种技术在乘客乘坐航班后进行回访，在调查问卷中会出现所乘航班的空乘人员和机长的个人照片，以及带有公司高管个人照片的反馈邀请，请客户对他们和公司的服务进行评价。

改版后的客户调查响应率平均增加了 4 ～ 6 倍，并受到了很多消费者的称赞。阿拉斯加航空公司通过其 AlaskaListens 客户聆听计划获得的客户反馈中，有 20% 来自客户主动前往官网填写的调查，而不需要另外邀请。

2. 将传统的调查转化为对话

平台供应商 Wizu 提供了一个基于移动终端的调查界面，看起来像客户习惯使用的短信和聊天的会话框。企业可以用自定义工具编写一组以这种格式显示的结构化问题，如图 12-4 所示。

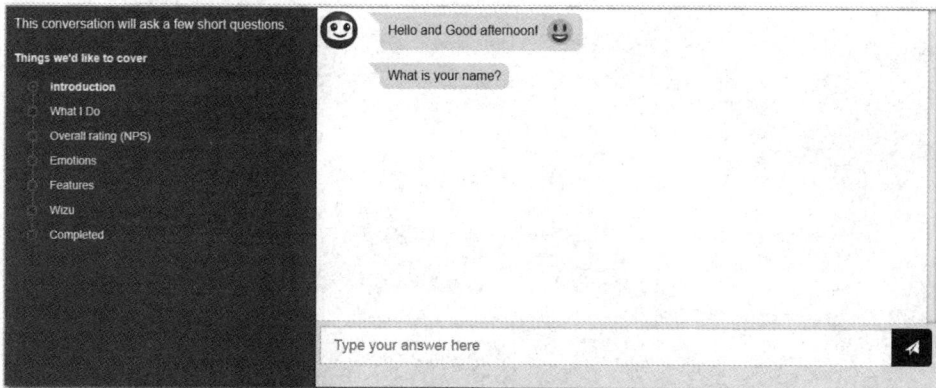

图 12-4　Wizu 的问卷调查模拟会话式聊天模式

（图片来源：Wizu）

有些供应商的做法会更进一步，不仅仅是编写问题，像 inMoment 这样的客户反馈平台供应商还使用实时文本分析技术来识别客户在调查问卷中输入答案时的主题和情绪。在客户输入文字的同时，这些工具可以创建开放形式的后续问题，以提示更多详细信息。零售商 Express 使用 inMoment 的 Active Listening 调查店内体验，在实施后的 6 个月内，与去年同期相比，调查量增加了 33%，评论长度增加了 37%。

3. 让客户在调查反馈中包含视频和图片

对于客户来说，发送受损产品的图像比以文字形式描述要容易得多。与此同时，图像和视频会对收件人产生更直接的影响，并提供更多额外的重要背景信息。例如，企业可以了解客户所处环境，以及客户习惯的语言表达方式，这些是文字所不能展现的。

智能手机已经非常普及，可以有效利用手机的相机和麦克风，为客户的反馈提供便利：与在小屏幕上打字相比，说一段话、拍几张照片或者一段视频会更加方便。现在市面上已经开始出现了以视频方式进行的调查，这让客户的反馈更加直接和形象，如图12-5所示。

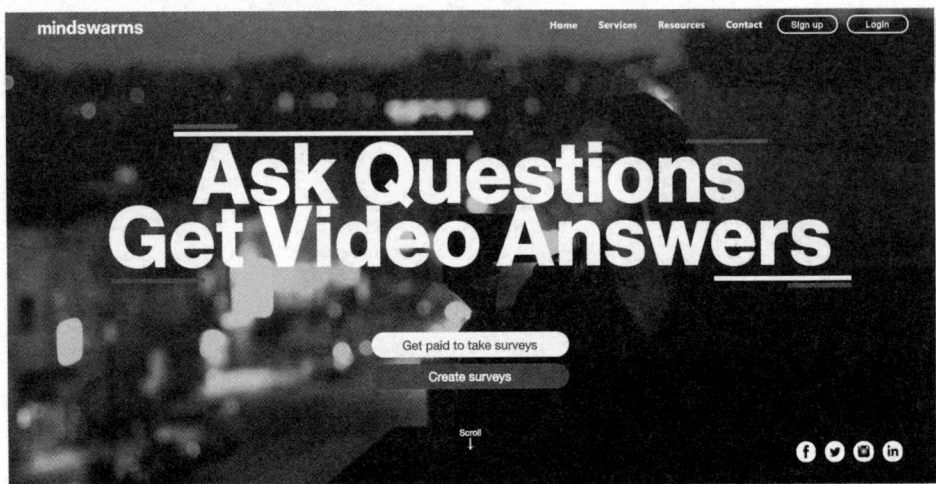

图12-5　mindswarms开始提供视频调查

（图片来源：mindswarms）

4.在客户使用过程与交互流程中嵌入小调查

将简短、及时、有针对性的调查问题嵌入客户的使用过程和交互流程，可以让问卷的实时性和相关性更高，客户在反馈时也更加轻松和准确。例如，企业为了搞清楚关于某产品部分的设计和内容的改善是否有效果，会在消费者浏览网站中关于这个产品好处的内容时，询问"您是否觉得我们对产品的好处介绍清晰易懂"等问题。

12.5　挖掘更多客户体验测量的数据来源

　　企业在征求客户的反馈意见时，应该寻找客户偏好的新型互动渠道，开拓和挖掘那些客户已经真实表达了他们体验感受的数据来源。

1.将反馈请求嵌入与客户的对话

　　一家电信运营商利用客户反馈平台供应商 Geckolyst 的反馈平台，在消费者通过在线聊天完成客户服务后，立即启动一份聊天形式的调查，结果发现很大比例的客户完成了这份调查，如图 12-6 所示。VoC 供应商 Rant & Rave 与Amazon Alexa 智能音箱进行了集成，让消费者可以通过与 Alexa 交谈来提供有关品牌的反馈，参与简短的问卷调查。

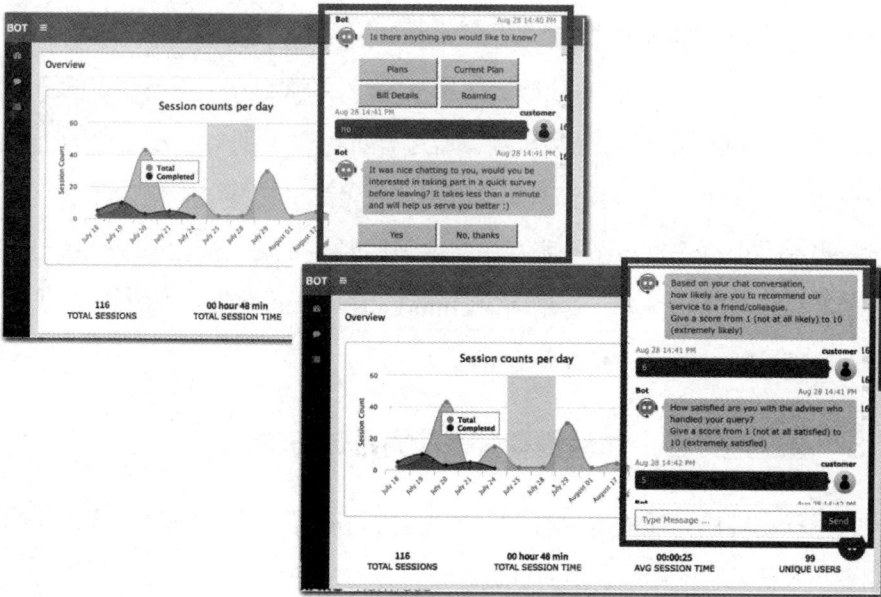

图 12-6　Geckolyst 在客服结束后的调查邀请

（图片来源：Geckolyst）

2.用非结构化的文本数据补充结构化调查

　　虽然整理和分析非结构化的文本数据有些困难，但是它通常更能真实和准确地反映客户的体验。随着文本数据采集与分析技术的进步，企业可以加大对这些非结构化文本数据的采集与分析力度，将原来对问卷调查的采集与分析升级替换为对呼叫中心通话记录、社交媒体帖子，以及与客户往来的电子邮件的挖掘。这些分析不但可以评估客户体验的现状，而且可以为深层次的原因分析提供有力的支持。

聊天机器人和自然语言识别供应商 Nuance Communication 与客户合作，使用文本分析挖掘客户与 Nuance Communication 的聊天机器人互动的脚本。分析可以显示客户在实时聊天中提及的主题、频率，以及他们询问的准确内容。一家电信运营商发现，使用这种方法，网上营业厅在改版后客户的聊天记录显著增加，通过对这些聊天记录的深入研究，发现是重新设计导致了客户再也找不到登录区域。

3.分析客户公开分享的图片和视频

视频和图像分析公司 Ditto Labs 使用 AI 挖掘图像，并按照图片中的主题、情绪，以及公司 Logo 进行分类识别。通过分析可以识别客户对企业的正面或负面表达——即使是在客户没有明确提到企业名称的情况下。例如，航空公司可以找出有多少客户发布了一张从该航空公司的某一架飞机上拍的照片，并写道："又一次飞机延误。"这是因为 Ditto Labs 可以通过照片中的 Logo 或其他可识别内容识别出是哪一家航空公司。

12.6　通过提升客户体验测量分析能力推动行动

为了推动客户体验的改进行动，企业需要将他们的分析进行升级，让体验的测量和分析更有预测性、更有远见。

1.使用 AI 查找导致负面情绪的问题

情感分析供应商 Adoreboard 使用常识推理（Common Sense）和情感计算（Affective Computing）等 AI 技术，为 Plutchik Wheel 情绪轮模型中的每个主要情感创建一个指标，如图 12-7 所示。其利用这种 AI 分析技术与欧洲的一家大型客运公司合作，开展社交媒体数据的挖掘分析，发现客户对公司车队中的 Wi-Fi 网络不好感到愤怒，这个问题对客户整体体验的影响比其他任何因素都大。公司管理层对 Wi-Fi 问题造成如此强烈的负面情绪感到震惊，因此投入了 50 万美元来更新车队的网络连接。结果，批评者数量减少了 74%，品牌拥护者数量增加了 500%，品牌亲和力增加了 21%。

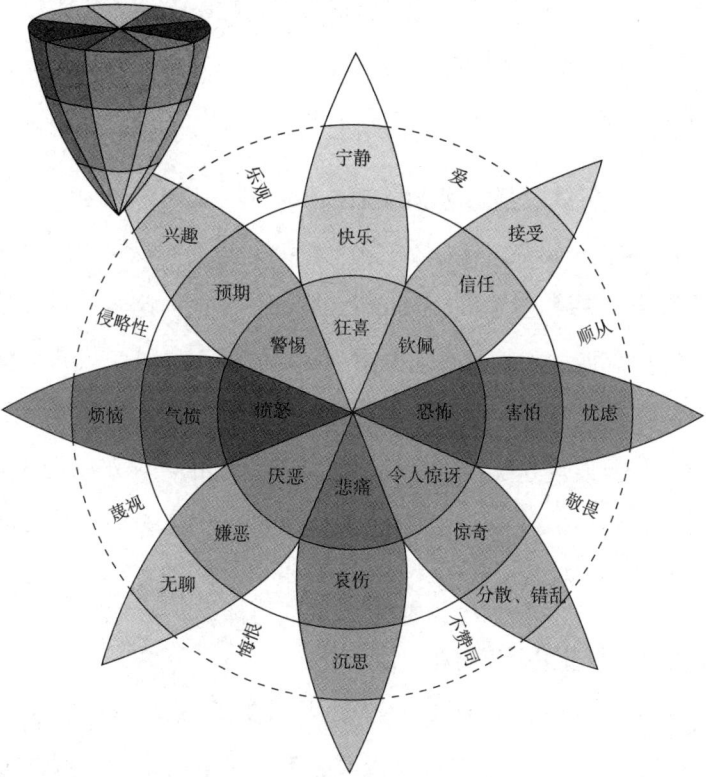

图 12-7　Plutchik Wheel 情绪轮模型

（图片来源：Wikipedia）

2. 利用数据对客户体验测量指标进行预测

预测算法可以利用现有的调查数据和结果，加上客户背景信息、交易数据和财务数据来预测客户对体验最可能的感受。一家大型保险公司与客户数据分析提供商 Mattersight 合作，为每一次通话自动生成推荐可能性的得分。为了准确计算这一预测性分数，Mattersight 的分析工具可以挖掘呼叫记录的各种数据属性，如客户与客服通话的时长、话务员的热情等级，以及通话期间的停顿次数。

将客户服务数据与其他业务数据相结合，并使用热图等可视化工具进行展示，可以提供深入的洞察，其中包括 NPS 的预测值，以及主要关键指标的表现，如客户情绪、非交互时间等。利用这种预测性分析，这家保险公司将客户满意度提高了 10%，同时将绩效管理成本降低了 10% ～ 15%。

3. 甄别未知的体验模式并预防问题的发生

利用跨数据源的模式识别工具，加上预测分析，可以甄别出企业最关注的体验问题或机会。医疗健康机构 Optum 的客户体验团队将客户行为数据、客户体验质量、客户忠诚度和续订等业务指标结合在一起，通过模式识别提高客户体验的机会。他们重点跟踪监测了重复呼叫客户，这类行为可能会对忠诚度造成负面影响，一旦发现这类行为后，会让更高级别的团队进行回访。Optum 正在把这种模式探索性扩展到其他产品使用数据中，例如标记一段时间未登录系统的客户，然后跟踪和监测这类客户的体验水平。

4. 通过实时分析进行测量和干预

使用流分析（In Stream Analytics），可以在交互发生的同时对客户体验进行测量和分析，并在当下采取行动以改善客户体验。例如，医疗健康服务机构 Humana 与语音分析提供商 Cogito 合作，试点分析通话的实时语音，包括音调、语气、语速、节拍等，基于这些洞察在客服代表的计算机屏幕上实时显示提示信息，如"你的语速有些快"或"客户需要同情"等。使用这种实时分析工具后，客服代表的 NPS 提高了 28%，问题解决率提高了 6%，平均通话时间和需要越级的次数也有所减少，三分之二的话务员表示其与客户的互动有所改善，如图 12-8 所示。

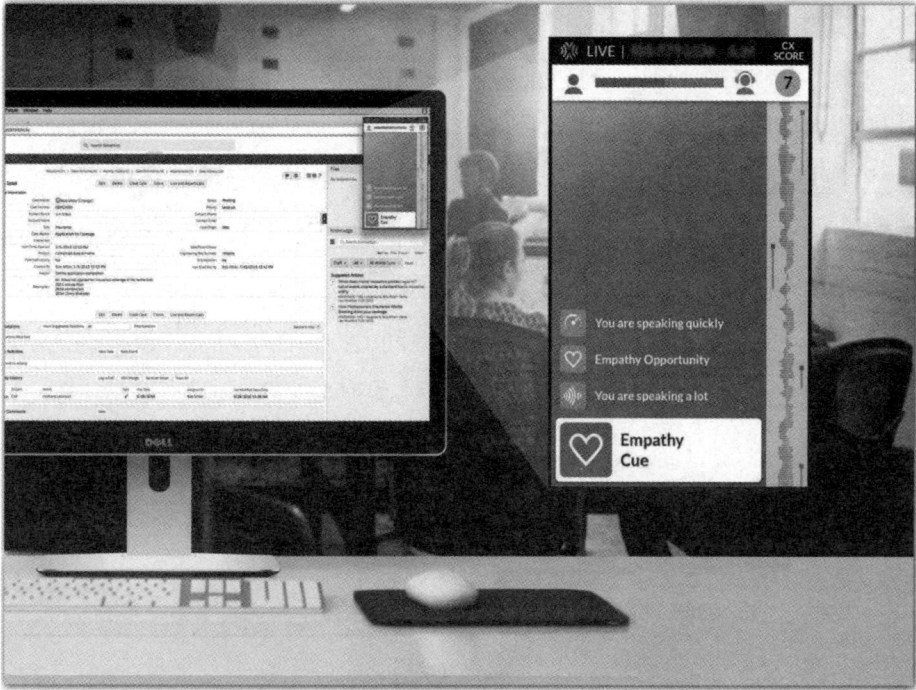

图12-8 Cogito基于实时流分析协助客服代表

（图片来源：Cogito）

5.使用客户旅程分析来测量和改善跨渠道体验

客户旅程分析能发现客户在尝试实现目标时遵循的路径，并识别会导致特定结果（如购买或流失）的路径。花旗银行与客户旅程分析提供商 ClickFox 合作测量跨渠道客户旅程的首次接触决议，ClickFox 生成的数据为花旗集团预测客户行为，并为下一步最佳行动提供了建议。例如，针对丢失信用卡后的换卡问题，为了改善获取替换卡的体验并提高激活信用卡的客户比例，花旗银行推出了替换卡跟踪功能，还简化了激活信用卡的流程，使其更加简单和快速。

6.使用自然语言来协助更快地分析和决策

使用自然语言处理技术，可以创建一种全新的对话式交互系统，使客户能够以自然语言的形式查询和互动客户体验测量指标。Dynatrace 是一家应用程序性能监控供应商，通过文本或语音输入提供服务。即使对技术不了解的客户也可以简单地提问："我们的网站昨天下午2点到4点之间是否有任何问题？"并可以在Slack或Alexa平台中找到答案。

当客户向Dynatrace的虚拟助手Davis提出问题时，它能够根据客户的问题从系统中收集相关的数据，并基于数据分析提供进一步的行动建议。例如，Dynatrace的聊天机器人可能会提出诸如"你可能也需要查看系统Y"或"你可能想要运行分析Z"的建议。系统会随着时间的推移而学习，并最终提供解决方案，如"步骤X过去起到过效果，你想试试吗？"

第 13 章

从客户体验测量
到"可观测性"

本章概要

　　本章从更底层分析了目前的客户体验测量方法存在的局限性，并提出了突破这些局限的方向 —— 从客户体验测量走向"可观测性"。同时，对"可观测性"的概念和基本框架进行了初步阐述。

在理论上，客户体验测量的框架和方法都非常清晰，易于理解和操作，所以大部分企业开展客户体验管理选择从客户体验测量入手。但从实际的结果来看，客户体验测量计划的成功率并不理想。

2021年麦肯锡的一项调查结果显示，只有15%的企业领导对所在企业的客户体验测量感到完全满意，只有6%的企业领导对客户体验测量体系在战略和战术上的决策支持有信心。2022年Forrester的一项调查也显示，有40%的客户之声和客户体验测量计划在效用和效率上是失败的。这些数据很清楚地说明，目前客户体验测量在实际工作中的ROI并不是一个可以接受的结果。

13.1 客户体验测量的困境

在反思客户体验测量的残酷现实时，很多企业会把原因归结为一些客观条件和因素，比如要采集和整合的数据类型太多，难以保证数据的质量；用户对隐私非常敏感，企业难以获得充足的数据进行建模和分析等。不可否认，这些问题是影响客户体验测量计划成果非常常见的因素，但是反思这些客观原因的同时，也需要反思目前客户体验测量理论和方法本身是否也存在一些缺陷，即使是以上问题都得到了解决，这些根本性的问题仍然会存在，并从更高的层面限制客户体验测量的效果。

在进行这个层面的反思时，我们可以对比以下两种情形：一种情形是很多大中型企业非常积极和投入地在实施客户体验测量计划，但是结果往往并不理想；另一种情形是很多处在初创阶段的团队和企业，他们并没有建立非常完善的客户体验测量体系，但提供的客户体验非常出色，并因此获得了快速增长。这个现象反映了一个尴尬的事实——客户体验测量对于成功的客户体验来说，可能既不是充分条件，也不是必要条件。这说明客户体验测量本身可能存在着一些先天性的缺陷。

再回到客户体验测量方法，它的基本流程是：设计客户体验的量化指标→

采集数据→分析和可视化→采取行动。可以看到，整个客户体验测量的核心基本是围绕着"指标"来开展的，虽然指标会让整个体系操作起来更加简洁和聚焦，但这同时也隐藏了一直以来被忽视和掩盖的各种问题，其中有些还是根本性的问题。

问题1：局限性和片面性

每一项指标都是对对象的高度提炼和抽象，尤其是综合性指标。这个抽象过程会损耗掉很多具体、个性化的信息，所以基于指标的测量通常只能提供有限的信息，无法全面反映复杂系统或情境的全部特征，这可能导致企业忽略了一些重要的方面。

问题2：过度依赖单一指标

很多时候出于管理上的惰性或者专业上的迷信，企业可能过于依赖单一指标来评估一个系统或情况，从而忽视了其他同样重要的因素，这可能导致分析和决策出现偏差。业界对净推荐值、客户满意度等指标的应用，就是过度依赖单一指标的典型表现。

问题3：数据误差和不确定性

由于数字化的快速发展，企业与客户的交互形式和渠道变得非常复杂，同时由于技术原因，指标的数据收集和处理可能存在误差和不确定性，如果数据质量不高或采集方法不准确，则可能导致指标的数值出现非常大的变动，造成对实际情况的错误理解。

问题4：滞后性与短期性

指标都是基于已经发生的情况计算出来的，因此只能提供过去的信息，无法对未来的情况进行准确的预测。在需要实时反馈和快速响应的情况下，这种滞后性可能成为一个问题。同时，基于指标的客户体验测量可能往往只关注短期效果，而忽视了一些对长期发展和可持续性的重要影响因素。

问题5：指标的相互影响

不同指标之间可能存在相互影响或关联，单独看待每个指标可能导致对整体情况的误解。但在最初设计指标时，很难判断哪些指标之间可能存在相互影响或关联，只有等数据积累到一定量时，才能通过建立相关的分析模型进行分析和判断，这时可能为时已晚。

问题6：难以量化的要素

某些重要的要素或者关系，可能难以用具体的指标来衡量，比如作为体验核心要素之一的"场景"，由于很难用少数几个指标进行完整的测量和监控，所以"场景"这个要素在客户体验测量时一直是被忽视的。

问题7：难以处理突发事件或未知情况

基于指标的客户体验测量会损耗掉很多信息，其中有些影响不大，但是有些可能是非常重要的信息，这些信息无法通过指标显现，而是积累到一定程度才会爆发出来。当面对这些突发事件或未知情况时，事先定义的客户体验测量指标体系可能无法提供有效的应对措施。

要克服基于指标的客户体验测量存在的这些缺陷，可以采取综合使用多种指标、定期审视和调整指标体系、结合定性研究等方法来获取更全面、更准确的信息，要认识到指标只是辅助决策的工具，而不应成为唯一的依据。

更重要的是，我们必须找到一种更加有效的方法，克服（或者部分解决）基于指标的客户体验测量存在的这些根本性体系，更加有效地反映和优化客户体验。目前这个新的概念和方法可能就是"可观测性"，也可以称之为"可见性"。

13.2 从客户体验测量走向"可观测性"

1.什么是"可观测性"

"可观测性"这一概念源于控制理论，是指仅通过观察系统的外部输出来确定系统内部状态的程度。换句话说，如果可以通过观察系统的外部以确定内部发生了什么，那么该系统就具有可观测性。

2018年，"可观测性"被引入IT和研发领域，开始逐渐取代传统的系统监控。与客户体验测量类似，监控侧重于观察特定指标，而"可观测性"则是通过分析系统产生的数据，理解和推演出系统内部的状态。由于数字技术和云原生应用的创新迭代速度加快，传统监控已经无法支持如此复杂的技术和业务场景了。

IT与研发领域的"可观测性"将传统监控的外延扩大，改变传统被动监控的方式，主动观测系统及所包含应用的各项指标，让系统恰当地展现自身的状态，获知所有层面的必要信息，从而观察系统的各类行为是否存在异常。通过对开发、测试、运维、业务运营、安全合规等全业务运营流程的深入分析和监控，企业可以有效地测量、预防、发现、定位、解决系统和业务问题，从而提升业务效能。

同样，体验领域的"可观测性"也是对基于指标的"体验测量"的拓展，其以更加深入的方式理解企业体验运营系统的逻辑和关联关系，从全局、完整的角度对客户体验的状态进行呈现和分析，让客户体验测量更加深入、更具预测性，让客户体验行动更准确、实时。

2.为什么需要"可观测性"

IT与研发领域的"监控"目前所发挥的作用和面临的局限，与客户体验领域的"测量"具有高度类比性。因此，客户体验领域也需要引入"可观测性"，突破目前客户体验测量面临的瓶颈，从更加主动、全局、完整的角度和层面，对客户体验的状态、机制、问题进行呈现，更加及时、根本性地解决体验和业务问题。

从更大的视角来看，"可观测性"还可以进一步将客户体验和IT进行整合，因为从更完整的角度来看，客户体验最底层的基础也来自IT和研发。一个更完整的"可观测性"，应该将这两个不同层面的系统进行统一，更加全面地反映企业的运营状态和运作机制，快速地由表及里地定位问题，真正实现数字化、一体化的运营。

（1）数字化催生"可观测性"

在过去几年中，以云计算为代表的数字技术迅猛发展，企业的技术架构从单体架构发展到分布式架构，以微服务、无服务和容器技术的形式迅速采用了云原生基础设施服务，进而产生了大量的分布式系统。这些系统具有运行时环境容器化（多系统分布和独立）、业务系统依赖关系复杂化，每个容器的生命周期（从创建、部署、运行到完成任务后销毁）短等特点，监控也随着进行实时动态调整，这就导致了在这些分布式系统中追踪事件的起源需要在云上、本地或同时在两者上运行大量的进程。传统的监控技术和工具很难跟踪这些分布式架构中的许多通信路径和相互依赖关系，使IT基础设施变得愈发不可控，更别提排查问题并定位根本原因了。因此，传统的预先配置再监控的方式已经无法满足云原生的数字化场景。

在IT和研发领域，数字化带来了分布式架构，它引入了多应用、多进程，以及复杂的实时依赖关系。同样地，在体验领域，数字化导致渠道和触点的大爆炸，客户所处的场景、与品牌的交互也非常复杂，而且相互影响。

相比监控，"可观测性"更多地偏向自动化工具，可以替代人自动监控系统异常，云原生"可观测性"不仅包含传统监控的能力，更多的是面向业务，强调将业务全过程透明化的理念。"可观测性"使团队能够更有效地监控现代系统，并帮助团队追溯问题至根本原因。此外，它还能够帮助系统管理员、IT运营分析师和开发人员全面了解架构的各个方面。

（2）快速发现和有效解决需要"可观测性"

"可观测性"可划分为5个层面，如图13-1所示，其中"预警"与"概览"属于传统测量与监控的概念范畴。触发预警的往往是明显的症状与表象，但随着技术架构与运营方式的转变，不预警并非意味着一切正常，因此，获取系统和组织内部的信息就显得尤为重要，而这些信息需要借助"可观测性"的另一大组成部分——主动发现。"主动发现"由排错、剖析与依赖分析3个部分组成。

● 排错，即运用数据和信息去诊断问题出现的原因。

● 剖析，即运用数据和信息进行绩效和表现分析。

● 依赖分析，即运用数据和信息厘清组织、系统、体验的组成部分，并进行关联分析。

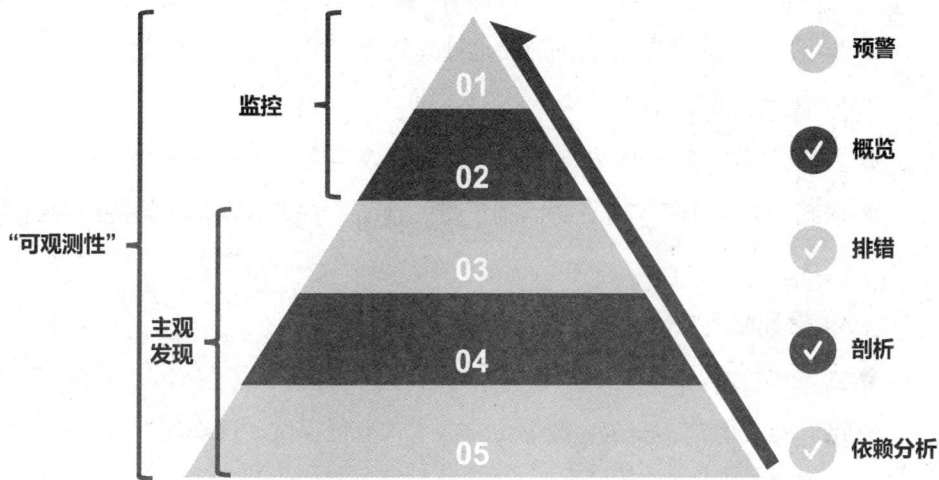

图13-1 "可观测性"的5个层面

这3个部分同样存在严谨的逻辑关系：首先，无论是否发生预警，运用主动发现能力都能对运行情况进行诊断，通过指标呈现系统运行的实时状态；其次，一旦发现异常和问题，能逐层下钻，进行绩效和表现分析，调取详细信息，建立深入洞察；最后，调取模块与模块间的交互状态，通过链路追踪构建全面的监控系统。主动发现的能力超越了预警与解决具体问题，旨在通过深入的数据洞察和分析，构建对组织、系统和客户体验最深入的认知，而这种认知可以帮助企业提前预测与防范客户体验问题的发生。

3."可观测性"能解决什么问题

"可观测性"的核心价值很简单：快速排障。"可观测性"犹如整个 IT系统的眼睛，它是运维人员发现问题、定位问题、解决问题的第一步，同时也是运维监控实现"先知、先觉、先行"的重要条件。其在以下方面也表现突出。

（1）整合机器数据孤岛

- 以数据虚拟化和机器数据湖架构整合机器数据孤岛，提升数字化效能，进行基于系统目标、结构、行为的数据治理。
- 与多维度关联分析，有的放矢地处理问题，提升问题处理效能。

（2）快速、高效排障

- 多种机器数据联动分析、全息观测、高效定位根本原因，智能降噪。
- 以统一的工作台实现业务问题衡量、预防、发现、定位、解决的端到端闭环。

（3）提升业务敏捷

- 内置"可观测性"场景化应用及低代码开发平台，为开发测试、IT运维、业务运营、安全合规等全业务运营流程提供"可观测性"能力，实现高效运维和运营。
- DevOps全流程数据分析，提升研发效能。
- 客户旅程端到端数据实时反馈，助力提升业务运营效能。
- 实时监控业务服务水平目标和成本与预警降噪，提升IT运维效能。
- 实时采集和分析日志数据，提供安全与合规保障。

4. 与客户体验测量的区别和联系

（1）测量是"可观测性"的一部分

基于指标的测量仍然能发挥作用，但不再是客户体验管理的核心。品质管理是测量的主要使用方，通过测试、预警与分析往往可以快速发现并定位问题。然而，一旦需要剖析问题产生的深层原因，就需要研究、设计、研发的介入。客户场景、渠道、触点，以及技术环境越来越复杂，通过单一指标来追溯和定位问题的难度也越来越大，需要在设计系统和客户体验之初就考虑这些问题，提升系统整体的可见性。

（2）"可观测性"能回答什么业务问题

测量和监控能告诉我们系统哪些部分是工作和达标的，而"可观测性"则能告诉我们那里为什么出了问题。虽然"可观测性"是由传统测量和监控发展而来的，但是它们有着本质的不同：传统测量和监控更多的是通过工具自动监控系统运行情况，在系统发生异常时预警，但不能分析问题产生的原因，也不能提出方案并解决问题，最终还是需要人工去分析异常、诊断问题和分析原因。

数字化时代，企业的系统和体验规模都变得越来越庞大，越来越精细，越来越动态，同时也越来越复杂。通过人去寻找各种信息的关联性，再根据经验判断和优化，显然是不可行的，耗时耗力还无法找到问题产生的根本原因。而"可观测性"不仅包含传统测量和监控的能力，更多的是面向客户，强调将业务全过程透明化的理念，实现全景监控和自修复能力等体系化的服务能力。

相比测量只能揭示出问题的地方，"可观测性"则能够"更进一步"告诉我们为什么出问题，还有哪里会出问题。系统的"可观测性"越强，就越能使人迅速地识别问题并修复。应用"可观测性"对组织运营产生的实际数据进行分析，可以推动组织在数字化转型过程中实现以客户为中心的目标，并增强企业竞争力。

13.3 客户体验"可观测性"的基本框架

1."可观测性"的三大要素：测量指标、交互日志、链路追踪

"可观测性"依赖于3种类型的数据——测量指标、交互日志与链路追踪，应用这些数据，企业可以提高其对分布式系统的"可观测性"，快速找到产生大量客户体验问题的根本原因并提高客户体验品质，如图13-2所示。

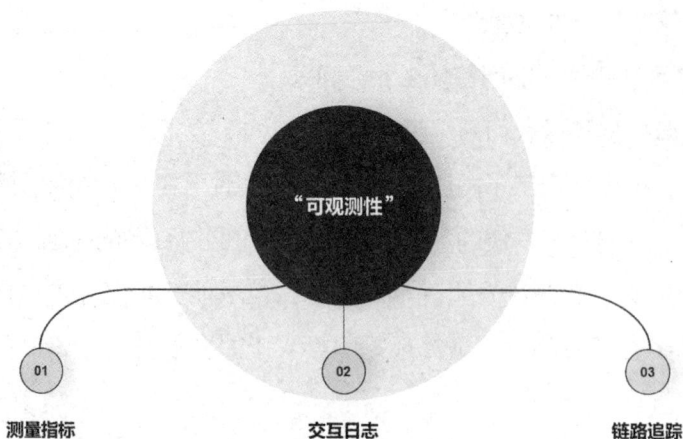

图 13-2　"可观测性"的三大要素

（1）测量指标

测量指标是一种聚合性、抽象后的数据，通常为一段时间内可度量的数据指标，透过其可以观察系统的状态与趋势。测量指标是在一段时间内测量的数值，包括特定属性，如时间戳、名称、KPI等。与日志不同，测量指标在默认情况下是结构化的，这使得其查询和优化存储变得更加容易，让你能够将它们保留更长时间。

（2）交互日志

交互日志是在特定时间客户与企业发生的交互和事件记录，包括说明交互、事件发生的时间、地点，以及提供上下文信息的有效载体。对交互日志的管理通常包含日志收集、日志聚合、日志存储与分析几个模块。目前体验交互日志管理还处在起步阶段，但这是从测量走向"可观测性"的基础。

（3）链路追踪

链路追踪是对每一次交互和事件的跟踪请求，其通过分布式的端到端客户旅程进行追踪和记录。这种追踪包括横向追踪和纵向追踪，横向追踪主要面向外部客户，追踪与客户每一次的交互和事件的上一步、下一步是什么；纵向追踪面向内部的系统和组织，追踪每一次交互和事件在内部会经由哪些系统、部门和人员。当交互和事件导致请求在系统和人员之间传递时，链路追踪可以对每个操作相关的重要数据进行编码和记录。

这类数据是"可观测性"的核心，它反映的是各要素之间的逻辑和关联关系，这些对理解整体的运作模式、定位问题和找到问题的原因至关重要。

2. "可观测性"的核心基础：数据统一与关联

目前很多客户体验测量工具是垂直的，每一类工具往往只能对某个渠道、产品的体验进行监测和测量。但客户旅程是跨渠道和触点的，因此这样的客户体验测量工具往往丢失了数据的关联性和分析排查的连贯性。如果能把所有数据放在一个统一的数据平台上，似乎就能解决关联性的问题。但实际情况往往是，建立了一个可观测指标、日志、链路的统一平台，将数据堆在了一个地方，而用的时候还是按照传统的方式各看各的，关联性还得靠人的知识和经验。

因此，构建"可观测性"能力，最关键的是解决数据统一和关联的问题：把需要人去比对、过滤、关联的事交给机器去处理，人的时间更多地用在判断和决策上。构建可观测平台需要具备统一数据模型、统一数据处理、统一数据分析、数据编排、数据展示的能力。

那么，如何做到数据的统一和关联？

在统一数据平台上，由于数据是来自于各种测量和监测工具的，因此虽然在数据格式上统一了，但不同工具的元数据截然不同。如果在统一数据平台上去梳理和映射这些元数据，将是庞杂、难维护、不可持续的。

那么该如何实现？答案就是标准化。

只有将标准化、结构化的数据输入给可观测平台，可观测平台才能从中发现巨大的价值。统一数据平台不仅要在数据格式上进行标准化，而且必须建立数据交换协议的标准化。

3. "可观测性"的实施步骤

"可观测性"的实施步骤与客户体验测量的步骤大致相同，可以分为7个步骤，由于内容和方法的不同，其中的某些步骤会有所差异。

在第3步中，由于"可观测性"的要素包含了测量指标、交互日志和链路追踪，因此在这一步骤中，除了要设计观测的指标，还要根据观测的体验确定相应的要观测的交互日志和链路追踪。

在第5步中，根据采集的数据进行测量和观测，除了要确定测量指标的目标值或者标准，还要设定需要观测的事件，以及这些事件涉及的链路。

在最后的第7步中，要基于测量和观测进行分析、洞察和行动，因为"可观测性"提供了深入和全面的分析和呈现能力，能为企业的决策和行动提供多方面的强大支持。

第三部分

员工体验测量体系

第 14 章

员工体验测量
的整体框架

本章概要

　　本章从什么是员工体验开始，重点在于理解
员工体验的本质及其在当今变化中的重要性。接
着讨论了它与客户体验之间的关系，强调二者互
相影响的重要性。同时，详细分析了构成员工体
验的关键要素和员工体验的具体测量方法，探讨
了如何有效地评估和提升员工体验。这包括了对
员工体验测量的常用指标的介绍，这些指标能够
帮助组织更好地理解和响应员工的需求和期望。

14.1　什么是员工体验

望外观内。

在2015年年初，北森将人力资源部更名为员工成功部，实现企业事业成功的同时，确保员工职业生涯的成功。同年，爱彼迎（Airbnb）设立了一个新职位"员工体验全球负责人"，负责推动"员工体验"的全面交付，取代了"首席人才官"一职。Adobe公司于2016年将营销部门的客户体验和人力资源部门的员工体验整合，成立了"客户与员工体验"部门。

腾讯人才战略宗旨是把员工当作用户，让HR成为产品，并把产品体验打造到极致。2019年，阿里巴巴在公司成立20周年之际全面升级，将"客户第一，员工第二，股东第三"列为经营理念首位。"客户第一"，紧随其后的就是员工，股东则被排在了最后，但最终的效果是三方共赢。

2020年，领英发布《人才趋势报告》，将人的体验放在人力资源（HR）和招聘的核心位置，呼吁企业用新的方式满足员工需求。员工体验已经成为新时代员工管理的共识。

1.员工体验的定义

以往，在员工相关的政策和管理办法上，企业习惯于自上而下站在组织和管理者的角度来思考员工的需求，习惯于站在专业的角度来提供支持与服务、输出流程与政策制度。由于缺乏"用户（员工）视角"，产出的产品或服务很多时候并不是员工所需要的，因此经常是事情做了不少，但没有得到员工的认可。

的确，并不是所有的实践都能触达员工。一方面原因是管理者没有很好地开展或执行这些实践；另一方面原因则是，即便在完全相同的工作环境中，不同员工的需求、经历及个性差异也会导致他们对工作环境体验的感知存在显著差异。

现在，新生代的年轻人已经成为主要员工群体，他们有更多的自我意识、更强的表达欲望，体验感知力也大大提高。企业需要从员工的角度出发，构建更多的机会和渠道来了解和倾听员工的真实声音，收集他们的实际需求和痛点，切勿闭门造车。

员工体验的概念是从市场营销学中的"客户体验"概念延展而来，是一种把市场营销学应用于人力资源的新实践，员工体验就相当于人力资源的消费者体验。

《福布斯》杂志是这样定义员工体验的：员工在雇佣关系期间与雇主进行所有互动的总和，包括员工在工作过程中与组织"接触"或"互动"的任何方式，尤其是员工对这些互动的主观感觉、情绪和看法。

Deloitte（德勤）创始人乔希·博森（Josh Bersin）在谈及员工体验时，将其形容为：员工期望获得一种客户级别的体验，即所有事情都衔接流畅且简单方便。

简而言之，员工体验就是员工在企业中的整体感受和经历，从他们作为潜在候选人开始接触公司，到作为在职员工的日常工作，再到离职的整个过程。

2.三视角：企业、员工、HR

我们可以分别从"企业、员工、HR"3个视角来对员工体验的概念加以理解。

（1）企业

假如企业领导者去问员工想要的体验是什么样的？员工怎么样才会感觉最棒，最满意呢？开个玩笑，他们可能会说：钱多、事少、离家近，位高、权重、责任轻！那么，这是企业要实现的员工体验吗？

那肯定不是的，人的欲望是无止境的，过度设计的员工体验同样会有损组织健康，如果企业这样设计员工体验，盲目追求员工体验，那么最终只会让企业倒闭。

对于企业层面而言，打造员工体验需要在企业管理层面上保持平衡，优化员工在工作场所内的整体感受以确保满足员工需求的同时，也能达到企业的业务目标。其中的关键是，企业需要找出员工真正关心的问题，并在这些问题上做出改进，而并非无限制地满足所有需求。

（2）员工

员工的底层基本需求被满足之后，他们的需求将不仅仅局限于工资福利如何，而会希望在职场上获得有意义的、深度私人定制的、数字化的、客户级的体验。

对于员工层面而言，他们希望在有建议、意见（吐槽）、想法和诉求时，能通过多元的渠道发声，同时企业能足够重视并且转化为行动。

（3）HR

随着员工体验的日益重要，HR的角色也随之发生了变化，从以前的"流程制定者"转变为"体验产品的设计师"，员工体验管理或将成为未来HR的代名词。

对于HR层面而言，他们是打造企业文化和搭建高效团队的产品经理，要根据企业内部不同层级的需求和不同业务的发展来制定不同的人力资源解决方案。

TI People创始人沃尔克·雅各布斯（Volker Jacobs）指出，有些员工体验因素并不完全在人力资源部门的控制范围内，如管理者角色、临时员工角色等。这反映了组织内部的复杂性，其中不同的角色和功能可能涉及多个部门和利益相关者。

3.员工的一些小事，企业的大事

一般员工会认为其需求或要求的体验都是一些小事，企业只要这样、那样就可以解决这些问题。殊不知，这其实是不同的角色视角所带来的认知偏差。员工体验虽然可能看起来是一些细微的事情，但在处理这些"小事"的过程中，往往需要企业进行跨部门，甚至全组织的协同工作，对企业的管理能力和政策执行力提出了高要求。因此，这些看似"员工的小事"，实则在企业层面是一件大事。

以新员工的融入为例，他们的体验直接关系到他们对新工作环境的适应程度，以及他们是否能够在新环境中发挥出最大的潜力。从接到 Offer 的那一刻开始，预入职的沟通、入职的第一天，以及后续的内部调动等，这些看似细小的事情实则需要企业内部多个部门的协同，对企业的管理水平提出了严峻的挑战。

员工体验的形成并非一蹴而就，而是通过在员工的关键里程碑和节点上进行"持续的项目管理"逐渐积累起来的。这需要企业有强大的管理能力和卓越的执行力，以确保每一个"小事"都得到妥善处理。

随着社交媒体的普及，员工体验的影响力已经超越了企业内部，员工愈发愿意在社交媒体上分享他们的工作体验和对企业的看法。优秀的员工体验能吸引和留住优秀的员工，成为企业品牌和形象的"扩音器"，吸引更多的优秀人才。相反，糟糕的员工体验不仅会导致高离职率，还可能给雇主品牌和形象带来严重的负面影响。

因此，企业不能忽视员工体验的重要性。处理好每一件"员工的小事"对于企业来说，不仅是对其管理能力的考验，也是对其政策执行力的检验。企业需要投入足够的关注和资源，通过细致入微的管理和改善，为员工创造一个满意度高、能够激发他们最大潜能的工作环境。对企业来说，这不仅是一场管理之战，也是一场品牌之战。

14.2　客户体验和员工体验的关系

客户体验和员工体验有什么关系吗？

1.CX + EX = 竞争优势

以某航空公司服务为例：在"3·15"消费者维权中发现，乘客在民航航班延误时意见最大，带来的负面影响是显著的。

因此，为了提高航班准点率，许多航空公司将其作为地服人员的重要考核指标。这给地服人员带来了巨大的考核压力，他们只能把所有精力都投入如何保证航班准点上，时间和精力都不够用，导致他们无法兼顾其他的乘客问题。最终，这种片面关注客户体验而忽略员工体验的做法反而导致客户体验更差，为此"兢兢业业"的员工也感到非常无助。

不难看出，员工是客户体验的设计者或交付者，没有好的员工体验哪有卓越的客户服务，员工体验和客户体验对企业来说同等重要。

《哈佛商业评论》的研究人员研究了员工体验和客户体验之间的相关性。他们分析了一家大型全球零售企业共享的3年数据。研究人员发现，如果一家商店的员工体验指标从倒数1/4上升到前1/4，则其收入将增加50%以上，而利润的增幅几乎相同。

雅各布·摩根（Jacob Morgan）对250家组织的研究表明，投资员工体验的企业的表现优于不投资员工体验的竞争对手。他们不仅增长速度快了1.5倍，员工薪酬更高，企业收入增加了一倍以上，而且利润也增加了4倍。

埃森哲公司的研究显示，如果仅有客户体验，那么利润率仅提高11%；如果员工体验与客户体验兼备，那么企业利润率将提高21%；客户体验＋员工体验＝竞争优势，如图14-1所示。

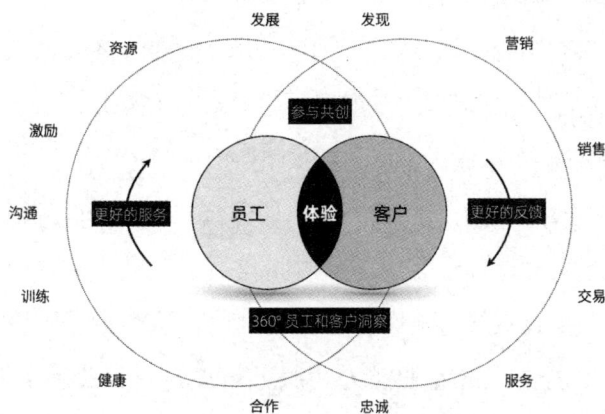

图14-1　客户体验＋员工体验＝竞争优势

（图片来源：《哈佛商业评论》）

总体来说，员工体验的质量与交付的客户体验质量成正比。更快乐的员工会更了解情况，内部协作更好，更有耐心，更有可能提供更好的客户体验。

2. 不同行业的影响程度差异

客户体验和员工体验之间的关系，以"客户与员工交互量"作为评价维度，可以细分到"不同的行业类型"中看"EX对CX的影响程度"。

依据企业交付载体可以划分3种不同的行业类型：以有形实物为基础的产品、以系统/设备为基础的产品或服务、以人为基础的产品或服务。不同的行业类型员工体验对客户体验的影响程度也不同，如图14-2所示。

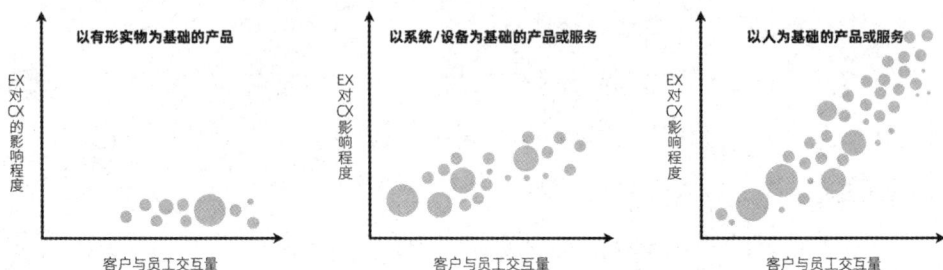

图14-2 不同的行业类型员工体验对客户体验的影响程度

以有形实物为基础的产品（如传统制造企业），由于产品生产过程通常与客户消费过程相分离，因此员工体验对客户体验的影响程度较低，这是因为员工的工作与产品的使用过程没有直接的关联。在这种情况下，企业应该关注提高产品的质量和性能，以满足客户的需求和期望。

以系统/设备为基础的产品或服务（如通信、水电、软件设计型企业），由于产品或服务交付过程中客户部分时间与员工接触，频率相对较高，员工的工作质量和态度会直接影响客户体验，因此，这类企业应该注重员工的培训和管理，以提高员工的专业能力和服务态度，从而提高客户的满意度和体验。

以人为基础的产品或服务（如酒店、航空、旅游、出租车、医疗等企业），由于客户需要与员工共同参与大部分或全部环节，员工体验对客户体验的影响程度最高，因此这类企业应该致力于改善员工的工作环境和提高员工的福利待遇，提高员工的职业满意度和忠诚度，从而提高客户的满意度和体验。

在不同行业，员工与客户接触程度对客户体验有着显著的影响。一般来说，接触交互程度越高，员工体验的好坏对客户体验的影响就越大。反之亦然。

另外，从企业客户体验和员工体验的最终表现来看，可以将结果划分为4个区间，如图14-3所示。

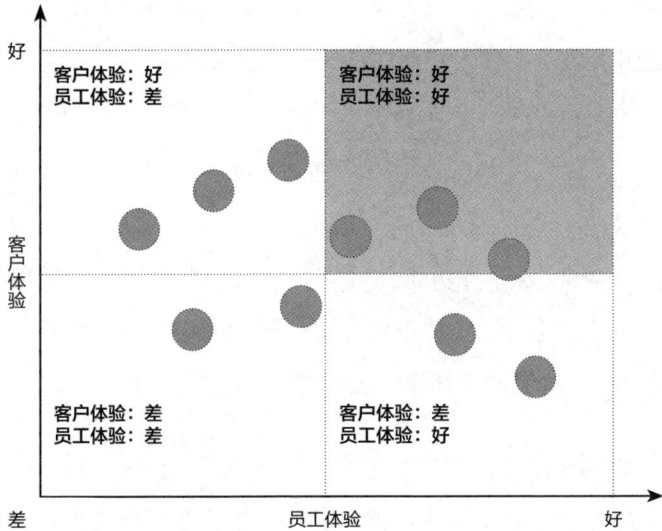

图14-3　员工体验和客户体验交叉分布

客户体验"好"＋员工体验"好"：如一些高科技企业（Google、Apple等），以及一些以服务质量著称的企业（星巴克、海底捞等）拥有高的客户满意度和员工保留率。这种类型的企业通常有高效的管理团队和高满意度的员工。这些企业往往关注员工的福利和发展，有良好的内部沟通和员工参与机制，员工感到满意。同时，这些企业也强调优秀的客户服务和产品质量，能有效满足客户的需求。

客户体验"好"+员工体验"差"：如零售企业、呼叫中心等一些高压力、高强度的行业，这种情况下的企业可能会面临员工流失率高、员工士气低落等问题。这类企业可能会过度关注客户服务和销售，而忽视员工的福利和满意度。虽然客户可能对产品或服务满意，但员工可能对工作环境、薪酬或晋升机会感到不满。

客户体验"差"+员工体验"好"：这种情况下的企业更注重内部操作和员工福利，而忽视了客户服务和产品质量。这类企业可能有高满意度的员工，但是客户体验不尽如人意。

客户体验"差"+员工体验"差"：一些正在经历财务困境或者管理危机的企业可能会落入这个类别，这种情况下的企业需要进行一些重大的结构和文化改变，以改善员工和客户的体验。这类企业可能在很多方面都面临挑战。员工可能对薪酬、工作环境或者管理团队感到不满，同时客户可能对产品或服务也不满意。

当然，客户体验"好"+员工体验"好"是企业希望达到的理想状态，对于客户体验或员工体验"差"的企业，这个模型可以用于自检可改善的方向，包括改进客户服务、提高产品质量、改善工作环境等。

3.当前开展实践的挑战

企业在实施员工体验改进计划时，需要的是企业与员工的"双向奔赴"，目前确实还面临诸多的挑战。

- 企业文化改变：受定势思维的影响，管理者过于关注外部客户体验，而忽视了"内部客户"的员工体验。改善员工体验需要改变企业的文化和价值观。这可能会遇到来自内部的抵抗，尤其是当这些改变可能影响到现有的权力结构和工作方式时。

- 领导力的参与和支持：有时员工体验战略和创新举措缺乏高层支持，领导者需要理解员工体验的重要性，并将其视为企业战略的一部分。

- 明确和量化员工体验：员工体验涵盖了从招聘、入职、发展、保留到退休等全体员工生命周期的各个环节，包含了很多主观和个性化的因素，衡量指标零散。企业应明确定义和量化员工体验，以便在实施改进措施后能进行准确的评估和反馈。
- 理解员工需求：每个员工的需求都是不同的，因此了解并满足所有员工的需求是非常困难的。这需要一种机制来多源收集和分析员工的反馈，并据此制定相应的策略。
- 资源分配：改善员工体验可能需要投入大量的资源，包括时间、金钱和人力。在资源有限、工具不足的情况下，如何平衡这些需求与其他业务需求是需要思考的问题。
- 长期投入与短期效果：改善员工体验是一个长期的过程，可能需要花费很长时间才能看到明显的结果。这可能与企业短期内希望看到的效果相冲突。
- 数据隐私和安全：收集和分析员工数据以改善员工体验时，必须注意保护员工的数据隐私和安全。

以上这些挑战需要企业进行持续的努力和创新，从而在改善员工体验的同时，实现企业的整体目标。

14.3　员工体验的组成要素

员工体验的组成要素很复杂，因为它们涉及员工在组织中各个方面的感受和互动。这些要素构成了员工体验的核心，并以员工的感受为中心。而员工的感受可以理解为在职场和个人的关键时刻，他们从企业中获得的3个方面的体验，分别是物理体验、人文体验和数字体验，如图14-4所示。

图14-4　组织、职场和个人的关键时刻

1.组织、职场和个人的关键时刻

在员工体验中，"关键时刻"（或称为"关键体验时刻"）是指那些具有重大影响，可以显著塑造员工体验的特定事件或时刻。这些时刻可以正面、负面地影响员工对他们的工作和工作环境的看法。

（1）组织关键时刻

这些时刻通常涉及整个企业或团队在战略和运营方面的重大变化和决策，包括战略转型、兼并与收购、危机管理、技术转型、组织文化塑造、法规合规等。

例如，当企业选择改变其核心方向时（如调整市场定位或产品线），员工需要学习新的技能并适应新的工作环境。企业在此关键时刻提供适当的培训和支持可以帮助员工顺利过渡，提升他们的满意度和忠诚度。

还有，在企业合并或收购过程中，员工会对未来感到不确定和担忧。通过清晰的沟通，强调新的机会和价值观，组织可以减轻员工的焦虑，增强他们对新环境的适应和承诺。在遭遇危机时（如突发公共卫生事件或金融危机），组织的反应将直接影响员工的信心和安全感。坚定的领导和透明的沟通可以增强员工的信任和团队凝聚力。

（2）职场关键时刻

这些时刻通常涉及员工在工作环境中的体验，如首次入职、升职、工作转移、关键项目的成功或失败、与上级或同事的重要互动，甚至离职等。

例如，一个员工的入职体验（如入职培训的质量、领导者的欢迎、对新工作的适应情况等）可能对他们对工作的整体看法产生深远的影响。而一次不成功的项目则可能打击员工的信心，降低他们的工作满意度。

（3）个人关键时刻

这些时刻更多地涉及员工个人生活中的事件，这些事件可能会影响到他们的工作态度和表现。这些时刻可能包括个人的生活里程碑（如结婚、生子、买房等）、重大生活事件（如亲人的离世、健康问题等），或者与个人身份、价值观和信念相关的事件（如参与社区活动、实现个人目标等）。

例如，一个员工如果在工作中得到了支持去照顾自己生病的亲人，那么他可能会感到更加满意和忠于公司。

理解和管理这些关键时刻是提升员工体验的重要部分。企业可以通过创建积极的职场关键时刻，支持员工处理个人关键时刻，来提升员工的满意度、忠诚度和敬业度。

2.员工体验的三要素

接下来，我们分别谈一下物理体验、人文体验和数字体验，如图14-5所示。

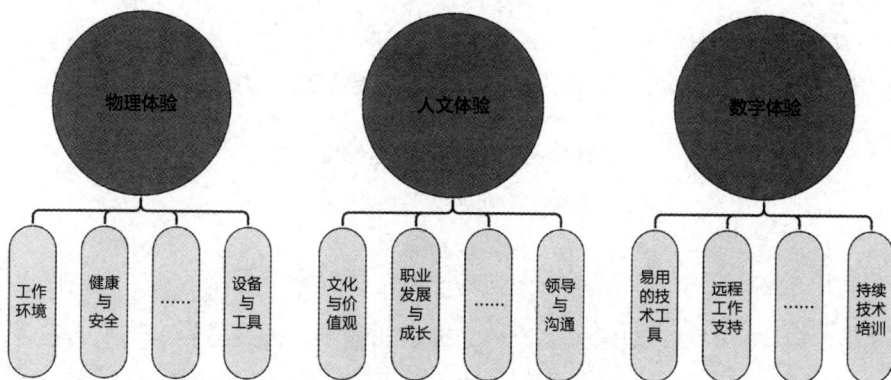

图14-5 员工体验的三要素

（1）物理体验

物理体验，就是办公环境这类的体验。比如，合理且多功能的办公场所布局、使用便捷的工作设施、便于沟通协作的工作环境，甚至可以细致到办公室灯具的选择、环境噪声的大小、空气洁净度的需求、办公环境内装饰品的选择等。

生活最沉重的负担，不是工作，而是无聊地工作。爱彼迎自2008年8月成立以来，就一直致力于为员工打造自由随心的工作环境，办公室环境就是其中很重要的部分。2016年，其更是一举压倒Google和Facebook，被评为最佳办公地点。

爱彼迎公司专门设立了一个部门叫"员工体验"，其主要工作是了解员工的一切需求，制定改善措施。简单来说，就是想尽办法让员工顺心，释放他们的天性，从而提高他们的工作效率。

员工更喜欢什么样的办公空间设计，如图14-6所示。

12%	67%	21%
开放式设计	**半开放式设计**	**封闭式设计**
（工位之间没有可见区隔）	（开放式区域和私密房间相结合）	（完全独立区隔开的工位）

图14-6　办公空间的设计类型

（数据来源：Robert Walters 调查）

许多企业的办公空间采用格子间的设计，尽管它们可以节省空间，但也可能带来一些负面影响，如紧张、压抑、拥挤和嘈杂，很容易影响员工的情绪。人在放松的时候思维更有发散性，所以把企业打造成家一般的地方，不仅不会让人变得散漫，反而会提高工作效率。

（2）人文体验

人文体验就是企业文化、团队氛围这类的体验，如公平、包容、多样化的企业价值观，清晰、透明的工作目标与持续辅导支持，以员工为中心的思维方式，以及对员工价值诉求的积极洞察、文化活动、管理风格等。

仅仅拥有优越的硬件设施并不能完全吸引优秀的人才，员工越来越关注自身价值的实现，也渴望在职场这个平台收获有意义的成长。

说到员工体验的人文层面，就不得不提到一家公司：迪士尼。

是什么让迪士尼旗下的乐园和员工与世界上其他的主题乐园，甚至其他企业区分开的呢？在迪士尼乐园，所有的员工都被称为"演职人员"，游客可以到达的地方称为"台前"，而后勤区则称为"幕后"。迪士尼乐园就是一个舞台，每一位演职人员都是"演出"的一部分，扮演着其中的一个"角色"。

无论是在"台前"工作的演职人员，还是在"幕后"为运营提供支持的演职人员，每个人的共同目标都是让每一天的工作超越游客的期待，为游客创造快乐。

迪士尼所秉持的原则是：当企业想要为游客创造体验时，首先必须用同样的态度为内部员工创造体验。在员工体验上，当演职人员用心为游客创造快乐和神奇的同时，企业也在为演职人员们创造"神奇时刻"。

迪士尼除关注演职人员的个人生活里程碑（演职人员生日、入职周年纪念日等）之外，还会安排一个受到演职人员喜爱的体验项目——"幕后魔法"，会时不时地在幕后的各个办公区域为演职人员送上惊喜。比如在高温天气送上冰激凌、在寒冷的冬夜送上热乎乎的小食等，让他们也体会到迪士尼的神奇。

除此之外，迪士尼还会根据演职人员的发展意向创造关怀项目，同时利用迪士尼自身丰富的 IP 和独特体验，增进与演职人员的黏性。

比如，在每年的"世界瑜伽日"，演职人员会受邀在乐园城堡前和游客们一起做瑜伽，用极具迪士尼特色的方式为演职人员打造健康、快乐的生活和工作新体验。

这个层面的体验塑造在应用上有3个核心要点，分别是透明和最大化授权、有明确规则和制度约束，以及尽可能精简的流程。

（3）数字体验

数字体验就是与员工工作方式相关的辅助工具、技术，以及员工通过数字化平台可以快速完成与个人密切相关事务的体验，如安全、顺畅的网络环境，自动化办公及协作软件，界面友好且操作便捷的移动端应用，以及快速高效的工作流程等。

现在，大多数IT部门是根据系统的运作方式来调整工作的。站在员工体验的角度，如果想让员工们快乐而高效地工作，就需要换个思路，调整系统来适应员工的工作方式。

① 数字工作空间。

数字工作空间提供的平台使员工能够高效地使用他们所需要的应用程序来完成工作，而无须在多个系统之间寻找和执行工作。

同时，无论在家里、飞机上还是办公室，员工都可以通过任何工作渠道、设备或地点，持续、可靠地访问他们高效工作所需要的资源，并开展协同工作，消除员工日常生活上的干扰，让他们能够以自己想要的方式工作，而不必被迫采用单一的工作方式。

② 自助服务系统。

HR相关的员工互动已经从面对面转变为通过企业门户进行的自助服务。员工自助服务允许员工在线完成许多与他们就业相关的功能和任务。

比如，通过系统熟悉入职流程、审查和更新他们的个人信息。

比如，在线获取就业证明、收入证明，方便他们去办信用卡、租房子。

比如，可建立并不断更新具有相关信息的强大知识库，通过对话机器人使员工能够直接从对话中获得快速而准确的答案。

比如，工资有问题怎么处理？如何申请调休？社保、公积金怎么计算？等等。

市场研究公司弗雷斯特（Forrester）的研究证实，科技要素是日常工作中对员工体验影响最大的要素，而自动化流程、手机端应用及协同办公软件是提高员工体验的最佳着力点。

当然，这个过程不能是冷冰冰的，需要有温度地进行，数字化的体验是数字化的工具与平台代表企业与员工进行交互的一种方式，这不仅是单向的信息传达，更是双向的信息交互。

总体来说，员工的组织关键时刻、职场关键时刻和个人关键时刻这3个方面的体验都可能发挥关键作用。例如，在员工首次入职这个关键时刻，一个舒适的办公环境（物理体验）、友好的同事和领导（人文体验），以及易用的工作软件（数字体验）都可能让员工有一个好的开始，从而影响他的整体工作体验。相反，如果在这些方面的体验不佳，员工可能会感到不满，从而影响他们的工作表现和忠诚度，如图14-7所示。

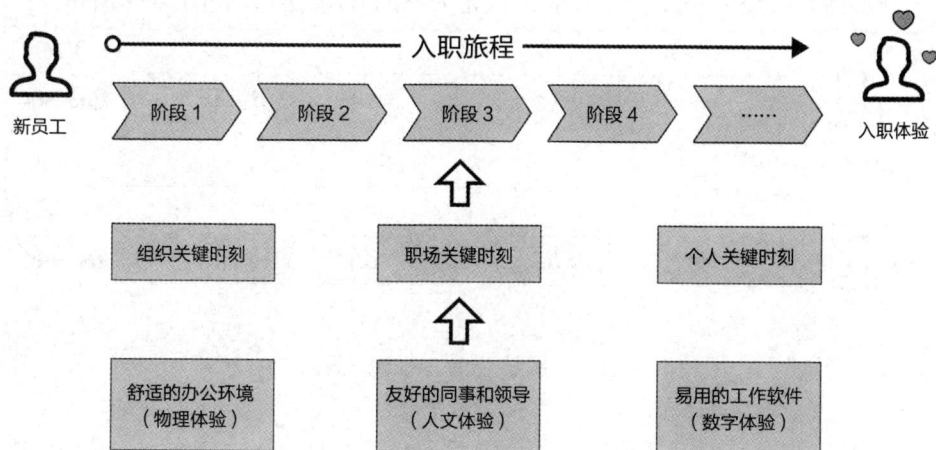

图14-7　新员工的入职体验

员工体验的要素当然不限于此，还有身体健康支持、心理和情感上的幸福感支持、家庭和经济支持等。更多议题可以根据企业不同阶段的情况，再进行深入探索。

14.4 员工体验测量

在《小王子》中有一段话：如果你想造一艘船，不要着急让人收集木材，不要给他们分配任务和发布指令，而是激发他们对大海的渴望。

用这段话来理解员工对体验的内在感知，非常地贴切。如果企业只会给员工分配任务、发布指令，而不顾及员工的感受，那么企业并不能赢得员工的信任。人并不是机器，而是有血有肉的个体，员工体验应该是能内在激励员工的，激励的效用应该能够通过具体的员工体验测量体现出来。

不同行业、不同业务发展阶段的企业在员工体验测量上的初衷各有不同，有的意在减少员工流失，有的意在提升雇主品牌影响力，有的以期提升员工生产力和创新力等。综合而言，只有准确测量，才能正确管理。

1.员工体验测量的定义

假设你有一家公司，有一个员工决定为你的公司工作，如图14-8所示。

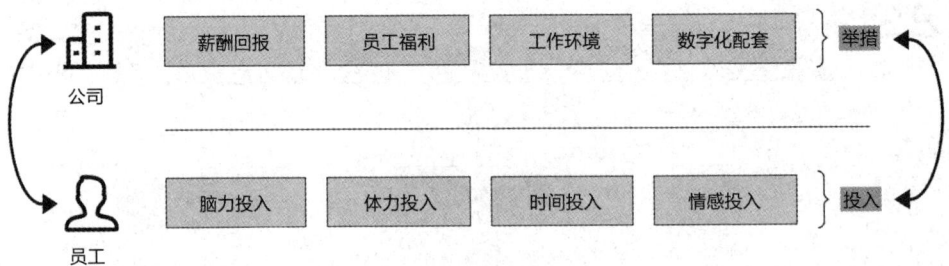

图14-8　员工投入与公司举措的比对

从员工视角来看，新员工加入公司后，会投入他的脑力或体力，花费时间为公司解决问题。在这个过程中，员工还会为公司付出心血并投入情感，借助公司这个发展平台，获得更大的成长空间。

从企业视角来看，企业会支付给员工相应的薪酬和其他福利作为回报。比如健康方面的保障、舒适的工作环境、团建活动等。通过数字化配套的工具或系统，让员工可以便捷地办理事务、走审批流程、请假、查询工资条、协同沟通等。

重要的是，企业提供的这些福利和配套，最终都是为了让员工能够感受到组织归属感，让员工觉得自己是其中的一分子。

从员工体验旅程地图中可以看到，员工处于不同的关键时刻，都会有相应的"期望体验"和"实际体验"。每个阶段的期望体验与实际体验之间的差距，形成了员工对体验内在感知的结果，并最终影响员工在企业的工作绩效，如图14-9所示。

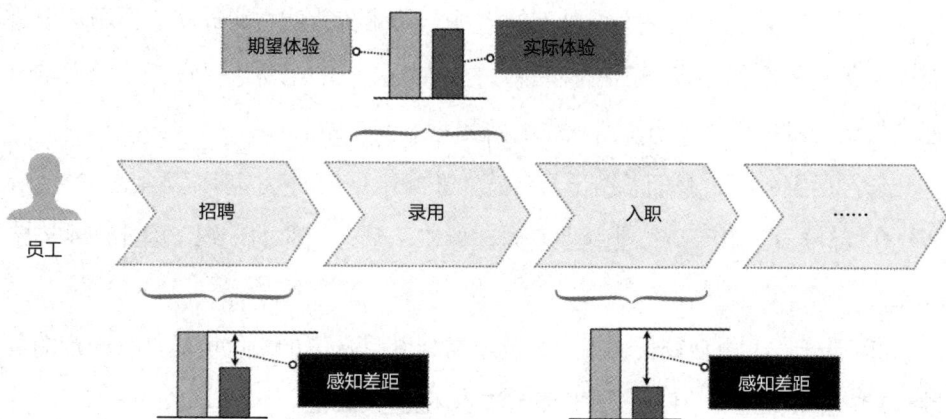

图14-9　员工体验感知差距

员工体验测量是一种量化分析方法，通过统计学的方式来评估员工期望的体验与企业实际提供的体验的匹配程度。它通常包括对员工的工作环境、工作满足感、工作压力、职业发展机会、同事关系等多个方面进行评估。

作为企业的管理者，意识到企业所提供的与员工所体验到的存在差异，这是非常重要的。

以Y制造企业的"薪酬"为例：该公司为了全面提升员工体验，一方面关注整体大环境的变化，另一方面在企业内部进行需求调研，如图14-10所示。

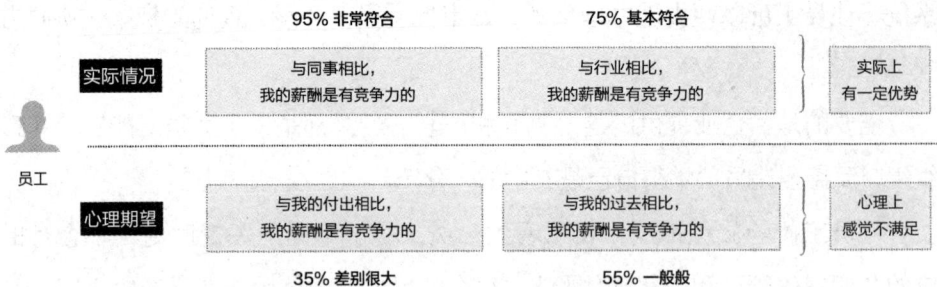

	95% 非常符合	75% 基本符合	
实际情况	与同事相比，我的薪酬是有竞争力的	与行业相比，我的薪酬是有竞争力的	实际上有一定优势

员工

	与我的付出相比，我的薪酬是有竞争力的	与我的过去相比，我的薪酬是有竞争力的	心理上感觉不满足
心理期望	35% 差别很大	55% 一般	

图14-10　员工对薪酬感知的实际和心理落差

开展访谈调研可以发现，从实际市场薪酬大数据来看，被调查企业员工的工资大部分都处于当地平均线以上的水平，薪酬在劳动力所处就业市场环境是有一定优势的。但很多员工在心理感知上认为自己的工资水平很低，觉得与自己的付出和过去相比，当下所获得的薪酬有很大差距。

通过后续分析，我们总结出员工感知薪酬水平低的原因有以下4点。

① 部分员工对于该行业就业薪酬整体水平缺乏相应的认知，因此产生锚定偏差。

② 部分员工司龄较长、相关经验丰富，并且从事的岗位可能具有一定的危险性或特殊价值性，但当前的工资无法体现这些特点。

③ 企业存在薪酬倒挂的现象，缺乏内部公平性。

④ 薪酬设计浮动部分占比过大，让员工缺乏薪酬安全感。

当企业通过收集反馈，了解到企业与员工之间存在的差距之后，就有机会去弥合差距。比如，在员工层面上可以采取一些举措，让员工合理降低预期，消除实际感知和心理期望的差距。

比如，在企业层面，企业管理者可以设定公平的薪酬分配机制和规范的薪酬管理制度，对员工薪酬保密，并确保有竞争力的薪酬水平；在员工层面，企业管理者可以明确告知付薪依据和支付应得工资，明确调薪方式、调薪流程及规则公平，并及时兑换调薪承诺。

2.员工体验测量的目标

关于企业进行员工体验测量的目标，可以从"员工价值主张（EVP）"找到答案。

员工价值主张是企业为了激发员工在工作领域发挥潜力，所给予的支持、认可和奖励。从本质上讲，员工价值主张应当综合考虑员工的多方面需求和期望，可以奖励员工辛勤工作，还可以为员工创造一个支持和包容的工作环境。

从员工价值主张看员工体验，并不是说要让所有的员工都感觉满意。那些能力差、态度差、绩效差的员工，如果没有办法积极、及时地提高业务能力、调整态度的话，则有可能会越来越不满意。

只有那些表现良好的员工，才会感到越来越满足。企业给予的奖励和福利，会让这部分员工有归属感、工作积极性越来越高。当然，他们的收入回报也会越来越高。

或者说，员工价值主张结合客户体验，不仅能让绩效好、表现好的员工有好的体验，也能激励表现不好的员工，创造支持和包容的工作环境，使表现不好的员工努力变好，然后获得好的体验。这对应的就是企业为员工提供的成长空间。

从客户体验的创造角度来看，企业给员工提供成长的能力，当这种"交换"合理且健康的时候，员工会感到非常满足、骄傲和开心。

意思是这种供给达到平衡或者员工感知高于企业付出的时候，员工就更有可能保障客户体验的稳定水平，甚至创造超出预期的客户体验。

当员工感知低于企业付出的时候，员工很有可能无法提供标准水平的体验，这时企业应该马上自查原因，并进行整顿。

员工价值主张不仅仅是关于薪酬和福利的，它是一种多层次、动态的交换过程，涉及激励、支持、职业成长、客户体验和许多其他方面。这个动态的过程会随着员工的个人能力、态度和绩效的变化而变化。企业开展员工体验测量工作的目标是能够掌握员工的不同情况，采取不同的策略，希望能够在差距中谋求一个平衡点，找到企业和员工彼此都适宜的员工体验。

3.员工体验测量的数据采集

以往，企业员工体验测量的数据采集工作大多局限于季度甚至年度的调查，这种传统的做法不足以应对新的环境，主要的原因有以下4点。

原因1：数据滞后

季度或年度调查收集的数据通常反映的是过去的情况，而不是当前的情况。这意味着当企业收到调查结果并开始采取行动时，可能已经过去了几个月，甚至一年。在这段时间里，员工的情况可能已经发生了改变。

原因2：反应延迟

由于数据采集和处理的延迟，企业可能无法及时发现和解决问题。这可能导致一些小问题发展成大问题，甚至可能导致优秀的员工离职。

原因3：缺乏即时反馈

季度或年度调查通常无法提供即时反馈。这可能导致员工觉得他们的意见和感受被忽视，从而降低了他们的满意度和忠诚度。

原因4：无法跟踪变化

季度或年度调查通常只提供一次性的快照，无法跟踪员工体验的变化。这可能导致企业无法有效地评估和改进他们的员工体验策略。

因此，除员工间接反馈的工单、客服数据、社交媒体评论之外，为了能够更加实时和持续地收集和处理员工体验测量的数据，企业可以组合下面3种主动且直接的收集方式，打破困局，如图14-11所示。

（1）员工脉动调查

员工脉动调查是一种比传统调查更灵活的调查方式。它可以随着时间推移跟踪同一项目的变化，是一种题项更短、触发频繁，且不受特定主题或内容限制的衡量反馈机制。

它最简单但最有效的用途之一是测量员工或团队的幸福感。它提供了季度或年度调查不具备的透明度，通过数据变化获得员工体验的衡量标准和趋势线。

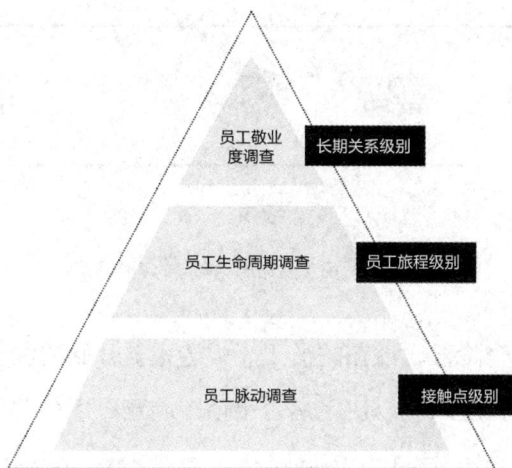

图14-11　3种主动且直接的收集方式

员工脉动调查可以针对员工体验关联业务细分场景的关键时刻、投诉管理、费力度和事件评分进行，不同的员工由于经历不同，所涉及的脉动调查内容也会有所不同，可以根据需要统一或依据特定条件触发。这样可以更有效地理解员工在关键体验点的感受，以及对公司某项服务的满意度。比如，对于你提出的最近一次投诉，你认为我们的响应速度如何（1～5分）？你认为完成我们的绩效评估流程需要花费多少努力（1～5分）？当你首次参加我们的团队建设活动时，你的体验如何（1～5分）？

这些调查问题可以帮助企业了解员工在关键时刻的体验，处理投诉的有效性，员工为实现任务目标或满意度所付出的努力程度，以及特定事件对员工体验的影响。需要注意的是，这些问题需要根据企业的实际情况进行调整。

（2）员工生命周期调查

员工生命周期调查是一种收集员工每个关键时刻的反馈并将其作为一个整体数据集进行分析的反馈机制。

员工生命周期调查通常由7个独特的阶段组成，可以根据反馈来改进企业的人力资源管理和员工体验。以下是这7个阶段的详细解释，如图14-12所示。

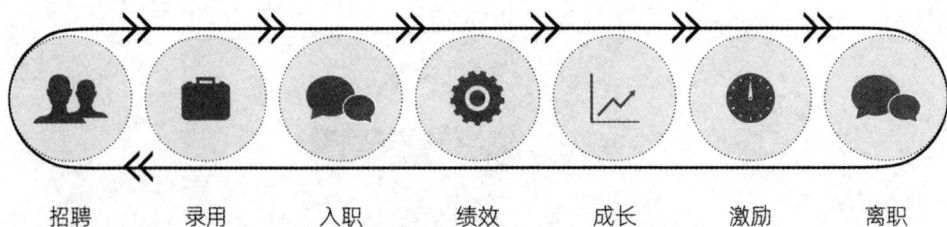

招聘　　录用　　入职　　绩效　　成长　　激励　　离职

图14-12　员工生命周期调查的7个阶段

①招聘：在这个阶段，潜在的员工（候选人）开始关注公司，了解公司的文化、价值观和职位空缺，以决定是否申请。调查可以帮助公司了解其品牌吸引力，以及候选人对公司和职位的认知。

②录用：在这个阶段，员工被录用，接收到录用通知书，并开始准备入职。此阶段调查可以帮助公司了解员工的录用过程体验，以及员工对接下来的入职阶段的期待。

③入职：新员工加入公司，开始了解公司的运营方式和期望。在此阶段，调查可以帮助公司了解新员工的入职体验，包括他们对培训的满意度、对导师的看法，以及对工作内容的初步感受。

④绩效：员工的工作表现被评估，他们的努力和成绩得到认可。调查可以帮助公司了解员工对绩效评估过程的看法，以及员工对获得的反馈和认可的满意度。

⑤成长：员工开始寻求职业发展和提升，寻求新的技能和知识。调查可以帮助公司了解员工的职业发展需求和期望，以及员工对公司提供的发展机会的满意度。

⑥激励：在此阶段，员工的努力和成绩得到公司的激励。调查可以帮助公司了解员工对激励计划的满意度和感受，以及员工对工作的积极性和留任意愿。

⑦离职：员工决定离开公司，开始寻找新的工作机会。离职调查可以帮助公司了解员工离职的原因，以及员工对公司的整体体验的看法。

每个阶段是相互依存的，通过收集员工一系列职场关键时刻的数据，企业可以规划员工从面试到退出的体验，如表14-1所示，并确定每个关键时刻的不同活动（流程体系支持）之间的关系。

表14-1　员工关注的体验点

阶段	员工关注的体验点
招聘	雇主品牌、职位介绍、招聘营销、应聘流程、内部推荐、面试评价等
录用	Offer谈判、Offer发放、Offer确认、资料准备、入职体检、HR答疑、提交资料等
入职	欢迎、签署合同、办理入职手续、工作职责、团队介绍、办公环境、规章制度、周期跟踪、远程入职管理等
绩效	企业文化、组织目标、团队目标、个人绩效、绩效工具、远程协同等
成长	学习培训、成长计划、职业规划、教练辅导、数字工具、虚拟办公场所等
激励	薪酬/奖金、福利/补助、保险/公积金、高光时刻、认可/激励等
离职	解约告知、离职谈话、离职程序、手续办理、离职后管理、再入职等

（3）员工敬业度调查

员工敬业度调查是一种组织用来衡量和了解员工对工作的热情、满意度、忠诚度和投入程度的反馈机制。

这种调查通常涵盖了多个领域，包括员工对工作的满意度、对公司文化的认同、与同事和上级的关系、工作环境和条件、职业发展和学习机会、薪酬和福利等。

为了方便对员工脉动调查、员工生命周期调查、员工敬业度调查的横向比较，企业可以通过表14-2了解不同调查方式在触发时机、触发频率、题项长度、平均回复率、优势和劣势上的差异。

表14-2　员工体验调查3种类型的对比

	员工脉动调查	员工生命周期调查	员工敬业度调查
触发时机	定期进行	定期进行	定期进行

	员工脉动调查	员工生命周期调查	员工敬业度调查
触发频率	针对员工体验的特定主题每周/每两周触发	依据员工职场的关键时刻触发	季度或年度周期性触发
题项长度	通常只有1～5个问题，填答可快速完成（调查频率越高，题项越短）	通常有5～15个问题，填答时长适中（入职1周、30天、90天、180天、离职等）	通常有20多个问题，填答完成耗时长（会有不少开放性问题）
平均回复率	85%	通常入职调查回复率超过80%，其他阶段随着时间会下滑，离职调查回复率大约为30%～50%，甚至更低	25%～35%
优势	填答完成时间快，响应率更高，收集更多的反馈，专注于特定主题，促进开放式沟通	可以得到员工全面体验视图，可以针对特定的问题和情境定制，可以在关键事件发生时立即进行	调查在全体员工中进行，可以获取广泛的反馈和感受；调查通常包括员工的感受、态度和行为等各种深度问题；调查结果可以用于制定或调整人力资源和组织战略
劣势	如果发送次数过于频繁，会因为调查疲劳而失去效用；如果对员工反馈没有采取任何行动，他们会感到沮丧	员工某个阶段无法或不愿意参加，会影响调查的覆盖率和结果的准确性；涉及不同的问题和主题，数据集成难度大	调查通常在特定的时间点进行，可能导致调查结果受到特定时间段内的事件影响；可能无法获取特定问题或特定群体的具体反馈；数据量大，需要大量时间和资源来处理

　　虽然大多数企业都投资于员工敬业度调查，但每年只检查一次员工是远远不够的。也不是说有了员工脉动调查、员工生命周期调查之后，就不用进行员工敬业度调查了。这恰恰提供了一个以更具交叉性的方式来看待员工体验的机会，以"定制特定主题＋生命周期＋全局"的组合调查反馈机制相互补充，企

业可以更及时、更有效地改善员工体验。

在具体员工体验测量的调查中，企业还需要通过一系列指标来识别员工体验的当前水平。员工体验好不好，指标说了算。改善有没有效果，也是指标说了算。

14.5 员工体验测量的常用指标

上一节谈到了员工体验测量的数据收集方式，那如何准确地测量员工体验呢？如何评价员工体验测量的好与坏呢？市面上常用的员工体验测量指标主要包括员工净推荐值、员工满意度、员工费力度和员工敬业度。每种指标都有其独特的应用和价值，也都有其局限性。

1.员工净推荐值（eNPS）

员工净推荐值是基于NPS系统的衍生工具。eNPS与NPS的理念和计算逻辑大致相同，区别是把调查主体由"客户"转变为"员工"。企业可以利用eNPS衡量员工对雇主的看法，以及员工将企业的工作岗位推荐给他人的可能性，以11级量表来表述。

（1）eNPS调查

该指标是通过问题"在0～10的范围内，你推荐（公司名称）作为工作场所的可能性有多大"的响应进行衡量，可以将其分解为推荐者、中立者和批评者，如图14-13所示。

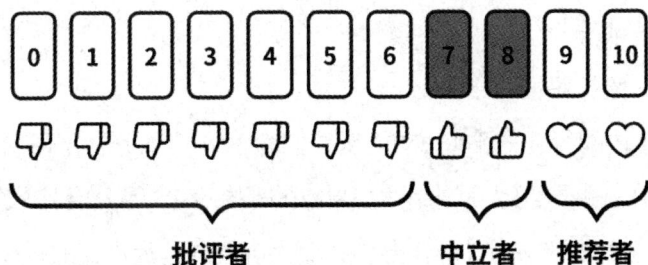

图14-13　eNPS的划分方式

- 推荐者：回答9或10的员工，表示非常愿意推荐，该员工快乐且有动力。

- 中立者：回答在7～8的员工，表示相对愿意推荐，但该员工对业务缺乏热情。

- 批评者：回答低于（含）6的员工，表示不推荐，该员工可能对企业颇有微词。

计算公式为：eNPS = 推荐者百分比 – 批评者百分比

假设你收到调查回复，员工中推荐者占30%，批评者占10%，那么计算eNPS分数的方法是：30% –10% = 20%（在实际报告中，eNPS通常表示为一个整数）。

eNPS的得分范围会在 –100到 +100。一般0～30是一个不错的分数，高于30说明企业目前做得不错，而0是企业与员工关系打破平衡的临界点。

（2）eNPS行业基准值

Perceptyx的研究表明，总体 eNPS基准值为12，而其他报告显示所有组织收集衡量 eNPS的员工数据的平均值为14。

这里整理了业内智库研究发布的一些行业 eNPS基准值，仅供参考，包括：

- 电信业：27；

- 制造业：13；

- 银行业：12～17；

- 百货业：负数；

- 信息技术行业：26；

- 医疗保健行业：–6.5。

尽管信息技术行业的平均 eNPS基准值为26，但细分在不同员工规模的企业上来说得分差距会很大，中小型科技公司的 eNPS得分会比较高，像 Hiya（200人以内）2022年 eNPS得分为80；而大规模或超大规模的科技公司，反而得分会低很多，像 Meta（万人以上）2022年 eNPS得分为36；Apple（万人以上）2022年eNPS得分为19。

此外，在行业风口期，企业提供更高的薪资、更大的职业发展空间、更新颖的产品或服务开发工作，都会让员工认为自己所从事的工作更有意义，这也会提高eNPS。对于人员流动比较快的劳动密集型行业、服务业来说，分数会更低一些。对eNPS分数进行基准测试会比较复杂，基准值不仅因行业而异，而且因不同类型的组织和职业而异。总之，eNPS就是一种集体共识的表征形式。

（3）eNPS的解读误区和使用陷阱

eNPS存在一些数据解读的误区。比如A公司的所有员工评分为7或8，因此eNPS为0。而B公司的推荐者与批评者数量一样，两者相减得到eNPS也为0，如图14-14所示。

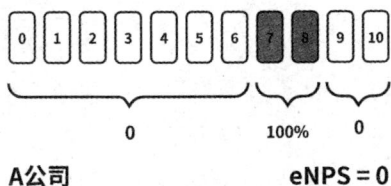

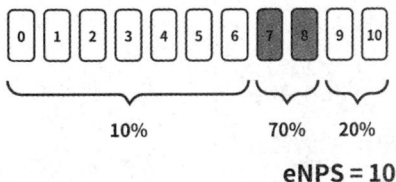

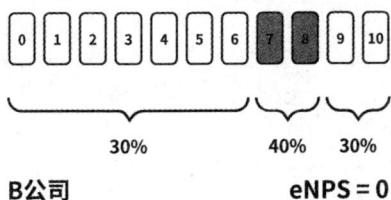

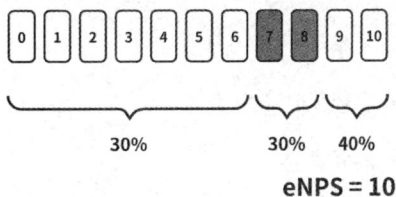

图14-14　eNPS的得分陷阱

虽然二者的eNPS得分相同，但在员工评分的分布上有很大的差别，这种差别仅从最终得分上来看是无法判断的，真实情况是A公司的总体表现要优于B公司。

注意，在企业导入eNPS指标进行员工体验测量时需要避免这些陷阱：

● 过分强调分数；

- 测量频率过高；

- 行业基准差异大；

- 缺少定性数据辅助分析；

- 容易混淆 eNPS 和 NPS；

- 企业规模影响分数；

- 得分背后的分布不易察觉。

2.员工满意度（ESAT）

员工满意度是一个综合指标，用来衡量员工在职业生命周期的关键时刻对工作环境、工作内容、领导方式、同事关系等各个方面的满意程度，以及他们对实际获得的价值与期望获得的价值之间差距的反馈，以5级或者7级量表进行表述。

（1）ESAT调查

该指标是通过问题"对于公司的[×××]，你是否满意？"的响应进行衡量的，以5级量表为例。

- 1代表非常不满意；

- 2代表不满意；

- 3代表一般；

- 4代表满意；

- 5代表非常满意。

计算公式为：ESAT = 满意员工数 / 被调查员工总数 × 5

假设回收了100份有效调查回复，回答4或5的员工总数为62，那么计算ESAT分数的方法是：62/100 × 5=3.1。

对于满意员工的定义，一般会认为回答4或5的员工在态度上是满意的，如图14-15所示。当然也有一些企业对员工体验有着极致追求，会认为只有5才算是真正意义上的满意。因此，满意得分值的界定不同，得到的ESAT也会不同，满意度调查的界定标准应该一以贯之，不能随意变更计算方法。

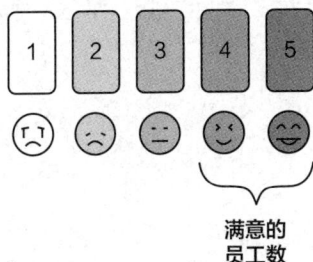

图14-15　ESAT的划分方式

员工满意度的加总平均得分范围为1～5，ESAT分数越高，员工对企业以及企业所提供的产品或服务越满意；分数越低，员工越不满意。如果是5级量表，则大于3表示满意度较好；如果是7级量表，则一般大于4表示满意度较好。

（2）ESAT的两种使用方法

员工满意度的使用方法主要有两种，单一整体评估法和工作要素总和评分法。

单一整体评估法：我们常常将这种方法用在询问员工对企业的满意度上，指标只有总体得分。虽然我们可以从中得知员工的相对满意水平，但无法获知具体是什么问题导致了负面评价，因此不利于找出改进工作的着眼点。

工作要素总和评分法：这个方法很好地弥补了单一整体评估法的缺陷，不过其实施起来要更复杂，需要根据影响员工满意度的影响维度来设计，如员工对工作本身的满意度、对工作氛围和薪酬的满意度等。这个方法能获得更精确的员工满意度评价和诊断结果，用于深入分析员工满意度的各个因素，有利于企业发现存在的问题，制定有效的对策，并持续提高员工的满意度水平。

（3）ESAT的加权计算

在工作要素总和评分法中，因为并非所有的满意度因素都有相同的影响力，所以会使用到加权计算。例如，关于薪酬的满意度可能比关于员工休息区的满意度更能影响员工的满意度。通过为每个因素分配不同的权重，可以更准确地反映出这些因素对满意度的实际影响。加权计算也可以帮助公司确定应优先考虑哪些因素来提高员工满意度。

计算公式为：$ESAT = (W_1 \times S_1 + W_2 \times S_2 + \cdots\cdots + W_n \times S_n / (W_1 + W_2 + \cdots\cdots + W_n)$

W_i：该因素的权重；

S_i：该因素的满意度得分。

员工满意度等于每个满意度因素的权重与得分的乘积之和，除以所有权重的总和。

在这个公式中，我们需要考虑的满意度因素包括薪酬、福利待遇、办公环境、工作职责以及职业成长等多个方面。这些因素对于员工满意度的具体表现，可以通过开展调研、设计问卷或进行面对面的交谈来获取。而所谓的权重，则是指每一项满意度因素在整体员工满意度中所占据的重要性，这通常可以通过数据统计分析或者获取专家的意见来确定。

举个例子：假设 X 企业最近开展了一次员工满意度的调查，其中包括了薪酬、福利、工作环境、职业发展、管理和领导 5 个因素。

1. 薪酬：$W_{薪酬} = 1$，$S_{薪酬} = 4.0$

2. 福利：$W_{福利} = 0.3$，$S_{福利} = 4.2$

3. 工作环境：$W_{工作环境} = 0.15$，$S_{工作环境} = 3.9$

4. 职业发展：$W_{职业发展} = 0.35$，$S_{职业发展} = 3$

5. 管理和领导：$W_{管理和领导} = 0.2$，$S_{管理和领导} = 3.4$

则该企业的员工满意度计算公式：$ESAT = (1 \times 4.0 + 0.3 \times 4.2 + 0.15 \times 3.9 + 0.35 \times 3 + 0.2 \times 3.4) / 2$。计算结果，该企业的员工满意度为 3.79。

3. 员工费力度（EES）

员工费力度用来衡量员工完成工作任务或实现计划所需付出的努力的多少，它与可能阻碍员工高效工作的组织因素（如流程、工具等）有关。它通常是通过调查或其他反馈机制来衡量的，以5级或者7级量表来表述。

（1）EES调查

该指标是通过问题"你在多大程度上同意以下表述：企业高效地解决了我的×××问题？"的响应进行衡量，以5级量表为例。

● 1代表非常不同意。

● 2代表不同意。

● 3代表一般。

● 4代表同意。

● 5代表非常同意。

计算公式为：EES＝回答总得分／回答数。

假设收到了50份调查回复，员工回答的分数加总等于200，那么计算EES分数的方法：200／50＝4。

EES分数越高代表代表费力度越低，员工认为任务或计划能更容易、更轻松地完成。分数越低，表明员工使用越费力。这种方式比客户体验测量中谈到的CES计算方式更符合人的直觉，更好地避免了误填的情况。通过员工费力度指标的变化，企业可以了解哪些流程或任务对员工造成了压力，然后进行优化，以提高员工的工作效率。同样，5级量表中大于3表示费力度比较低；如果是7级量表，则一般大于4表示费力度比较低。

（2）EES预警以及流程

进行EES调查时，设定预警是十分重要的，比如当员工费力度过高（EES≤2）时，相关的人力资源团队应能够及时得到通知，迅速跟进。

通过以下的问题，确保你有正确的EES应对流程。

● 谁来回应员工的问题？

● 在什么时间范围内？

● 在什么模式下（电话、电子邮件、面对面）？

● 话术上应该怎么表达，说什么／问什么（如道歉，获得更多信息以找到根本原因，安排后续电话了解更多细节等）？

● 如何授权 HR 专员处理这些电话？

● 拨打电话前需要获取哪些信息？

● 后续行动的预期结果是什么？

● 何时以及如何恢复或升级服务？

● 如何持续获得员工的反馈？

● 如何内部分享最佳实践以供学习？

● 如何知道员工是否对后续行动感到满意？

4. 员工敬业度（EE）

员工敬业度用来衡量员工对其工作的投入程度和对企业的忠诚度。高敬业度的员工更愿意为公司做出额外贡献，他们更有可能满足并超越工作要求，致力于提高自己的工作效率和质量。它通常以5级量表进行表达。

（1）员工敬业度调查

全球领先的人力资源管理咨询公司翰威特认为，员工敬业度衡量的是员工乐意留在公司和努力为公司服务的程度。通过员工敬业度3S模型，可以知道敬业员工的行为表现有3个层面，如图14-16所示。

Say	Stay	Strive
乐于宣传	**乐意留任**	**全力以赴**
（推荐产品与人才）	（对组织有归属感）	（愿意额外付出）

图14-16　员工敬业度3S模型

第一层是乐于宣传（Say），就是员工经常会对同事、可能加入企业的人、客户与潜在客户，说企业的好话。

第二层是乐意留任（Stay），就是员工有留在组织内的强烈欲望。

第三层是全力以赴（Strive），这是敬业的最高境界，就是员工不但全心全意地投入工作，而且愿意付出额外的努力促使企业成功。

在员工敬业度的模型中，还有一个员工活力度3E模型值得推荐。员工敬业度的内在驱动往往来自这3个E，因此，如果条件允许的话建议在敬业度的测量上能够包含员工活力度3E模型的这3个要素，如图14-17所示。

图14-17　员工活力度3E模型

可以通过员工敬业度3S模型来建立指标，具体通过以下3个问题进行衡量，以5级量表为例。

Q1宣传：我很愿意对外正面、积极地宣传我们公司。

Q2留任：最近半年内，我会愿意留在这家公司。

Q3投入：为了促进公司发展，我愿意承担更多的工作任务。

1代表非常不同意。

2代表不同意。

3代表一般。

4代表同意。

5代表非常同意。

员工敬业度的计算过程通常包括以下4个步骤。

①分别计算每个问题的平均分。

②将前面步骤计算所得的平均分进行加总。

③将总分除以问题的数量。

④得到的值就是员工敬业度得分。

计算公式为：EE =（Sum_{Q1}+Sum_{Q2}+Sum_{Q3}）/ 被调查员工总数 / 问题数。

假设收到了50份调查回复，问题1、2、3的回答分数加总分别是210、190、190，那么计算EE分数的方法：（210+190+190）/ 50 / 3= 3.93。

通常需要设定一个评价标准来评价敬业度得分。例如，得分在1～1.5被认为敬业度较低，得分在1.5～3.5被认为敬业度一般，得分在3.5～5被认为敬业度较高。具体的划分可能因组织和文化而异，需要根据实际情况设定。

不同的得分通常反映了不同的员工敬业度。

● 高分：这些员工对工作充满热情，愿意为公司付出额外的努力。这些员工可能是企业的价值驱动者，对组织有很强的忠诚度。

● 中等分：这些员工对工作满意，但可能缺乏对工作的热情或对企业的忠诚。企业可能需要通过培训、激励或改善工作环境等方式来提高这些员工的敬业度。

● 低分：这些员工可能对工作不满意或者对企业缺乏忠诚。这些员工可能存在工作倦怠的现象，企业需要通过提供更多的支持、改善工作条件或者解决工作问题等方式来提高这些员工的敬业度。

另外，企业可以根据自身需求设计敬业度的调查维度，也可以根据不同的模型设计出多样化的组合维度，如盖洛普Q12员工敬业度模型、尤金斯森敬业度模型、布鲁姆堡敬业度量表等。在公式中"问题数"的值，需要根据敬业度关联的问题数量进行计算。

（2）员工敬业度和满意度的不同

员工满意度通常是指员工对工作环境、工作条件、领导风格、职业发展机会等方面的满意程度。满意的员工可能会有积极的工作表现，但不一定会全身心投入工作。这是因为满意度更多的是关于员工的即时情绪和工作条件的感知，而不是员工对组织的长期承诺或情感联系。

敬业度更多的是关于员工的内在动机和情感投入。敬业的员工在乎他们的工作，并且愿意将个人的目标与公司的目标相对应。他们的工作投入度和贡献度通常会超过只是满意的员工。

所以，虽然敬业度和满意度有所交叉，但它们的关键区别在于，敬业度更侧重于员工对工作的情感投入和承诺，而满意度更关注员工对工作环境和条件的感知。理想的情况是，员工既对工作环境和条件感到满意，又对工作充满敬业精神。

第 15 章

员工体验测量
的实施

本章概要

　　本章聚焦于员工体验测量框架，从员工声音
收集到员工体验旅程，再到持续测量与自动化。
通过实践案例介绍如何通过勾勒员工画像和分析
入职体验指标体系来深入理解员工需求和期望。
强调了收集员工反馈的重要性，并探讨了如何利
用这些数据来优化员工体验，包括指标检验和获
取洞察，以指导实践中的改进措施。持续监测和
自动化流程是保持员工满意度和提升组织效能的
关键，同时也提供了一套方法论帮助组织实现这
一目标。

15.1 员工体验测量的应用

员工体验作为组织成功的关键因素，其测量和优化是至关重要的。在这种背景下，使用一个结构化的框架来进行员工体验的测量和优化显得尤为重要。

首先，结构化的框架可以为企业提供清晰、有条理的指引，帮助企业逐一处理员工体验的各个方面，确保全面而深入地覆盖。其次，可以帮助企业进行系统的、连贯的分析，找出影响员工体验的关键因素，提出针对性的解决方案。此外，还能提供稳定的参考标准，方便企业跟踪、评估改进活动的效果，及时调整和优化策略。

为了更有效地理解和进行员工体验测量，企业需要借助这个框架进行拆解和分析。该框架主要分为6个环节：员工声音收集、勾勒员工画像、员工体验旅程、指标体系搭建、员工体验测量、指标检验与洞察，如图15-1所示。

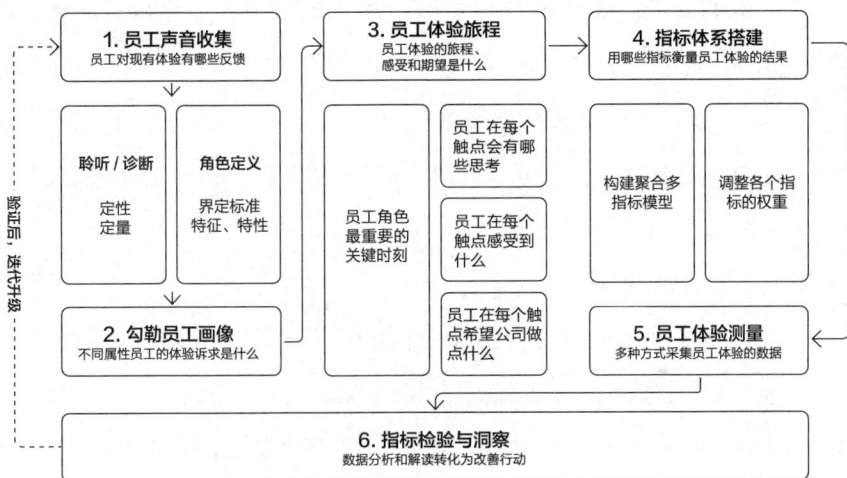

图15-1　员工体验测量框架

环节1：员工声音收集

员工声音收集是第一步，它可以帮助企业了解员工的体验和感受。收集的方式可以分为直接反馈和间接反馈两种形式，直接反馈包括问卷调查、评测、面对面访谈等；间接反馈包括系统工单、咨询客服、社区留言及驻场人力资源共享服务中心（HRSSC）描述等。

这个过程可以被视为"打开对话的通道"，让员工有机会分享个人的观点和感受，从而让企业聆听员工对于公司现行的体验都有哪些正面、负面的反馈，诊断员工体验对于个人层面和组织层面都有哪些影响要素。

环节2：勾勒员工画像

在了解了员工的观点和感受后，企业需要对员工进行画像勾勒。在不同的工作阶段、场景和角色中，员工的需求和期望可能会有很大的差异。例如，新入职的员工会更关心入职培训和适应工作环境的问题，而资深员工可能更关心职业发展和晋升的机会。通过勾勒员工画像，企业可以更准确地理解和满足这些不同的需求。

企业可采用常规或进阶的方法勾勒员工画像。较为常规的方法是可以基于人口统计信息、工作角色、工作阶段、技能以及行为模式进行划分。进阶的方法可以使用聚类分析，这种统计技术可以将员工基于多个变量（如年龄、职位、工作年限、技能等）进行划分，使得同一组内的员工在这些变量上相似，而不同组的员工在这些变量上有显著的差异。

通过勾勒员工画像，企业可以获得不同员工细分的侧写画像，明确员工在不同维度上的属性和他们对工作体验的具体诉求。

环节3：员工体验旅程

通过前两步收集和分析的信息，企业就可以绘制出入职、培训、日常工作、评估、晋升等阶段员工体验的旅程地图。员工体验旅程地图的规模可大可小，可以以员工生命周期或某一阶段展开，其中主要是信息颗粒度的差别。

这个地图将揭示在不同场景中的特定员工细分类型的目标、行为、"物理层/人文层/数字层"触点的互动内容、想法、体验感受及痛点。企业需要找出员工在每个触点的未被满足的需求，这些就是他们的"真相时刻"。

"真相时刻"意味着企业需要识别和理解员工可能没有直接表达但实际存在的需求和期望，要主动发现员工的这种不安和不满。在每个触点分析员工价值主张与员工心声之间的重合部分，可以帮助企业理解员工的理想体验应该是什么样的。在人力、财力、物力有限的情况下，集中优势力量进行单点突破，是进行员工体验测量的关键点。

环节4：指标体系搭建

这个环节的目标是确定衡量员工体验的具体指标。指标体系搭建一般会分为3个层次：综合员工体验指数、体验场景的净推荐值/员工满意度/员工费力度/员工敬业度，以及驱动因素。

员工体验指数并不是一个直接从员工那里得到的数值，而是聚合体验场景的各个指标，经过加权计算之后得到的。这样的好处是，能够汇集多个单一指标，并提供一个全面的视角，来描绘员工在工作场所的整体感受。此外，有时候某一个单一的指标可能会过于突出，导致企业过度关注某一方面，忽视了其他重要的因素。通过计算员工体验指数，企业可以更好地平衡各个方面，使改进工作可以更全面、更均衡。

体验场景的指标构成，可以根据不同的员工角色细分进行灵活地组合。同时，通过调整各个指标的权重，企业可以定制出最符合自身特点和需要的员工体验指数。这有助于更准确地反映企业的实际情况，更好地指导企业的管理决策。

在驱动因素部分，由于员工体验指数是由多个指标聚合计算而成，因此，当企业对某一方面进行改进，其效果可以通过改变这个指数反映出来。这种动态的变化能够让企业更好地定位和跟踪背后的驱动因素，清晰地指示出哪些具体的行动可以改善员工体验，这为理解其改进措施的效果提供了明确的方向。

环节5：员工体验测量

这个阶段是企业实际开始收集和评估员工体验的阶段。企业要会利用埋点、数据采集及问卷等方式收集反馈。这里需要特别关注的是：员工体验测量工具的选择、问卷调查的方式、数据收集的频率和时机、数据的隐私和安全性。

环节6：指标检验与洞察

收集到数据后，企业需要通过数据分析和解读，将数据转化为可以用于改善员工体验的实际行动。这个过程可能需要使用到数据分析、统计和可视化等技术。通过指标检验和洞察，找到背后的驱动因素和优先度，评估优化方案的效果，发现和解决问题，以确保企业的努力能够真正提升员工的体验。

另外，如何回应这些反馈也是企业需要考虑的问题。回应的方式和内容都会影响员工的体验，因此需要谨慎对待。员工体验测量不是一次性的活动，而是需要持续进行。在整个过程中，企业都坚持以员工为中心，关注每一个细节，通过持续的测量和优化，可以逐步提升员工的体验。

新员工入职阶段是企业塑造员工对组织认知的关键时刻。企业可以在这个阶段打造良好的第一印象，从而提高员工的满意度和留在公司的意愿。当然，员工的职业阶段和互动场景也很多，企业需要在实践中逐一进行拆解。

15.2 员工声音收集

在新员工入职的过程中，企业需要从员工的视角出发，深入理解并优化各个环节，以提升员工的体验。企业可以通过个人信息完善、入职材料准备与提交、入职体检、学习与理解入职培训材料，以及工卡和保险的办理等方面的措施，让员工在入职过程中感到被重视和支持。

首先，入职过程是一个信息交换的过程。新员工需要提供个人信息、上传证明文件和资料，如身份证信息、银行卡信息、学历和职称证明等。企业在收到员工的信息后，须对信息的完整性和准确性进行确认，并反馈给员工，同时发放入职登记表、劳务合同、员工手册、入职须知等相关资料。在这个过程中，员工可以通过邮件或微信等通信工具与HR保持联系，解决疑惑，保证信息的对称性。

其次，新员工的入职体验不能仅停留在入职的那一刻。一旦员工正式入职，企业还需推动他们完成满意度调查，以便收集反馈，优化入职流程和系统平台。

先有输入，才有输出。所有的行动方案都要基于企业对现状的清晰认知，不要在不了解完整的员工故事情况下，就投入人力资源，这并不能为企业解决任何特定的需求或者问题。为了避免纸上谈兵、过度依赖个人经验，导致最终的结论不够客观的情况出现，企业需要尽可能挖掘出员工的声音。

在这个过程中，企业需要收集和分析各种类型的数据，以获得员工的全面描述。定性数据可以从员工之声计划、客服对话内容、员工访谈、呼叫中心回访、内部投诉、历史工单、社交媒体评论等渠道收集；定量数据则可以通过员工参与度调查、员工满意度调查、员工敬业度调查，以及投诉次数、离职率等进行收集，如表15-1所示。企业需从活动面、能力面、动机面、态度面和技能面对这些数据进行综合分析。

表15-1　员工定性数据与定量数据收集和分析方法

定性		定量	
声音聆听与收集		声音聆听与收集	
员工之声计划	客服对话内容	员工参与度调查	员工满意度调查
员工访谈	呼叫中心回访	员工敬业度调查	投诉次数
内部投诉	历史工单	离职率	服务水平评分
社交媒体评论	……	人效比	……
数据分析方法		数据分析方法	
文本分析	情感分析（极性）	聚类分析	相关分析
员工体验旅程分析	……	交叉分析	……

企业主要通过历史工单和员工访谈来收集和分析演示的数据。在此环节中，以信息填写、信息确认、规章阅知、入职须知、入职培训、合同签订、文件签署、入职测试、材料核收、账号开通等为主要交互触点，根据员工原话反馈问题类型和词频进行统计。以下是大致步骤和模拟示例的结果。

①数据收集：收集历史工单和员工访谈中的原始反馈，注意应收集完整的信息，包括反馈的时间、事件、主要内容等。

②数据预处理：对原始反馈数据进行清洗和整理，如删除无关信息、消除重复信息、解析非结构化的文本数据等。

③数据分类：根据问题的类型，将反馈分成不同的类别，比如可以按照触点（如信息填写、入职测试等）来分类，也可以按照问题的性质（如操作困难、信息不清等）来分类。

④数据统计：根据分类结果对员工的反馈进行数量统计，从而了解各类问题出现的频率。

⑤数据展示：以表格形式展示统计结果，表格的列可以是触点/问题类型，行可以是各个触点，单元格的值是反馈的数量或占比。

请注意，表15-2仅为模拟结果，具体数据需要根据实际的历史工单和员工访谈来确定。

表15-2　模拟结果

触点/问题类型	操作困难	信息不清晰	其他问题
信息填写	47	34	19
信息确认	12	45	43
规章阅知	32	29	39
……	……	……	……
材料核收	30	20	50
账号开通	44	46	10

借助词云工具，企业可以将员工反馈的声音以一种更直观和生动的方式进行展示。

具体来说，词云工具会把员工反馈内容中出现频率较高的词汇或短语进行可视化展示，出现频率越高的词汇或短语，它在词云中的字体就越大。词云可以作为一种直观的沟通工具，能帮助团队在交流讨论时更有效地传达和理解信息。这种方法可以让企业快速识别出员工的关注点和反馈中的主要内容。

15.3　勾勒员工画像

物以类聚，人以群分。员工画像是将某一类群体的共性特点进行抽象、浓缩后形成的模型。一个有效的员工画像应该包括员工的基本信息（如年龄、性别、职务、工作年限等）、工作行为模式、工作需要、问题和挑战、工作目标和愿景等，如图 15-2 所示。员工应被视为真实的个体，而非抽象的数据点。企业需要创建真实的员工画像，而非基于假设。这样做的优势在于，它能让所有人对"目标员工"达成一致的认识。这个过程更像是对员工特性的归纳整合，而非演绎推理。

张三

32岁

性别：男性　　　　工作年限：10年

部门：技术部　　　职务：资深软件工程师

🧳 工作行为模式

- **自驱动型**的员工，追求卓越。热爱技术，**积极加入**公司内外的技术社区，持续学习和掌握最新的技术趋势
- 希望在一个**安静的环境**工作，以便专注于编码和解决问题。他喜欢独立工作，但也能够有效地与团队协作
- 注重**细节和质量**，经常花额外的时间来确保代码的可维护性和性能优化
- 是一个**有耐心**的问题解决者，乐于面对技术挑战，喜欢通过尝试和失败来学习

👥 工作需要

- 需要**适当的技术资源和工具**，以便保持高效率
- 喜欢有一定的**自由度**来选择解决问题的方法，而不受过多的束缚
- 期望定期的**技术培训**，以跟上行业的最新发展
- 需要一个鼓励创新和提供**挑战性任务**的工作环境

☑ 问题和挑战

- 会在与非技术团队成员的**沟通中遇到困难**，因为他通常会使用技术术语
- 长时间的编程工作可能导致他忽视了工作之外的事情，容易忽视**工作和生活的平衡**
- 对于某些非技术任务，如编写文档或提交报告，**不感兴趣**

📈 工作目标和愿景

- 目标是成为一名技术专家，并为公司的技术发展和创新做出贡献
- 希望在未来几年内晋升到技术领导职位，负责团队的技术方向和决策
- 希望自己的工作对公司的产品和客户产生积极影响，为客户提供高质量的解决方案

图 15-2　员工画像（示例）

企业可以通过调查众多真实的员工来获取信息，目的并不是要找出他们在城市、年龄、收入水平和行业等方面的相似性，而是为了基于具体场景对"目

标员工"有深入的理解。这些画像是基于大量员工数据的分析和理解后构建的，用于帮助企业更好地理解不同类型的员工。

得到员工基本面的数据之后，接下来要对员工进行群体细分，不同的员工群体可能有不同的需求和期望，员工的体验和满意度也可能因此有所不同。具体需要怎么勾勒呢？企业需要进一步根据前面收集到的数据，选择合适的样本进行访谈。系统而有针对性地收集反馈，在正确的时间、向正确的人、就相关的旅程，提出针对性的问题。

关于受邀访谈员工的数量，为了保证质量，原则上数量越多越好，但基于成本考量，一般至少要达到20个。另外，受访员工的招募因入职场景的需要，会选择新入职时间少于3个月的，并且在男女比例、职位层级、所在城市、薪酬级别依据母群样本的分布情况，结合各个事业部的基数，进行访谈员工数量的分配，如表15-3所示。

表15-3　招募受访员工（新入职时间＜3个月）

事业部	人数
企业发展事业部	5
互动娱乐事业部	4
技术工程事业部	4
社交通信事业部	3
云与智慧产业事业部	3
平台与内容事业部	1

常规的细分方法可以基于人口统计信息、工作角色、工作阶段、技能及行为模式进行，演示的例子则是基于聚类分析（多变量）进行的员工画像勾勒。除员工的一些基本信息外，访谈的方向侧重从员工原声中提炼关键性变量，包括员工对入职信息的认知清晰度，对薪酬待遇、社保、公积金的关注度，对客服人员的依赖度。对于不同的维度，企业需要定义统一的评价标准，如表15-4所示。

表15-4　员工画像关键性变量聚类分析评价标准

维度	评价标准
对入职信息的认知清晰度	1分 非常模糊：有因忽略信息导致影响入职流程的经历，但不影响正常入职流程 2分 一般：基本能把握重点的入职流程信息，次要的信息稍模糊 3分 非常清晰：对入职流程的信息非常了解，有信心独立完成
对薪酬待遇、社保、公积金的关注度	1分 非常漠视：目前只关注薪酬待遇，对社保和公积金状态都不是很清楚 2分 一般：关注薪酬待遇的同时，也清楚社保和公积金其中一种状态，并大概清楚其具体动态 3分 非常关注：非常关注薪酬待遇、社保和公积金，并已完全掌握其具体动态
对客服人员的依赖度	1分 非常依赖：在入职期间有3次以上的客服协助 2分 一般：在入职期间有3次以内的客服协助 3分 非常独立：在入职期间基本不依赖客服人员，独立完成入职

　　在设计新员工入职场景下的访谈提纲时，企业需要确保能收集到各种类型的信息，从基础的个人信息到具体的工作经验和感受。由于对象是员工，所以员工的基础个人信息可以直接从企业数据库中获取，在访谈过程中不需要再另行获取。基础的个人信息在分析数据时可作为分类和分组的依据。团队通过收集相关信息并充分讨论后，确定员工的关键问题，最后汇总成一份员工访谈提纲。

　　员工访谈提纲示例如下。

　　Q1：在入职过程中，你是否清楚了解公司的各项政策和规定？

　　Q2：公司是否提供了足够的信息帮助你熟悉新的工作环境和职责？

　　Q3：入职期间，哪些信息让你觉得不够清晰或完整？请具体说明。

　　Q4：你是否清楚了解你的薪酬待遇（包括基本工资、奖金、福利等）？

　　Q5：你是否对你的社保和公积金有充分的了解？

　　Q6：对于薪酬待遇、社保、公积金，你有哪些问题或疑虑？

　　Q7：在入职过程中，你是否经常需要求助客服人员？

　　Q8：客服人员是否及时、有效地解答了你的问题？

　　Q9：你对客服人员的服务质量满意吗？

Q10：在入职的整个过程中，你是否有任何反馈或建议可以帮助我们改进？

在访谈20个人的情况下，选用3点刻度，原则上可以产生3×3×3=27种编码组合（实际编码组合数依数据分布情况而定），如表15-5所示。针对回收员工访谈的内容，我们会以评分制（1/2/3点）的方式进行标记。访谈过程的内容这里就不展开了。在访谈结束获取到内容后，团队依据对关键变量的打分标准，针对3个评价维度进行评分。员工画像类型是一个虚拟的人物形象，这个人物形象应尽可能聚合此类型集合中员工的共性特点进行描述。如果在画像可视化描述的过程中遇到信息缺失的情况，则需要考虑回访之前调研的员工，依据画像类型，进行更有针对性的访谈，把画像中可能存在的信息盲区适当补充进去，丰富画像的鲜活感。

表15-5 员工画像聚类结果

员工类型	聚合编码	计数
独立型员工	4种（313/323/322）	4
学习型员工	4种（222/223/232/322）	9
冒失型员工	3种（123/212/221）	3
弱网型员工	2种（113/131）	4

根据聚类结果，与专家深入讨论后，员工可以大致区分为：学习型员工、独立型员工、冒失型员工、弱网型员工4种类型。

在描述画像信息时，应结合访谈者的基本信息、事件、行为等，进行人物虚构。基本囊括以下信息。

① 基本信息面：人物头像与昵称、年龄、性别、学历、所在城市、职业/职位、薪资及品牌偏好。

② 入职场景：描述入职流程的亮点和噪点，并说明促使员工付诸某个行动的因素是什么？这包含外在动机和内在动机。员工想要、需要、希望达成的任务、期望是什么？为此员工付出了哪些努力？

③ 交互触点：标记员工与公司在哪些渠道进行过有效交互，即公司有效触

达到员工的交互。

④ 关键维度表现：以进度条的形式表达人物在关键维度上的表现情况，这会作为分析该人物特征的背景，在不同的场景下会代入这些特性，去还原人物会产生的可能性想法和行为，可以更好地塑造人物。

从图15-3的示例中可以看到编码223属于学习型员工，他在入职场景中基本能把握重点的入职流程信息，次要的信息稍模糊，需要客服人员协助完成入职流程。关注薪酬待遇的同时，也清楚社保和公积金其中一种状态，并大概清楚其具体动态，不太了解系统的功能，只使用过1～2项的功能。

员工画像（223-学习型·示例）

龙先生　　　　　　　　　　规模：30% 依访谈量估计

年龄：25～30岁　性别：男　学历：大专　所在城市：深圳
职业：产品经理　职位：专员　薪资：1W+　品牌偏好：Apple

入职场景：

基本能把握重点的入职流程信息，次要的信息稍模糊，需要客服人员协助完成入职流程
关注薪酬待遇的同时，也清楚社保和公积金其中一种状态，并大概清楚其具体动态，不太了解系统的功能，只使用过1～2项功能

关键维度表现：

对入职信息的认知清晰度　60%
对薪酬待遇、社保、公积金的关注度　60%
对客服人员的依赖度　80%

交互触点：

FAQ文档　邮件　微信　短信　工单反馈　HRBP　呼叫中心　公司前台

服务平台　钉钉群

图15-3　自定义聚类员工画像（示例）

创建员工画像后，企业还需要召集内部相关的业务和运营部门进行沟通和协作，确保这些员工画像能够被正确地理解和应用，否则是没有任何意义的。归纳员工的行为与表达、总结满意度和痛点、提炼任务流程，是企业接下来绘制员工体验旅程地图的关键步骤。

需要注意的是，员工画像并不是一成不变的，随着时间的推移、新员工的加入、产品或服务功能的更迭等，原先聚类的员工都有可能产生转移或离职，员工画像也会因此发生变化。

以上就是员工画像勾勒的聚类分析的基本步骤。在实际操作中，企业可能需要根据具体情况进行调整和优化。

15.4 员工体验旅程

员工体验旅程地图是在调研阶段的结论性产出，其目的是通过系统地查看不同场景中的关键触点，发现存在的问题，从而帮助企业优化员工体验的机会点。员工入职体验旅程地图如图15-4所示。

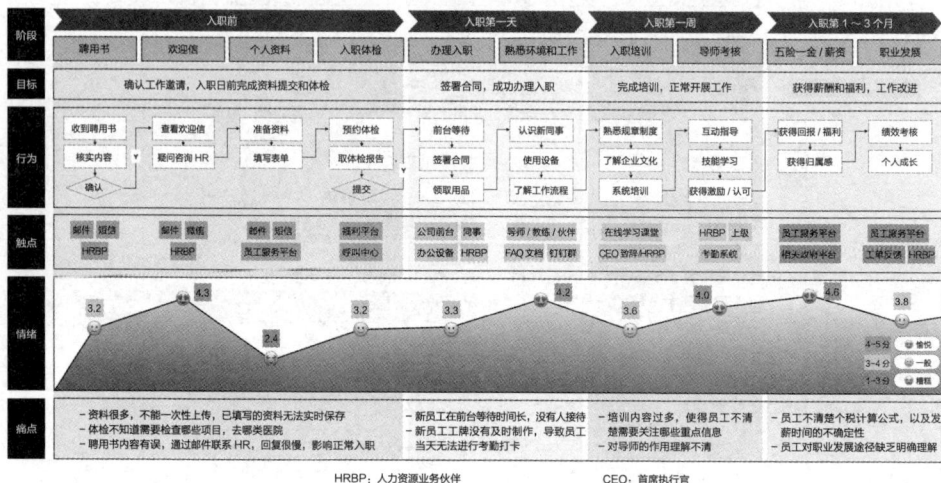

图15-4 员工入职体验旅程地图（简化版）

通过讲故事的方式描述员工在公司的工作生活体验，并以可视化的方式呈现。在员工体验旅程中，企业关注的关键模块主要包括入职前、入职第一天、入职第一周，以及入职第1～3个月这几个阶段。在这些阶段，企业会梳理员工的目标、行为、触点、情绪和痛点。

以编号为223的学习型员工为例。在员工体验旅程的不同阶段，企业让团队成员都参与进来，发挥同理心去全面了解员工在每个节点的预期，探究他们实际体验与预期的差距，让后续的体验优化工作更好地开展。在员工体验旅程地图中，我们可以发现该类型员工的痛点表现如下。

①入职前：在"个人资料"的环节，员工需要准备大量的资料并完成填写，但资料很多，不能一次性上传，且已填写的资料无法实时保存，这使得员工的情绪相对较低。

②入职第一天：在"熟悉环节和工作"的环节，员工的情绪较好，这表明公司在员工认识新同事、使用设备和了解工作流程方面做得比较好。然而，这一天也存在痛点，主要在于新员工在前台等待时间长，没有人接待，以及新员工工牌没有及时制作，导致员工当天无法进行考勤打卡。

③入职第一周：在这一阶段，痛点主要在于培训内容过多，使得员工不清楚需要关注哪些重点信息，同时对导师的作用理解不清。

④入职第1～3个月：在这一阶段，痛点主要在于员工不清楚个税计算公式，以及发薪时间的不确定性。此外，员工对职业发展途径缺乏明确理解，也是这一阶段的主要痛点。

在绘制员工体验旅程地图时，企业需要注意的是，对于不同类型的细分员工需要为每个角色单独建立对应的旅程，以便将各自的反馈和见解准确地映射到员工体验旅程中。这个步骤对于细分员工类型比较多的情况，是一个很大的工作量。在流程和方法论成熟之后，企业应该尝试借助RPA（机器人流程自动化）的方式来自动完成构建员工体验旅程。

企业视角认为的"关键时刻"，对于员工来说，有时候并不是那么重要。比如，对于学习型员工来说，企业可能会认为欢迎信对于员工是关键痛点，可能是里面缺少入职需要知悉的内容，缺乏可操作性。但员工真正痛的地方是入职体检要去30公里外的指定医院才行。这是应该优先被解决的事情！

所以，企业接下来需要通过员工入职体验指标体系的搭建，对员工的体验进行量化测量，从而得出更准确、更具体的数据以支持企业的决策。这一步骤对于资源有限的企业来说尤其重要，应优先解决员工体验旅程中的痛点，因为从效果来看，"雪中送炭"远远大于"锦上添花"。借助这些量化的数据可以帮助企业在进行员工体验优化时做出"优先度"的判断，使企业能够更有效地利用资源。

15.5 指标体系搭建

在员工体验指标体系的搭建中，企业可以借鉴客户体验测量指标搭建方法，如海盗模型、全链路漏斗模型、因子分解模型、旅程路径等。在以下的说明中，我们将分别阐述员工体验指标体系1.0和2.0的搭建方法。

首先，第一个层级是以旅程路径为框架，以员工分散的场景为出发点，累积到子旅程，再叠加至整个员工体验旅程。在最初的员工体验指标体系搭建阶段，企业主要关注员工的细分场景、子旅程及整个体验旅程的满意度。在具体的细分场景中，发生的是员工体验的单个触点事件，包括员工在关键时刻、费力度、事件评分及投诉管理等方面的一次性的事件满意度评分。

其次，当多个触点积累成一个体验子旅程时，就形成了阶段满意度。新员工入职旅程包括聘用书、欢迎信、个人资料、入职体检、办理入职、熟悉环境和工作、入职培训、导师考核、五险一金/薪资、职业发展共10个子旅程。

从更长远的角度出发，多个子旅程累积形成了完整的员工体验旅程，这里就构成了员工体验旅程的整体体验满意度（也可选用eNPS作为整体体验指标）。当员工入职旅程的整体满意度出现下滑时，企业就可以将入职旅程细分为子旅程，通过脉动调查，收集员工在关键时刻、费力度、事件评分及投诉管理等方面的反馈。而费力度作为一种更细粒度的指标，可以用来衡量员工在具体事件中的感受。例如，员工在入职体检费用报销过程中感到困扰，表明这一环节的费力度较高，企业便可以寻找问题发生的具体环节，进而针对具体问题节点采取改进措施。

在该员工体验指标体系下，员工体验旅程的整体体验满意度就是员工体验的量化得分。完成这个程度的员工体验指标搭建，可以理解为达到了1.0阶段，如图15-5所示。接着往下拆解员工体验指标体系2.0应该如何搭建，如图15-6所示。

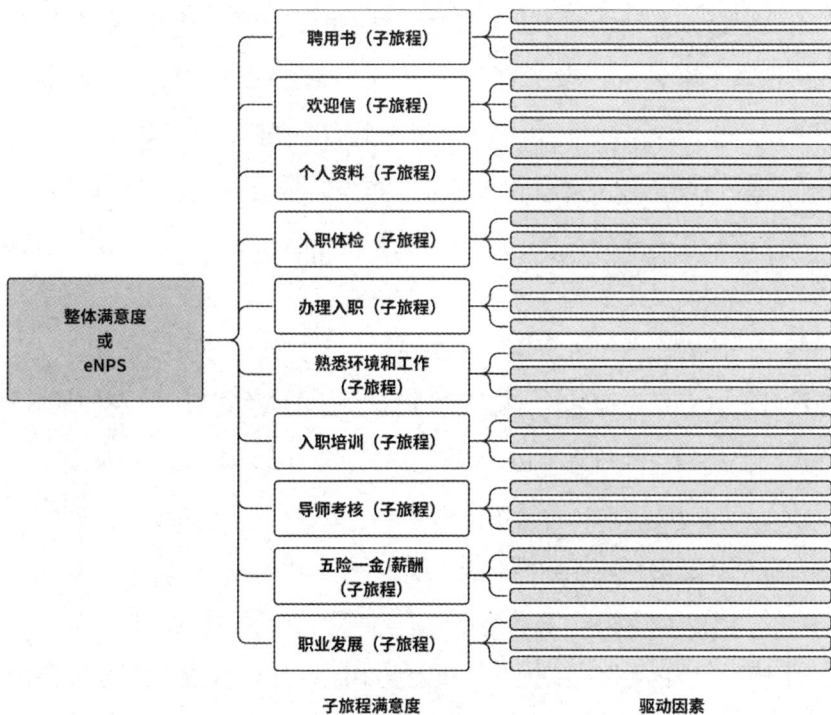

子旅程满意度　　　　　　　　　　　驱动因素

图 15-5　员工体验指标体系 1.0 搭建方法

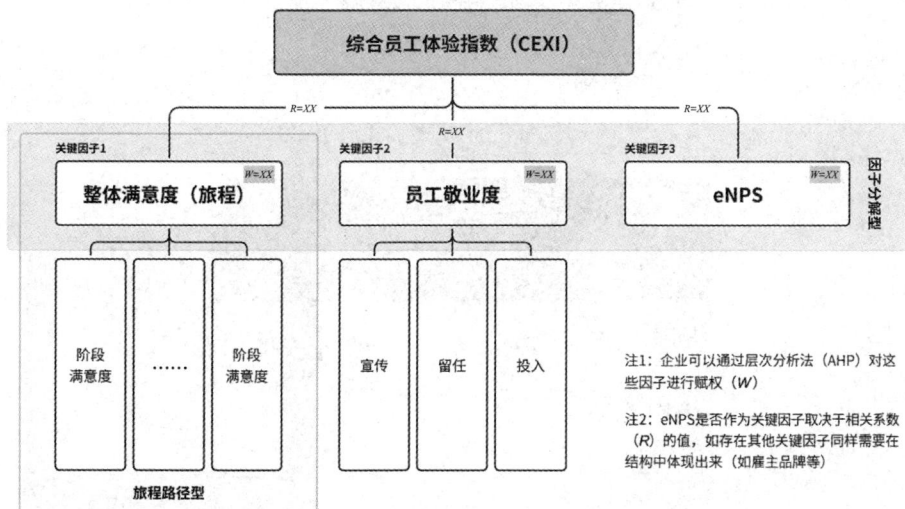

图 15-6　员工体验指标体系 2.0 搭建方法

第二个层级则是结合因子分解模型，是更加完整且有难度地搭建框架。这种搭建方法基于第一个层级，再在旅程视角下整合 X-Data 和 O-Data 的逻辑，将员工的态度和行为进行聚合，从而得到更具有行动归因的框架。

这个层级反映了员工对企业的整体满意度、敬业度以及 eNPS 之间的因果关系。员工的整体体验满意度能影响其敬业度，即在企业宣传、留任、投入等方面的行为表现。员工的整体体验满意度越高，他们在企业宣传上更积极，更愿意长期留任，对企业投入程度也会提高。同时，整体体验满意度也会影响员工的净推荐值，即员工愿意向亲朋好友推荐企业的可能性。员工的整体体验满意度越高，他们越可能将企业的职位推荐给亲朋好友，也更可能推荐企业的产品或服务，从而帮助企业在市场上取得更大的份额。

综合考虑员工的整体体验满意度、敬业度及 eNPS，企业可以构建出一个综合员工体验指数（CEXI），它可以全面反映企业的员工体验表现。对于目前设定的3个因子，由于企业员工体验的成熟度不同，对 CEXI 的贡献也会不同，需要进行赋权处理。企业可以通过层次分析法（AHP）对这些因子进行赋权。层次分析法（AHP）是将与决策相关的要素分解成目标、准则、方案等层次，基于专家团的经验，企业对于不同维度进行赋权。企业可以通过组织工作坊，邀请团队或行业专家共同讨论确定各个因子的权重，如表15-6所示。

表15-6　AHP计算各个因子的权重

层次	A_1 \newline a_1	……	A_m \newline a_m	层次B \newline 要素组合权重
B_1	b_1^1	……	b_1^m	$b_1 = \sum_{i=1}^{m} a_i b_1^i$
……	……	……	……	
B_n	b_n^1	……	b_n^m	$b_n = \sum_{i=1}^{m} a_i b_n^i$

CEXI的计算公式（100分制）为：

$$CEXI=（ESAT \times W\ ESAT+EE \times WEE+eNPS \times W\ eNPS）\times 10$$

整个2.0框架的可以总结为："旅程路径 + 因子分解模型 + 层次分析法"的组合应用。在示例中，根据专家赋权的结果，整体体验满意度、敬业度和员工净推荐值的权重分别为0.43、0.35和0.22。这种权重分配不仅量化了员工体验，反映了各因素对员工体验的重要性，还为优化和提升员工体验提供了明确的方向。

根据权重的分配，新员工入职的体验指数计算公式为：

$$CEXI=（ESAT \times 0.43+EE \times 0.35+eNPS \times 0.22）\times 10$$

在员工净推荐值（eNPS）的部分，很多企业会这样做调研："你会不会把公司的某项产品或者服务推荐给你的家人/朋友/同事？"这个问法其实并不能从员工体验获得结论，而从员工体验的视角出发，更好的问法是："如果公司有职位空缺，你愿意推荐家人/朋友/同学应聘的可能性有多大？"

另外，在员工体验指标体系的结构设计上，eNPS在不同阶段、不同规模的公司，并不具备普遍的适用性。在不确定是否需要将某个维度纳入员工体验指标体系时，企业可以先进行数据采集和分析，依据eNPS对于员工体验的相关系数程度，再决定是否需要该维度。

示例是把eNPS纳入评价的维度。如果在实际项目中不需要eNPS，则可以重新分配eNPS的权重，将eNPS划分到其他维度，或者根据企业实际的业务需要加入其他的维度。

企业可以通过一系列的问卷调查、访谈或其他方式来收集员工体验指标的数据。

15.6 员工体验测量

这个阶段标志着企业实际上开始对员工体验进行收集和评估。为了获取员工反馈，企业会使用埋点、数据采集及问卷等工具。在此过程中，需要重点注意的4个方面是：测量工具的选择、问卷调查的方式、数据采集的频率和时机，以及数据的隐私和安全性。

① 测量工具的选择：使用什么类型的工具取决于企业想要获得什么类型的数据。比如，如果企业希望了解员工在使用特定工具或者服务时的行为模式，可以在企业内部网站、员工使用的软件或应用内，或者通过电子邮件等形式，发放嵌入式调查问卷。企业还可以设置埋点来跟踪员工使用某一功能的频率，或者监控员工在某个任务上花费的时间。如果企业想要了解员工对特定问题的看法和感受，还可以组织焦点小组面对面的讨论。

② 问卷调查的方式：在员工体验测量1.0阶段，企业可以根据细分场景、子旅程，分别进行不同类型的问卷调查。对于细分场景，可以通过脉动调查实时获取员工在特定场景下的体验和感受，类似于随堂小测。对于子旅程，可以利用员工生命周期调查，全面了解员工在不同生命周期阶段的体验，类似月考和模拟考。

进入员工体验测量2.0阶段后，企业可以通过员工生命周期调查或员工敬业度调查来全面测量和评估员工的整体旅程，类似大考和联考。另外，敬业度和eNPS也可以通过员工敬业度调查进行测量。不同维度的问卷调查方式如表15-7所示。

表15-7 不同维度的问卷调查方式

框架	维度	调查方式
1.0	细分场景	脉动调查
	子旅程	员工生命周期调查
2.0	整体旅程	员工生命周期调查或员工敬业度调查
	敬业度	员工敬业度调查
	eNPS	员工敬业度调查

③ 数据采集的频率和时机：数据采集的频率和时机应该根据企业实际需求

来确定。一般来说，如果是进行脉动调查，数据采集的频率可以较高，以实时捕获员工的体验和感受。如果是进行员工生命周期调查和敬业度调查，数据采集的频率可以较低，但需要在员工的关键生命周期节点进行。为了有效地收集员工的反馈，企业可以基于"触达判定、弹出时机、频次限制、进入条件及触达方式"来设计策略。以下是一些可考虑的原则和策略。

- 在空闲时段：如果能够预测到员工的工作模式，那么在员工可能比较空闲的时段（如午饭后的下午时段、晚上下班后的休息时间等）弹出问卷也是一个好的选择。员工在这些时段可能更愿意投入时间完成问卷。

- 在应用退出前：在员工打算退出应用或系统时弹出问卷也是一种常见的策略。这样的设计可以确保员工已经完成了他们的主要任务，而且不会打断他们的工作。

- 在员工状态良好时：如果能够通过员工行为和反馈来判断员工的情绪状态，那么在员工状态良好的时候弹出问卷可能会获得更高的响应率。因为在这种情况下，员工可能更愿意分享个人的体验和意见。

- 在员工参与度高的页面：如果有些页面或者功能的员工参与度特别高，那么可以考虑在这些页面或者功能中加入问卷调研。因为员工在这些地方花费的时间比较长，可能更愿意接受一些额外的互动。

④ 数据的隐私和安全性：在采集和处理数据时，企业必须遵守数据的隐私和安全性原则。应确保数据的采集、存储和处理都符合相关法规，如欧盟的通用数据保护条例（GDPR）等，并保护员工的个人信息不被泄露。

15.7　指标检验与洞察

理解并优化员工体验是关键，采集和分析数据仅仅是开始，企业需要深入地理解这些数据，将其转化为具有实际影响的行动策略。企业将使用一系列工具和技术，包括数据分析、统计学和可视化，用于解读数据，找出背后的驱动因素和优先事项，评估优化方案是否真正提升了员工体验。

1. 样本员工人群画像

企业首先要对调研的员工样本进行深入的分析和描绘。注意，为了进行分析示意，采用模拟程序依据调研样本需求进行虚构演示数据，仅用于表达分析逻辑和思路，数据表现结果并不具备普遍性。

以下是该调研样本的主要特征。

① 调研对象：选取公司各个事业部的新入职员工作为调研对象。

② 对象特征：被调研的员工都是入职时间小于3个月，且入职后未接受过入职体验调查的新员工。

③ 调研方式：采用线上问卷的形式进行调研。

④ 调研数量：总共发出了2000份问卷，如果3天内员工未填写，系统会自动进行催填。

⑤ 投放渠道：通过A和B两个渠道，以及短信的方式，向员工推送了调研问卷。

⑥ 回收要求：目标是收集到500份有效问卷，这样可以在99%的置信水平上进行分析。

⑦ 问卷校验：对问卷的信度和效度进行了严格的校验。

在完成调研之后，我们获得了以下有效样本。

有效样本数量：从A渠道收集到了800份有效样本，从B渠道收集到了246份有效样本，总计1046份有效样本，如表15-8所示。

表15-8　员工样本的分布情况

年龄	男	女		入职时间	男	女
21～25岁	420	316		1个月内	487	213
26～30岁	160	50		1～2个月内	48	98
31～35岁	55	45		2～3个月内	100	100

● 年龄分布：在所有的调研对象中，70.4%的人年龄分布在21～25岁。

- 入职时间：66.9% 的调研对象的入职时间在 1 个月内。

- 男女比例：调研对象的男女比例为 3∶2。

- 根据调研对象的年龄分布和入职时间分布，企业可以更深入地了解员工的基本情况，从而为后续的分析和改进提供基础。

回收完问卷数据后，企业可以根据不同业务的需求开始创建员工的画像。员工的画像应包括以下因素：性别、年龄、城市、职位、薪酬、入职时间、调研渠道以及后续会讲到的问卷回答特征。在分析数据时，企业可能需要对数据进行分组处理。比如，需要将员工根据年龄、性别、工作年限、职位等因素进行分类，以便于后续进行分组比较或者聚类分析。在完成这些分析之后，就可以创建出具体和个性化的员工画像。记住，数据只是第一步，重要的是如何解读和运用这些数据。将这些信息与在问卷中收集到的反馈相结合，制定出提升员工体验的具体策略。

2. 综合员工体验指数得分

拿到数据之后，企业需要对数据进行必要的清洗处理，如删除重复项、处理缺失值、纠正异常值、标准化数据等。不同的调查可能会使用不同的量表（如 5 级量表、7 级量表或 10 级量表），企业需要对数据进行标准化，以便在分析时能够对各个问题进行公平的比较。处理完成后，可以得到多份结构化、有序并且可用于进一步分析的数据集。

这里是基于指标体系设计所采集的数据集，属于层级关系。在分析结果的呈现上，一般会通过观察高层级指标的波动变化，决定是否需要下钻指标维度分析，如图 15-7 所示。层级关系通常表示在分析结果呈现时，从宏观层面（高层级）的指标开始观察，再逐步深入到具体的微观层面（低层级）。这样做可以帮助企业更好地理解各级指标间的关系，并找出影响员工体验的主要驱动因素。

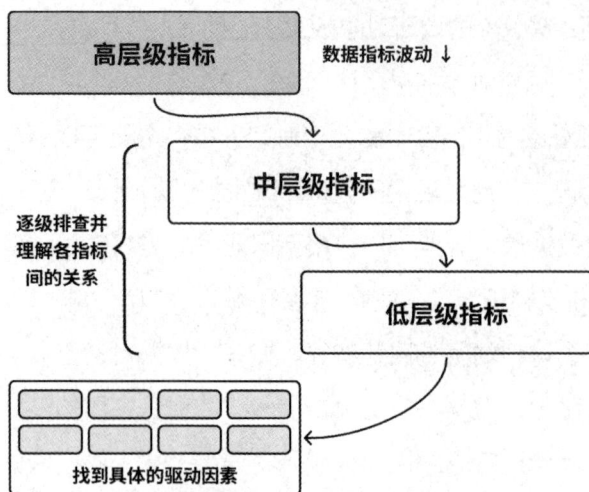

图15-7　层级关系示意

例如，在对员工满意度进行调查时，企业可能首先关注的是整体满意度评分（高层级指标），这是一个大致反映员工对公司满意程度的宏观指标。如果发现整体满意度评分出现了明显的波动或变化，那么企业就需要深入分析具体的满意度维度（低层级指标），如工作环境、薪资、工作压力、参与度、费力度、幸福感、工作绩效等。

为了简化示意，这里会将不同的量表进行标准化的处理，统一转换为10分进行计算。在一个满意度10级量表中，7分的满意度通常被认为是"中等偏上"或者"良好"的等级，在演示计算中7分均被判定为满意侧等级。具体的含义可能会因研究或问卷的不同而有所差异。在一些研究中，7分可能会被看作满意的程度，而在一些更严格的评分标准中，它可能仅仅被看作中等。

依据上述逻辑，先针对员工体验测量2.0涉及的旅程满意度、敬业度、eNPS等相关指标（高层级指标）进行统计。

旅程满意度可以作为员工过去某个时期态度表现的重要指标，而敬业度和eNPS则可以作为衡量员工未来行为可能性的指标，目前已有不少实证研究表明满意度和敬业度、eNPS之间存在着正向因果关系。经由相应的公式计算结果为：旅程满意度 = 6.27、敬业度 = 7.54、eNPS = -10.61，如表15-9所示。

表15-9　敬业度子维度评价得分

维度	评价得分
宣传	7.47
留任	7.57
投入	7.58

注意，eNPS在分值区间为 -100～100，在进行综合员工体验指数计算的时候，需要转换为10分值，则eNPS在10分制的值为2.12，如表15-10所示。

表15-10　eNPS的评价得分分布

分数等级	频数	占比
0	0	0
1	0	0
2	0	0
3	0	0
4	22	2.33%
5	35	3.70%
6	177	18.71%
7	87	9.20%
8	502	53.07%
9	87	9.20%
10	36	3.81%

综合员工体验指数（CEXI）在该企业定义上会划分为ABCD四个等级，分别是"80（含）以上 = A体验优异""70（含）～ 80 = B体验良好""60（含）～ 70 = C体验一般""60以下 = D体验不好"，如图15-8所示。

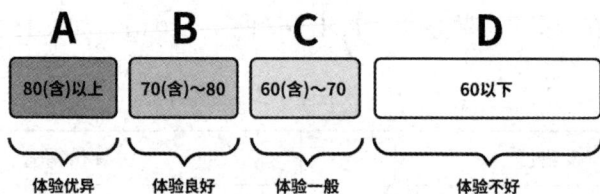

图15-8　CEXI的等级划分

CEXI得分计算公式为：

CEXI=ESAT×0.43+EE×0.35+eNPS×0.22（使用前面表15-6的专家赋权）

已知条件，该企业综合员工体验指数（CEXI）在去年得分是71.60[B体验良好]，今年目标得分是希望通过一系列的员工体验行动可以提升到82.00[A体验优异]，如图15-9所示。

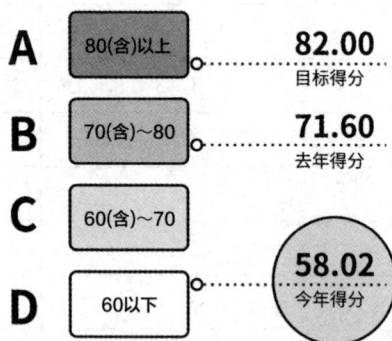

图15-9　CEXI在去年、今年、目标得分比对

经过计算，员工体验旅程满意度：$6.27×0.43×10=26.961$；敬业度：$7.54×0.35×10=26.39$；eNPS：$2.12×0.22×10=4.664$。

从这些数据可以看出，员工体验旅程满意度在指数上贡献了26.961，敬业度贡献了26.39，eNPS贡献了4.664。最后汇总计算CEXI今年实际得分只有58.015（约为58.02）。距离今年目标的CEXI相差甚远，甚至相比去年的分数也落后很多。今年的员工体验改善行动并未达到预期效果，企业需要重新审视并找出存在的问题。

综合员工体验指数可以作为一个企业级观测的"北极星"员工体验指标，感知分数的变化趋势。而体验管理并不是说知道分数就完事了，企业的目标不是管理结果，而是管理因果。对于 CEXI 得分的提升，企业需要找出影响这些得分的核心因素，并着重对这些因素进行改善。同时，企业需要监测和跟踪这些改进措施的效果，以确保它们对提高 CEXI 得分有实质性的帮助。员工体验的改善是一个持续的过程，需要通过定量和定性的方式进行跟踪，并根据数据反馈进行调整和优化。

3.各项指标描述性统计

针对员工体验测量 1.0 涉及的子旅程满意度、旅程满意度等相关指标（低层级指标）进行统计。

对新员工入职旅程的整体满意度、相关子旅程满意度分布情况进行评价分布统计，基于统计结果进行指标计算。新员工入职旅程整体满意度 =6.27，行业平均为 8.22，还需要进一步提升。子旅程共分为 10 个阶段，贯穿新员工从入职开始接触到完成的整个过程，子旅程满意度分别是：聘用书 = 7.8、欢迎信 = 2.86、个人资料 =8.03、入职体检 = 3.19、办理入职 = 8、熟悉环境和工作 =7.84、入职培训 = 7.95、导师考核 = 3、五险一金 / 薪资 = 7.85、职业发展 =7.79。其中，"个人资料、入职培训、五险一金 / 薪资"满意度相对较高，如表 15-11 所示。

表 15-11　旅程满意度的评价得分分布

分数等级	频数	占比
1	0	0
2	0	0
3	0	0
4	5	0.48%
5	42	4.02%
6	343	32.79%
7	230	21.99%

分数等级	频数	占比
8	173	16.54%
9	187	17.88%
10	66	6.31%

使用皮尔逊相关系数进行相关分析，取值范围在 −1 ～ 1。相关系数的绝对值越接近1，表明两个变量之间的线性关系越强。正数表示正相关，负数表示负相关。相关系数只反映了两个变量间的线性关系，不代表因果关系。非线性关系可以使用 Spearman 或 Kendall 等级相关系数进行衡量。

从演示数据表现上来看，五险一金 /薪资、办理入职、入职体检对新员工入职旅程的整体满意度影响程度更高，如表15-12所示，意思是如果企业能够在这几个子旅程中提供高质量的体验，新员工对企业的满意度很可能得到显著提升。前两个子旅程获得了相对较好的满意度，企业还需要投入努力来提高入职体检的满意度。注意，演示数据仅为分析表达示意，影响程度在0.4以下一般会被判定为弱相关。

表15-12　子旅程满意度

子旅程阶段	ESAT得分	行业平均	理想状态	对ESAT的影响程度
聘用书	7.8	8.41	9.07	0.132
欢迎信	2.86	5.46	7.92	0.133
个人资料	8.03	8.58	9.23	0.209
入职体检	3.19	6.03	8.73	0.272
办理入职	8	8.54	9.31	0.29
熟悉环境和工作	7.84	7.47	9.21	0.103
入职培训	7.95	8.53	9.19	0.248
导师考核	3	6.08	8.71	0.149
五险一金 /薪资	7.85	8.44	9.26	0.303
职业发展	7.79	8.43	9.17	0.234

评估这些数值表现是否良好，可以进一步结合同期的行业平均水平、理想状态，或者通过不同的员工分群、分层来比较，从而发现实际表现与理想状态的差距。从表15-12可以看出，该企业在新员工入职的各个子旅程中的满意度均低于行业平均水平，同时行业平均水平与员工理想状态有着很大的差距，说明外部环境也在不断地变化，新员工对入职普遍有较高的期待，该企业还需要进一步努力。

4.驱动因素及优先度分析

前面的分析方法可以帮助企业确定哪些次级维度问题需要解决，面对有限的资源，企业需要确定哪些问题需要被优先处理以及如何深入分析驱动因素。从单一维度分析绝对数值无法全面反映员工体验的复杂性和多维性，为了从数据中提升员工体验的重点，企业需要采用多维度和多角度的分析方法。

当新员工入职旅程满意度得分下滑时，企业可以结合各子旅程及其对入职旅程满意度的"影响程度"进行交叉分析，划分到优势强化区、优势维持区、次要提升区及迫切提升区这4个区域中，如图15-10所示，从而得出在入职旅程中不同场景应采取的不同应对策略。

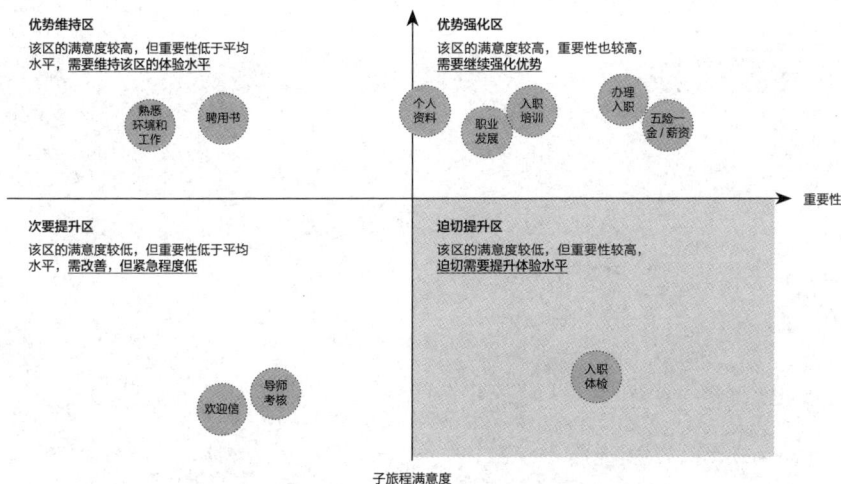

图15-10　交叉分析－子旅程满意度 VS 重要性

①优势强化区：该区的满意度较高，重要性也较高，需要继续强化优势。

②优势维持区：该区的满意度较高，但重要性低于平均水平，需要维持该区的体验水平。

③次要提升区：该区的满意度较低，但重要性低于平均水平，需改善，但紧急程度低。

④迫切提升区：该区的满意度较低，但重要性较高，迫切需要提升体验水平。企业领导者需要集中精力解决这些问题，这是目前工作的重点。

各子旅程改善的优先次序可参照：迫切提升区 > 优势维持区 > 优势强化区 > 次要提升区。从图15-10中可以看出入职体检属于迫切提升区。

进一步在脉动调查中找到关联该子旅程触点的相关调查资料，如投诉管理、费力度、事件评分等内容。经过深入调查员工评价和原声之后产生新的发现，例如，新员工在进行入职体检时，经常不清楚需要检查的项目和如何选择适合的医院，该触点员工费力度（EES）得分为6.033（10分制，分值越高越省力）。为此，企业可以对当下新员工入职体验的工作流程进行复盘，并绘制出服务蓝图，如图15-11所示。最后在体验改善行动中，企业通过提供入职体检项目清单、推荐合适的医院，并在HR系统中增加入职体检相关流程的提示

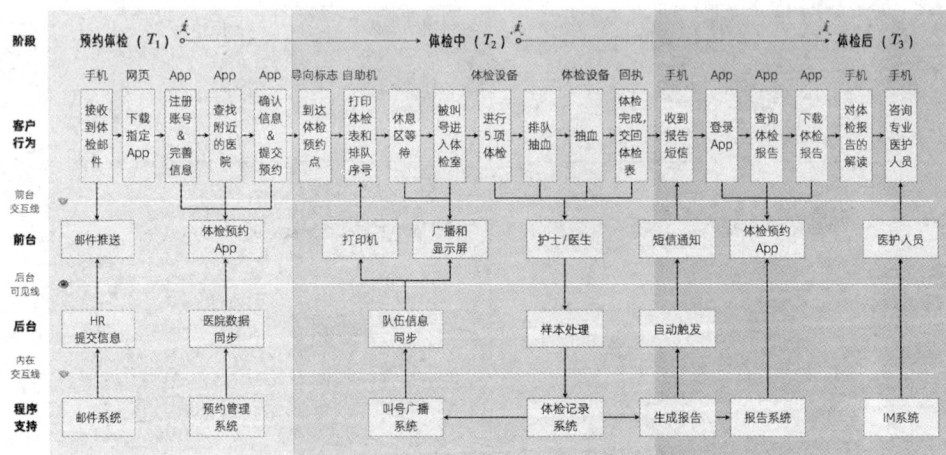

图15-11　新员工入职体检服务蓝图

和说明，提高入职体检系统的可用性和易用性，让新员工更容易理解和完成体检。

另外，在分析新员工入职体检的费力度并寻找影响因子时，企业可以基于假设尝试加入不同的维度进行探索。这里就加入了时间和城市的维度，目的是分析企业在秋招或春招进行的大规模招聘工作对体验流程的影响，分析不同城市的 HR 在落实工作中是否存在行动上的偏差，或者因为某座城市的合作医院或者体验中心服务不好，而拉低了整体的得分情况，如图 15-12 所示。

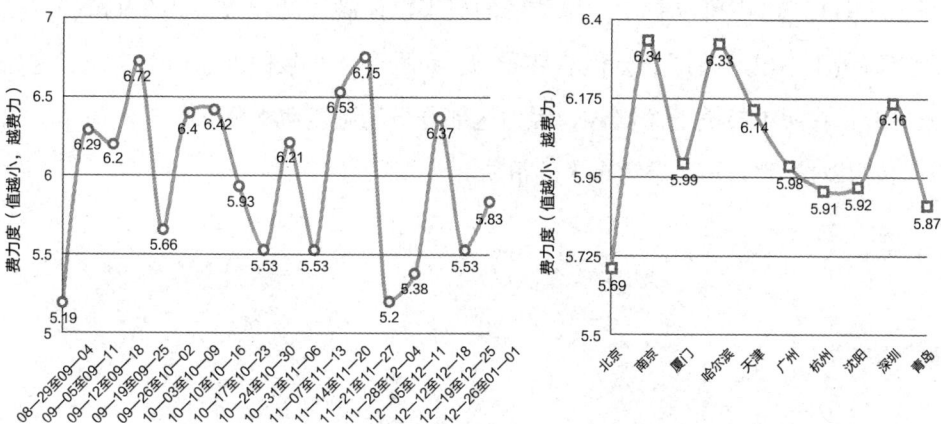

图 15-12　观察入职体检在不同时间 / 城市维度下的曲线变化

还有，在新员工敬业度或 eNPS 得分下滑时，企业可以通过拆分次级维度的方式，找到在计算公式上影响得分的落后部分。例如，敬业度可以去平行比较"宣传、留任、投入"的得分情况，看看哪些维度的得分落后于平均水平；如果"留任"的得分较低，这可能意味着新员工在入职后的一段时间内不太可能留在公司，企业需要进一步研究并找出可能的原因。而 eNPS 可以去比较看"推荐者、中立者、批评者"的分布情况，往往得分比较低是由于数量聚集在中立者上，而推荐者不足，这时候激活中立者和减少批评者数量就同等重要了，具体策略可能包括改进工作环境、提供更好的福利或改进管理作风等。

5.指标交叉比对分析

指标交叉比对分析是一种常用的分析方法，它通过对不同指标进行交叉比较，可以揭示隐藏在数据背后的更深层次的关联和趋势，为决策提供支持。在员工体验洞察中，企业可以以员工在eNPS的评价分数对员工进行分群，将被调查的员工划分为推荐者员工、中立者员工、批评者员工3个群体。不同的群体代表着在未来行为上的差异，企业可以将这些差异与旅程满意度、子旅程满意度和敬业度进行交叉分析，从而更精准地识别和满足不同员工群体的需求。

从图15-13中可以看出，推荐者的员工群体满意度分数主要在9和10，这意味着员工不仅对公司的旅程非常满意，而且可能非常积极地推荐公司。这是公司非常希望维持的一个群体，因为这部分员工可能会积极向外界传播公司的好口碑，对提升公司形象有极大的帮助。

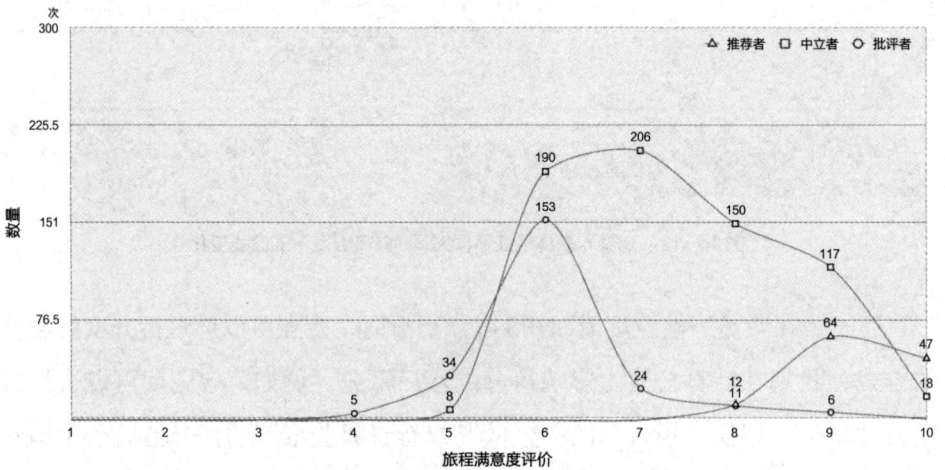

图15-13　eNPS与旅程满意度（分布）

中立者的员工群体满意度分数比较分散，但主要集中在5～8。这个群体可能是对公司旅程持有不同看法的群体，他们可能在某些方面对公司满意，但在其他方面又有所不满。这个群体的存在说明公司的旅程可能在某些方面存在问题，需要进一步分析和改进。同时，他们在9和10的分数还有一定数量，说明公司旅程的某些方面是能够得到他们认可的，可以进一步挖掘这些方面，并试图扩大这部分的影响，提升他们的满意度。

批评者的员工群体满意度分数主要集中在5和6，这表明这部分员工对公司的旅程满意度最低。这是一个对公司旅程最不满意的群体，他们可能会对公司的形象产生负面影响。这个群体的存在是一个警示，说明公司的旅程可能存在严重的问题。这些问题需要被立即识别和解决，以防止他们的不满情绪进一步扩散。

这份数据的一个重要发现是，满意度分数和eNPS类别之间存在明显的关系。推荐者的旅程满意度评价分布普遍较高，中立者的旅程满意度评价分布中等，而批评者的旅程满意度评价分布较低。这表明，员工对公司的旅程满意度和是否推荐公司有很大的关系。如果公司想提高其eNPS得分，就需要提高员工的旅程满意度。

从图15-14中可以看出，推荐者的员工群体满意度分数在聘用书、个人资料、办理入职、熟悉环境和工作、入职培训、五险一金/薪资和职业发展这几个环节都非常高，尤其在入职培训和职业发展这两个环节，分数分别为9.11和9.59，这表明公司在这两个方面做得非常好。然而，对"欢迎信""入职体检"

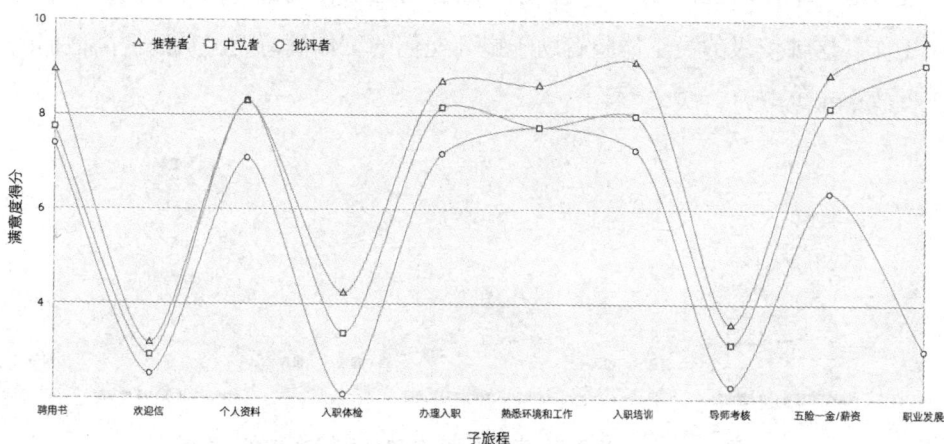

图15-14 eNPS与子旅程满意度（分布）

和"导师考核"的满意度相对较低，这可能表明这些环节存在一些问题。可能的问题包括欢迎信的内容或形式可能不够吸引人，入职体检的过程可能存在不便，导师考核可能存在不公正或不透明的情况。

中立者的员工群体在各个子旅程的满意度相对较均匀，但总体上低于推荐者。与推荐者一样，他们也对"欢迎信""入职体检"和"导师考核"的满意度较低，这表明这些环节的问题可能是普遍存在的，需要公司进行改进。他们对"职业发展"的满意度最高，得分为9.09，这可能意味着他们对公司的发展前景有一定的认可。

批评者的员工群体在所有子旅程中的满意度普遍较低，但是在子旅程的表现上与推荐者和中立者的员工群体有反差的部分是在"五险一金/薪资"和"职业发展"这两个环节，满意度远低于其他子旅程，得分分别为6.37和3.03。这可能表明，这些员工对公司的福利待遇和职业发展机会不满意。可能的问题包括公司的福利待遇不具竞争力或者职业发展路径不明确，没有给他们提供足够的发展机会。

从图15-15中可以看出，推荐者的员工群体在敬业度的3个维度（投入、宣传和留任）上的表现相对较好，这表明他们对自己的工作有很高的热情和忠诚度。他们不仅对工作投入，而且乐于推荐自己所在的公司，并愿意长期为公司工作。这种积极的员工体验有助于提高他们的工作满意度，从而提高他们的工作效率和生产力。

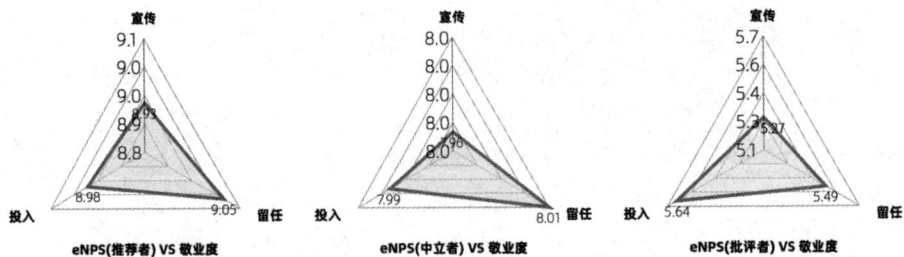

图15-15　eNPS不同类型的员工与敬业度3S模型的对照

中立者群体在敬业度各维度上的表现确实较为积极，但可能无法与推荐者群体相媲美。他们可能对自身的工作环境和职责有一定的满意度，但并不会积极地向外界推荐自己所在的公司，对于是否会长期留在公司这一问题也可能持开放的态度。他们的员工体验可能处在一个中等水平，表现在留任意愿方面与推荐者群体较为接近。除非遇到特别不满意的事件，或者有外部机会非常吸引他们，否则他们倾向于继续与公司合作。

批评者的员工群体在敬业度的3个维度上的表现相对较弱，尤其在宣传和留任两个维度上。尽管他们会投入工作，但他们对公司的批评意味着他们对工作的满意度相对较低，不愿意推荐自己所在的公司，也可能在寻求更好的工作机会，这是一个警告信号。

此外，敬业度还存在内在态度和外在支持两个维度，反映了员工的情感认同和工作投入。企业可以将员工进行人才分类，并结合业务需求进行交叉分析，以获得体验改善的洞察，如图15-16所示。

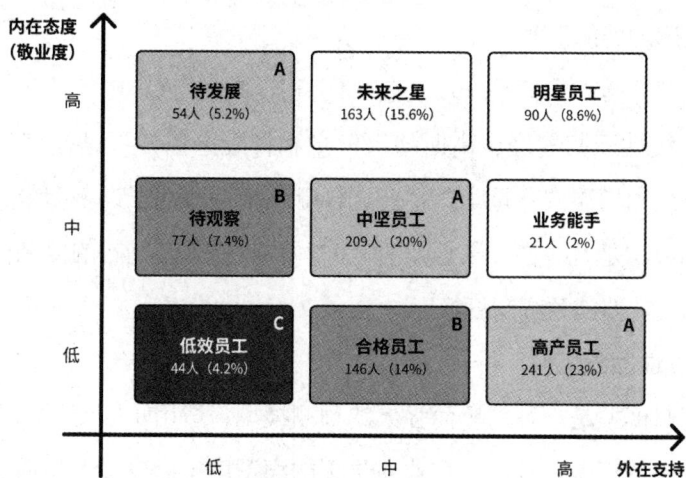

图15-16 人才矩阵

A区：表明该员工群体渴望有更好的发展而努力工作，但对现状并不满意。

B 区：表明该员工群体负向激励不足，存在人力资源浪费的现象。

C 区：表明该员工群体对企业有负面情绪，存在消极怠工的现象，要及时疏导与转化。

通过统计结果发现，中间层的员工比较多，两端的员工分布比较少。这种情况下，人才运营和员工体验的重点可以是激发中间层员工的潜力。对于不同类型的员工，企业可以匹配不同的员工体验改善办法，精细化人才运营来解决该群体的体验痛点。

6. 指标预测性分析

从长期主义和长远发展的角度看，预测员工体验的指标未来演进趋势对于整个企业的健康和可持续发展至关重要。预测员工体验的指标，企业可以提前发现可能出现的问题，如工作满意度的下降、员工士气的低落等，从而及时进行干预和改善。这样可以防止小问题演变成大问题，保持企业的稳定和健康发展。预测员工体验的指标是企业进行人力资源管理、提高经济效益、保持竞争力和实现长远发展的重要工具。

预测员工体验的指标是一项复杂的任务，需要应用各种统计和机器学习方法。其中，线性回归模型、高斯峰值模型和神经网络模型是被广泛使用的工具。在选择预测模型的考量上，企业选择哪种模型取决于许多因素，包括数据的性质（如数据是否线性、数据是否有时间依赖性）、问题的复杂性、可用的计算资源以及需要的预测精度等。

（1）线性回归模型

线性回归模型是一种简单而强大的预测模型，适用于因变量和自变量之间存在线性关系的情况。例如，企业对员工的满意度（因变量）和他们的工作时间、工资等因素（自变量）之间的关系进行建模。然后，这个模型可以用来预测在给定的自变量值下，员工的满意度可能会是什么。

首先需要有一组员工体验旅程满意度和敬业度的数据，数据可以来自历史记录、调查结果等。员工体验旅程满意度（将其记为x）和 敬业度（将其记为y）的数据可能如下所示。

根据线性回归模型的结果，可以得到以下的计算公式来描述旅程满意度（x）如何影响员工的敬业度（y）：

$$y=0.6398x+3.3384，R^2=0.6513$$

这里，y代表敬业度，x代表旅程满意度。

这个模型的解读是：当旅程满意度（x）增加1单位时，可以预期敬业度（y）将增加0.6398单位。而在旅程满意度为0时，预期的敬业度为3.3384。

这个模型表示，旅程满意度和敬业度之间存在正相关关系，即旅程满意度越高，员工的敬业度也越高。

图15-17是根据线性回归模型绘制的敬业度（y）对满意度（x）的散点图和拟合线。

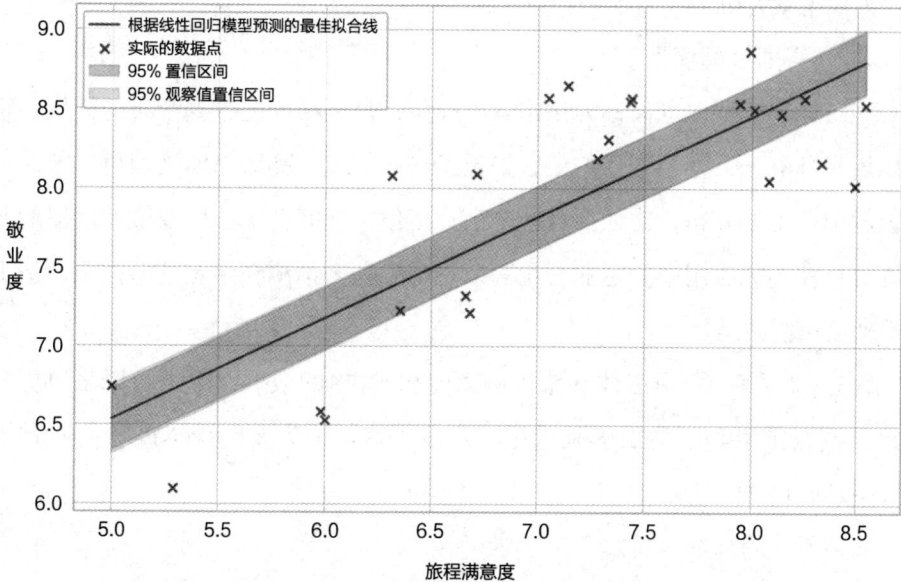

图15-17　根据线性回归模型绘制的敬业度对满意度的散点图和拟合线

从图15-17中可以看出，旅程满意度和敬业度之间存在正相关关系，即满意度越高，敬业度也越高。这与通过线性回归模型得出的结论是一致的。95%的置信区间表示，如果在相同条件下多次抽样并拟合模型，那么有95%的情况是真实的参数值会落在这个区间内，并提供对模型参数估计不确定性的量化。95%的观测值置信区间则表示，在给定的员工体验旅程满意度水平下，新的观测值有95%的可能落在这个区间内，这可以帮助企业预测新的员工敬业度数据。

然而需要注意的是，尽管这个模型能够解释满意度如何影响敬业度，但存在一些离群点，可能会影响模型的预测准确性。对于这些离群点，可能需要进一步地研究，以了解它们为何与其他数据点有所不同。

此外，这是一个简化的模型，只包含了旅程满意度这一个解释变量。实际上，敬业度可能会受到许多其他因素的影响。而且这个模型也只是描述了变量之间的关系，不能用于预测未来的敬业度。预测需要使用更复杂的模型，如时间序列模型或者机器学习模型。

（2）高斯峰值模型

高斯峰值模型，也被称为正态分布模型，是一种描述数据分布的模型。它可以用来预测一个连续变量的值，如员工的敬业度。高斯峰值模型可以帮助企业理解敬业度的分布，比如最可能的敬业度值（即峰值），以及敬业度值的变异性等。在实际应用中，企业会用高斯峰值模型来预测在给定的条件下，员工的敬业度可能会是什么。

首先需要有一组员工体验旅程满意度和 eNPS 的数据，数据可以来自历史记录、调查结果等。员工体验旅程满意度（将其记为 x）和 eNPS（将其记为 y）的数据可能如下所示。

高斯函数的基本形式如下：

$$f(x) = a \times \exp\left[-(x-b)2/(2c2)\right]$$

这里，a 是函数的峰值高度；b 是峰值对应的 x 值，也就是峰的中心；c 描述的是峰的宽度，即标准差。

使用高斯峰值模型进行回归，需要以下的数据和步骤：

模型初始化：选择适当的 a、b 和 c 的初始值，这可以是基于对数据的理解和预期的峰值特征的猜测。

参数优化：使用一种优化算法（如梯度下降或最小二乘法等）来优化参数 a、b 和 c，以便最小化数据和高斯峰值模型之间的差距，还可以使用 scipy 的 curve_fit 函数来拟合高斯函数的数据。curve_fit 函数会找到最佳的 a、b 和 c 参数值，使得高斯函数和数据的拟合程度达到最好，而这个步骤可能需要多次迭代。

模型评估：使用一些统计指标（如 R 平方或均方误差等）来评估模型的拟合效果，可能需要调整模型或者重复前面 2 个步骤，直到得到一个满意的结果。

从模型参数中可以得到以下信息：

- 高斯分布的均值（a）：8.22，这意味着在数据中，员工体验旅程满意度的平均值为 8.22。

- 高斯分布的振幅（b）：47.23，这反映了员工体验旅程满意度和 eNPS 之间的关系强度。

- 高斯分布的标准差（c）：2.70，这表示员工体验旅程满意度的数据在平均值周围的分布程度。

通过使用高斯峰值模型成功地拟合了员工体验旅程满意度与 eNPS 之间的关系，从图 15-18 中可以看到原始数据点（灰色）和拟合的高斯曲线（黑色）。

这个高斯曲线表示了员工体验旅程满意度（X 轴）和 eNPS（Y 轴）之间的关系。从图中可以看出，当员工体验旅程满意度在某个范围内时，eNPS 达到了最高值。这个范围的满意度得分为 8 ～ 9，这可能意味着这个范围的员工体验旅程满意度对于提高 eNPS 最为有效。

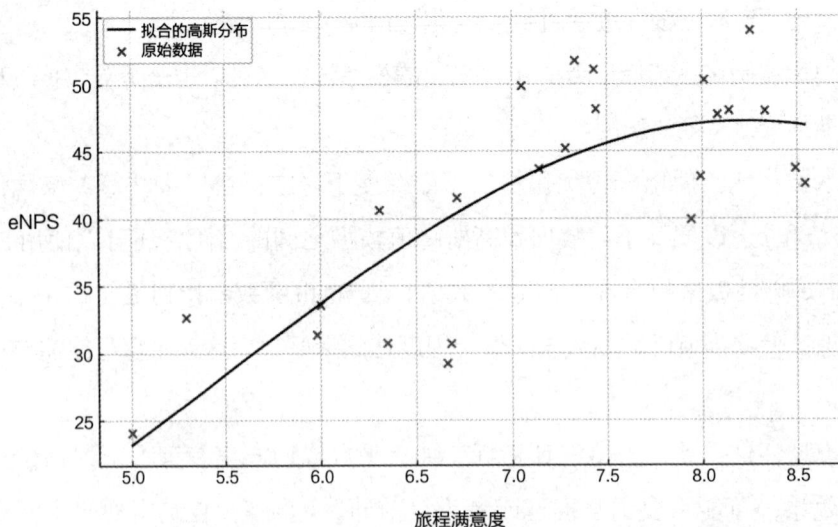

图15-18 员工体验旅程满意度和eNPS的高斯峰值模型回归

预测与解读：curve_fit 函数返回的 popt 是一个包含最佳参数值的数组。可以将这些参数提取出来，用于后续的预测和分析。得到最优的参数后可以使用已训练好的高斯峰值模型进行预测了。有了最佳的参数值，企业就可以使用高斯函数来预测新的数据。例如，如果企业有一个新的员工体验旅程满意度得分，可以使用代码来预测对应的 eNPS，如图15-19所示。

```R
1    predicted_eNPS = gaussian(satisfaction_score, a, b, c)
```

图15-19 代码预测对应的 eNPS

基于训练好的高斯峰值模型，当员工体验旅程满意度为8分时，预测的 eNPS 值为47.07。这是一个预测值，实际的 eNPS 值可能会有所不同，因为这个模型并不能完全精确地捕捉所有影响 eNPS 的因素。然而，这个预测值可以作为一个参考，帮助企业理解员工体验旅程满意度如何影响 eNPS。

最后，需要根据业务背景和实际情况来解读预测结果。例如，可以分析

eNPS的变化趋势，或者探究哪些因素可能影响员工满意度和eNPS。

（3）神经网络模型

神经网络模型是一种更复杂的预测模型，适用于处理非线性和高维度的数据。例如，可以用神经网络模型来预测员工的满意度，其中输入可以包括员工的个人特征（如年龄、性别、教育程度等）、工作特征（如工资、工作时间、工作压力等）和环境特征（如团队氛围、上级领导风格等）。神经网络模型可以捕捉这些因素之间的复杂交互关系，并给出精确的预测。

15.8 员工体验持续测量与自动化

虽然在当前的工作环境中，企业已经看到自动化和数字化转型的迅速发展，它改变了员工的工作方式，并对员工体验产生了深远影响。根据调查，30%的IT领导者表示，他们目前没有适当的流程或指标来评估员工体验。而在剩下的70%的IT领导者中，很少有人能够建立起对应当今工作场所所需的强大指标和评估策略。这说明，尽管数字化和自动化转型正在进行中，但大部分企业在员工体验测量方面仍有待提升。

这个问题的背后，显然涉及一些重大的问题。许多企业认为，采用全面的方式来衡量员工体验是昂贵的、令人生畏的且资源密集的。这可能是由于他们面临数据分析能力不足，或者没有足够的资源来实施和管理这种全面的测量方式。

员工体验测量工作辐射范围也是非常广泛的，建议企业设立专门的员工体验团队，负责相关的工作。在启动和建设员工体验项目的过程中，企业可以根据需要采用第三方自动化或数字化SaaS工具，这可以大大节约实践员工体验的时间和成本，加快员工体验测量在企业的发展进程。借助于自动化或数字化的员工体验测量工具，企业核心管理层能够更专注于关注组织的核心KPI，而无须过度依赖人力资源部门或IT部门的资源和专业知识，也不必因手动报告的烦琐而感到困扰。

换句话说，自动化工具能够帮助企业无人值守地收集和报告关于员工体验的各类数据，包括那些传统报告方式难以追踪的问题。例如，自动化工具可以自动采集和处理员工各类体验指标的数据，同时当满意度或其他各类指标评分低于阈值时，自动化工具还能发出预警，提供决策辅助，帮助企业更快地发现问题，将识别员工主观感受和自动化体验修复融为一体。这些工具还能对员工体验的发展趋势进行预测，并自动将解决问题的任务派发给相应的团队或者人员，这些都是传统方式无法达到的。

　　同样，企业也需要注意员工体验产生的洞察的重要性。基于数据的精细洞察和对数字工作流程以及它们如何影响员工参与度和生产力的全面理解，能够帮助企业更好地改善员工的体验。自动化的数据收集和报告方式让企业更容易进行持续性的追踪，这对于理解组织的发展轨迹以及如何将这些进展映射到员工反馈上，至关重要。

　　因此，这里提倡的是一种持续的测量方式，而非一次性的测量、长时间才进行一次的测量。把员工体验测量工作不断以自动化或数字化的方式进行迭代构建，企业才有可能真正意义上获得关于员工体验指标和趋势洞察，这将有助于塑造并维护一个快乐、忠诚、敬业并高效的员工队伍。

　　从根本上改变组织文化到一个由员工体验驱动的文化，不是一朝一夕的事情，文化的建设需要时间。保持耐心，看到结果需要时间，但回报也非常值得期待。

第 16 章

从客户体验
到员工体验

本章概要

　　本章将从另一个视角深入探讨员工体验，以展开客户体验与员工体验的相关促进关系。为了保障客户体验的高质量交付和一致性，企业需要重视员工的培训和发展，构建以客户为中心的组织文化，增强内部沟通，并克服信息孤岛现象等挑战。通过结合体验测量工具（如实时反馈收集和员工绩效考核与激励机制），企业可以进行有效的管理，确保客户体验的连贯性和卓越性，从而实现商业目标和增强竞争力。

16.1　员工体验和客户体验一致性的难点

在现代商业环境中，企业通常将客户体验和员工体验视为两个独立的单元。然而，深入探究这两个方面却揭示了一个不可忽视的真相：开展员工体验的根本目的是保障和激发出超预期的客户体验。实际上，客户体验的优劣在很大程度上取决于员工的态度、能力和投入。那么，在实际开展工作中去串联客户体验和员工体验时，究竟有什么难点呢？

针对这个问题，可总结为以下4点。

1. 组织文化和价值观的不一致

组织文化和价值观是影响员工行为和态度的关键因素。如果组织的文化和价值观没有与客户体验的目标相匹配，员工可能会感到困惑和沮丧。例如，某家零售公司一直强调客户满意度，但其内部激励结构与销售目标更紧密相连。员工因此更关注销售而非客户满意度。为了增加销售额，店员可能会推销并不适合客户的产品，忽视了客户的实际需求，从而导致客户体验受损。此外，由于激励与销售挂钩，员工间的竞争加剧，还会削弱团队协作，进一步影响服务质量。

2. 信息孤岛和沟通障碍

有效的沟通是确保员工与组织目标一致的关键。信息孤岛会导致信息流通不畅，员工可能无法理解工作与提供卓越客户体验的关系。例如，某家酒店集团实施了一项新的客户忠诚计划，但沟通不畅，售前服务的员工对该计划了解的信息不足。此计划涉及房间折扣、会员特权等多个方面的权益，由于沟通障碍，员工对优惠细则、适用条件等了解不全，从而在与客户沟通时提供了错误的信息，导致客户体验不一致，甚至引发投诉。

3.缺乏员工培训

员工需要适当的培训和支持才能满足客户的期望。缺乏培训可能会导致员工无法有效地满足客户的需求。例如，某家银行未能为员工及时提供有关新产品的充分培训，导致客户服务人员无法清晰解释产品详情。由于该产品涉及复杂的投资策略或风险管理，未经充分培训的员工可能会误解产品特性，向客户提供不准确的信息。这不仅降低了客户满意度，如果客户因误导而遭受经济损失，还可能带来法律风险。

4.技术和流程不兼容

员工需要标准工具和流程来提供一流的客户体验。如果技术和流程不兼容或过时，可能会降低员工的工作效率。例如，某家保险公司的系统老旧导致处理客户索赔的过程烦琐。在客户提出索赔请求后，由于系统限制，员工需要手动输入大量信息，而这些信息在横跨不同部门之间可能还需要重复录入。过程中的每一次手动操作都可能引入错误，导致客户信息丢失或错误，延迟索赔处理。由于流程效率低下，员工难以及时响应客户需求，从而影响了客户的整体体验。

在国内，实现客户体验与员工体验的一致性是一项复杂且艰难的挑战。然而，通过本土化的组织文化创新、数字化的沟通平台、个性化的员工培训和灵活化的技术与流程，企业有机会可以克服这些难点，实现客户体验和员工体验的真正一致性。这不仅有助于提升客户满意度，也有助于增强员工参与度和组织凝聚力，从而实现可持续的商业成功。

16.2　客户旅程映射与服务蓝图

客户旅程映射是一种描绘客户与企业在不同触点互动的可视化工具，用于展示客户从初次了解品牌到购买并转变为忠实客户的整个过程。这一过程通常包括多个阶段，如意识、考虑、购买、使用和忠诚。在员工（人）作为服务主要承接方的背景下，想要明确对应客户旅程映射到各部门和个体在客户体验中的角色，就需要借助另外一个工具"服务蓝图"，如图16-1所示。

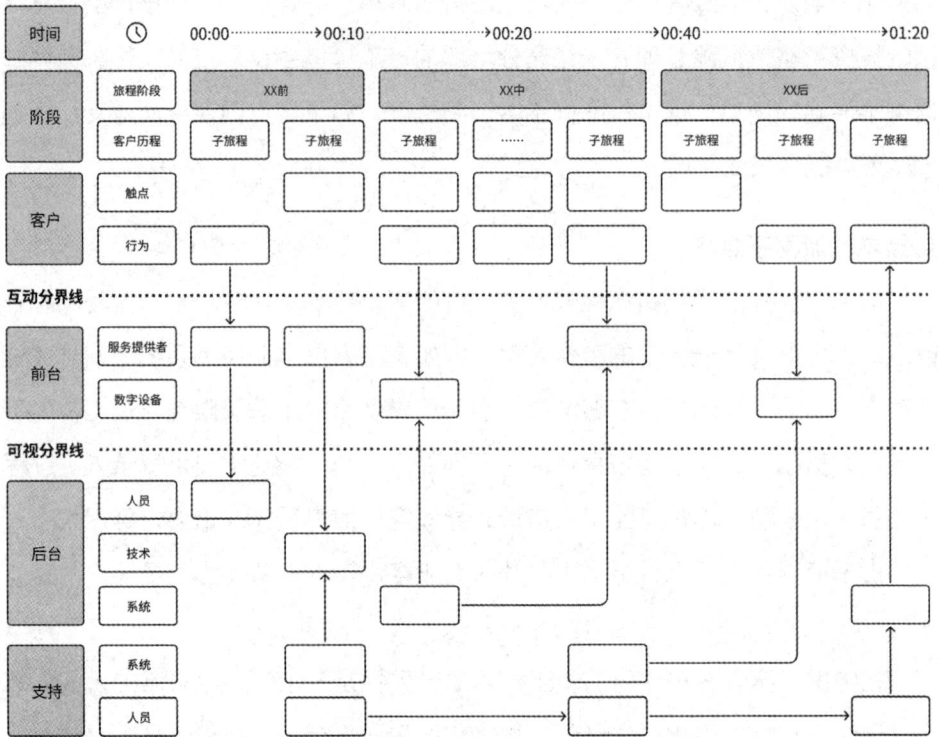

图16-1　服务蓝图

服务蓝图最早可追溯到20世纪80年代，美国学者G. 利恩·肖斯塔克（G. Lynn Shostack）和简·金曼·布伦戴奇（Jane Kingman Brundage）等人将工业设计、决策学、后勤学和计算机图形学等学科的有关技术应用到服务设计方面。随后1995年，瓦拉瑞尔·A. 泽丝曼尔（Valarie A. Zeithaml）和玛丽·乔·比特纳（Mary Jo Bitner）在她们出版的《服务营销》一书中，对服务蓝图法进行了综合性陈述。

服务蓝图，可以理解为是对客户旅程映射（或客户旅程地图）的补充。客户旅程映射的目的是了解终端客户的完整互动过程，包含情绪和想法。而服务蓝图则关注在企业内部的整体协作过程，从企业视角出发，基于客户旅程描述服务如何被提供，包括所有与服务交付相关的过程和互动。它描绘了客户、前台员工、后台员工之间的关系，以及技术和支持过程等。

在客户体验管理的日常工作中，服务蓝图能帮助团队成员厘清思路、理解服务内部支持流程，是分析服务、实现服务、跨组织沟通及维护服务的工具。随着服务场景触点的大爆发，客户并不会限定在固定的场所与企业发生交互，甚至服务场景不同，场所提供的服务也会有所不同。例如，在客户点外卖选择"配送"和"自提"时就会产生不同的服务蓝图。另外，客户对于服务的需求不仅仅是高效地完成某个任务，而是正向多元化、定制化、个性化的方向过渡。

从客户视角看，某些服务看似很简单，比如快递服务，但从企业内部来看，它涉及客户下单、订单处理系统、业务员、快递小哥、司机、分拣系统、物流规划、仓库管理等众多角色、复杂环节的内部协作。

通常情况下，客户体验不佳都是组织内部最薄弱的环节导致的。企业在协调复杂业务时，使用服务蓝图可以抽象出一个结构化框架，提供一个全局关系依赖图去审视当前的全面服务流程。通过服务可视化，全面了解服务依赖的内部支撑系统，找出业务流程中的客户体验峰值、等待点、失败点还有交叉收益机会，有助于从根源上挖掘导致内部缺陷，减少不必要的环节，串联激活失败点，提升业务效率和员工体验，协调应对未来变化。客户旅程映射结合服务蓝图，可以更精确地将客户体验归因到具体的业务部门和个体身上。

以某航空公司为例，我们可以看到服务蓝图如何发挥作用。该企业可以通过服务蓝图详细了解从机票预订到行李提取的整个客户旅程，并找到优化点。

（1）预订阶段

● 客户体验：客户能够在多个平台上轻松预订机票，但可能因为系统延迟或页面混乱而感到困扰。

- 员工体验：客服人员需要同时处理多个平台的查询和预订请求，可能感到压力和混乱。
- 优化方案：通过服务蓝图分析，企业引入统一的预订平台，简化客服人员的工作流程，同时提供更一致的客户体验。

（2）值机阶段

- 客户体验：自助值机服务为客户提供了便利，但硬件故障或流程不清晰可能导致混乱。
- 员工体验：地勤人员可能会因为不了解新技术或缺乏协调而感到挫败。
- 优化方案：服务蓝图可以揭示流程痛点，并通过员工培训和更清晰的指示提高效率。

（3）登机与飞行阶段

- 客户体验：客户期望的舒适飞行体验可能会受到座位质量、食品选择等因素的影响。
- 员工体验：空乘人员需要确保客户满意，但可能因为工作压力或与后勤人员协调不足而感到挫败。
- 优化方案：通过服务蓝图分析后，企业可以调整座位分配、餐饮服务等，同时改善空乘人员的工作流程。

（4）行李提取阶段

- 客户体验：行李提取的效率直接影响客户满意度，延迟或错误可能引发客户不满。
- 员工体验：地勤人员需要协调多个环节，包括卸货、分类、传送等，可能感到混乱和压力。
- 优化方案：通过服务蓝图分析，企业能够调整流程和资源，使地勤人员的工作更顺畅，同时提升客户体验。

该航空公司的这一案例展示了服务蓝图如何协助组织深入了解客户旅程的

每个阶段，找到优化点。客户体验和员工体验在整个旅程中紧密相连，企业通过系统地分析和改进这些触点来提升服务的质量和效率。

当然，尽管企业知道在客户体验和员工体验方面确实存在问题，但要准确了解它们之间的关联关系强度、需要改善的重要紧急程度，以及这些问题究竟属于哪些部门和哪个员工，还需要进一步地延展和分析。

16.3 关键绩效值指标（CE KPI）

现在，客户体验和员工体验之间的联系比以往任何时候都更紧密。关键绩效值指标（CE KPI）通过寻找客户体验指标（CX KPI）和员工体验指标（EX KPI）之间的共通之处，来拉通客户体验、企业运营和员工体验指标之间的关系，如图16-2所示。

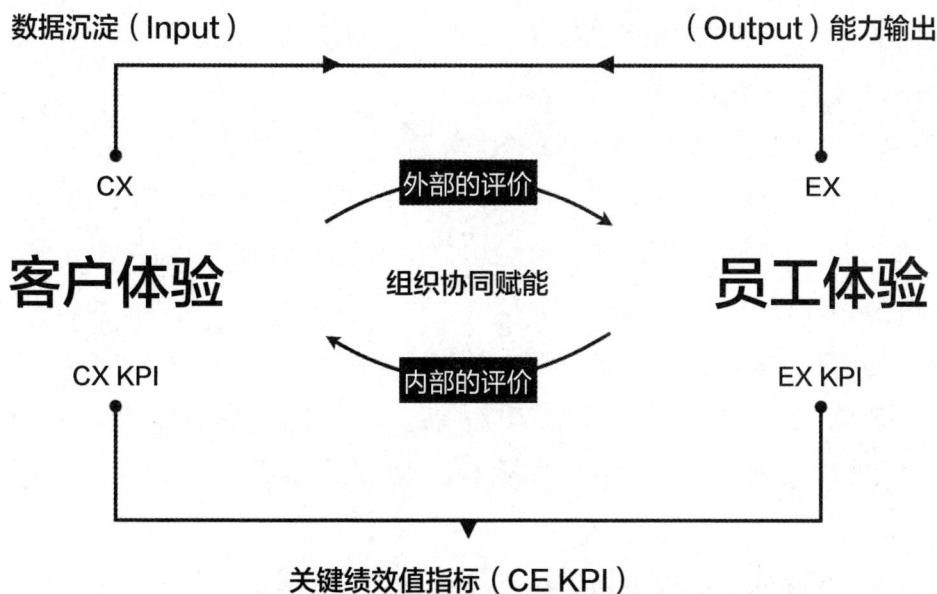

图16-2　客户体验和员工体验的指标拉通

随着客户行为的转变和市场竞争的加剧，CE KPI成为衡量和改善客户体验和员工体验的关键工具。服务利润链理论强调了员工满意度、客户满意度和企业利润之间的相互关系，通过客户体验指标（如客户满意度、净推荐值）和员工体验指标（如员工满意度和员工敬业度），企业可以构建一种共治的新模式。感知价值理论揭示了客户体验基于功能价值和情感价值，而员工参与理论强调了员工效率和幸福感在提高客户服务的质量和满意度方面的重要性。整合型客户体验管理模型通过服务蓝图和客户旅程映射，强调了企业内外部的整合。这些理论和实践结合，使企业能够通过传送带式的体验改善方法从外部客户的体验表征来反推企业内部做得还不够好的地方，从而确保资源的有效分配，并有针对性地提升客户体验和员工体验。

以航空公司为例，从机票预订到飞行服务，再到行李提取，客户的每一个触点都涉及航空公司员工的参与。如果客服人员在处理预订请求时感到压力和混乱，那么客户很可能会感受到这种压力，体验到服务的不连贯。同样，如果地勤人员没有得到适当的培训和资源支持，可能就无法及时处理行李，从而影响客户的整体满意度。

在这种情况下，CE KPI（如客户满意度评分、解决时间、转介率等）就显得尤为重要。这些 CE KPI 不仅衡量了客户体验的质量，还反映了员工的工作环境和效率。员工对流程的理解、工具的可用性和培训的质量等方面都会直接影响这些 CE KPI。

通过密切关注这些 CE KPI，组织可以识别出哪些流程和工具对员工体验和客户体验产生了阻碍，并可以采取适当的行动进行改进。例如，如果发现解决时间过长，可能就需要审查工作流程，确定是工具问题还是培训问题，然后采取相应的措施。

客户体验和员工体验是两个相互关联的方面，而 CE KPI 则是连接这二者的桥梁。以航空公司为例，在客户旅程映射和服务蓝图的基础上，把客户视角的体验指标和员工视角的体验指标进行相互打通。

（1）预订阶段（如表16-1所示）

表16-1　航空公司预订阶段的 CE KPI（示例）

类型	指标	解释
客户体验指标	查询响应时间	客户提出查询请求后，系统或客服人员多久能回应，直接影响客户满意度
	网站/应用程序的可用性和易用性	客户在使用预订平台时的便利程度，反映了用户界面设计的合理性
	价格透明度	所有价格都清晰标明，让客户明了无误，提高客户的信任度
员工体验指标	系统操作效率	预订系统是否方便员工使用，员工能否快速完成操作
	客户信息可获取性	员工能否容易获取必要的客户信息，以为客户提供个性化服务
	内部协作流程	不同部门员工之间的沟通和合作流程是否顺畅

（2）值机阶段（如表16-2所示）

表16-2　航空公司值机阶段的 CE KPI（示例）

类型	指标	解释
客户体验指标	自助值机流程的简易程度	自助值机的流程是否简单易懂，客户能否轻松完成
	排队等待时间	客户在值机柜台等待的时间，直接影响客户出行效率和客户满意度
员工体验指标	值机系统的稳定性和易用性	值机系统是否稳定，员工能否快速、有效地完成值机工作
	与其他部门的协同工作效率	与安保、机场运营等部门的协作是否顺畅，影响整体效率

（3）登机与飞行阶段（如表16-3所示）

表16-3　航空公司登机与飞行阶段的 CE KPI（示例）

类型	指标	解释
客户体验指标	座位舒适度	座椅的设计和质量，直接关系到飞行体验的舒适程度
	餐饮质量和选择	食物的口感、选择的多样性，可以提升飞行期间的客户满意度
	娱乐设备的多样性和质量	娱乐设备的选择和质量，关系到飞行的愉悦体验

类型	指标	解释
员工体验指标	空乘人员工作流程的顺畅程度	空乘人员的工作流程是否合理，能否高效服务客户
	后勤人员的支持和协调	后勤人员如何支持空乘人员的工作，能否及时解决问题
	空乘人员的培训和资源可用性	空乘人员的培训是否充分，所需资源是否充足，能否满足工作要求

（4）行李提取阶段（如表16-4所示）

表16-4　航空公司行李提取阶段的 CE KPI（示例）

类型	指标	解释
客户体验指标	行李提取速度	行李传送带的速度，直接影响客户的等待时间
	失误和延误的处理效率	遇到行李延误或失误时，如何迅速解决问题，减少客户的不便
员工体验指标	行李处理系统的效率	行李处理流程是否合理，员工能否高效完成任务
	与其他部门（如机场安保、清洁等）的协同工作	各个部门之间的协作是否顺畅，影响整体服务效率

　　这些指标不仅反映了客户的期望和体验，还揭示了员工在提供服务过程中可能遇到的挑战和机遇。通过监测和分析这些指标，航空公司可以更好地理解整个客户旅程，并找到优化客户体验和员工体验的机会。无论是航空公司还是任何依赖于卓越客户服务的组织，理解并优化这些 CE KPI 都是确保员工和客户满意的关键所在。

16.4　反馈和沟通渠道的建立

　　客户的声音成了企业成功的关键因素之一，建立有效的客户反馈和内部沟通协作渠道是促进优秀客户体验和员工体验的关键一环。然而，这一过程并不简单，它要求企业不仅要通过多样化的渠道收集客户的声音，还需要确保这些声音能在企业内部得到准确、及时地传递和处理。这就需要企业建立有效的反馈和沟通渠道，只有这样才能真正实现以客户为中心的运营策略，把客户的需求和期望转化为可行的解决方案。

1. 建立多渠道的客户反馈机制

数据的收集与分析在整个客户体验中占据核心地位。为了实现这一目标，企业需要采用即时、全流程的"碎片式"声音抓取方式，构建多渠道的客户反馈体系，将客户的意见和建议转化为改进产品或服务的资源库。这一资源库不仅涵盖了客户的反馈和投诉，更涉及了与客户互动的全方位信息。通过这些数据，企业可以进行深入地整理、统计与分析，进而形成关于产品或服务问题的分类、客诉的解读，以及调研问卷的精确设计与实施等多方面的洞察。具体做法如下：

- 在官网、App等设置明显的反馈入口，如满意度调查问卷、在线反馈表单、人工客服等，方便客户提出建议；
- 在社交媒体上与客户互动，关注客户反馈和评价，进行主动沟通；
- 设置专线电话、邮箱、微信、钉钉等传统沟通渠道，保证客户能随时反映问题；
- 采用人工智能和聊天机器人，实现7×24小时的主动服务和反馈收集；
- 定期面向客户发出满意度调查和产品使用反馈表，鼓励客观建设性的反馈意见。

2. 建立快速的反馈处理机制

收集到客户反馈后，企业需要建立快速响应的内部处理机制。该机制的关键目标是创建一个敏锐且精准的结构，能够实时捕捉并识别客户的反馈和不满情绪，以便对产品或服务可能出现的问题进行深入探讨和分析。通过整合X-Data（体验数据）和O-Data（运营数据），该机制不仅促进了问题的实时定位，还为企业提供了深入了解客户需求和期望的关键信息，从而能更有效地响应和满足他们的需求。具体做法如下：

- 建立反馈分类制度，根据反馈性质区分优先级，确保高风险反馈得到及时处理；
- 构建工单系统，反馈信息可自动分配到负责的部门，明确处理时间和标准；
- 建立问题升级制度，关键反馈或超时未处理的反馈将自动提升至高层管理者来干预；
- 引入客户关系管理系统，记录客户反馈处理过程，避免重复劳动；
- 设立客户反馈处理的考核与激励制度，提高员工处理反馈的积极性。

3. 建立畅通的内部沟通渠道

依托"以客户为中心"的经营理念，企业与各部门紧密合作，迅速构建并执行客户体验改善计划，确保客户满意度逐渐提升，并促进客户忠诚度的形成。在整合型客户体验管理模型的背景下，这强调了跨部门协同合作的重要性，确保从客户体验到企业内部运营和员工体验的无缝对接。为实现这一目标，企业需要设立项目组形式的团队协作模式，创建灵活的内部沟通通道，从而确保信息流通无阻，所有部门能够有效协同，同时还要将体验责任明确地与客户反馈直接联系起来，并及时分配责任（如通过工单系统的直接关联）。具体做法如下：

- 创建社交化的内部沟通平台，让员工自由交流想法和信息；
- 定期开展跨部门交流会，研讨客户反馈解决方案；
- 制定明确的问题升级制度，可直接向高层管理者反馈关键的客户需求；
- 优化信息共享系统，实现销售、运营等部门信息互通；
- 定期开展员工满意度调研，收集员工反馈意见；
- 鼓励员工反馈工作流程缺陷，以持续优化工作流程。

4. 建立反馈和沟通闭环机制

建立反馈和沟通闭环机制，确保从反馈的收集、传递到问题的解决都能实现连贯、无缝地流转，从而消除系统的分离和客户体验与企业运营的脱节情况。通过整合 X-Data 和 O-Data，将体验赋能融入企业的整体运营。具体做法如下：

- 对每项反馈进行闭环式追踪，及时向客户反馈解决结果；
- 优化反馈平台，客户可以查询反馈进度和结果；
- 对解决方案进行客户验证，确认其满意度；
- 按期对反馈渠道和内沟通流程进行评估与优化；
- 构建客户反馈分析模型，持续优化产品与服务。

建立反馈和沟通闭环机制不仅标志着客户反馈和内部沟通协作渠道的完整化，还确保了客户的声音得到真实反映和有效响应。通过不断追踪和优化，企业可以确保从收集反馈到解决问题的每一步都紧密相连，实现流程的连贯性。整合 X-Data 和 O-Data，并将体验赋能融入企业的全方位运营，可以有效消除系统的割裂，进一步提升客户体验。通过建立全面、多维度的客户反馈和沟通渠道，企业不仅能更好地理解客户的需求和期望，还能将这些理解转化为实际行动，推动企业不断向前发展，实现客户和企业双赢的目标。

16.5　数据分析与归因方法

以航空公司为例，根据外部的客户体验问题声音，可以追溯到航空公司内部的改善点。例如，针对航空公司"排队等待时间过长"的问题，首先通过分析客户的反馈来定位问题的根本原因，然后深入了解相关部门和服务人员（如机场运营部门和值机区域经理），以找到可能的解决方案。

具体的机制可能包括以下步骤：识别问题来源（如客户的直接反馈或体验关键绩效指标）；分析涉及的部门和角色（如值机区域的管理层和一线员工）；深入探索问题的根本原因（如值机柜台不足或员工效率低下）；制定和执行针对性的改善措施（如增加值机柜台或加强员工培训）；通过持续监测和与服务人员的沟通，确保改进措施得到有效执行。

企业可以通过制作表格的方式来清晰地识别和理解客户体验问题，以及这些问题是如何与特定部门、角色和员工相关联的，如表16-5所示。这样的信息可以作为改善客户服务的基础，使企业能够精确地定位问题，并采取针对性的措施进行改进。

表16-5　客户体验问题归因员工体验（示例）

客户体验环节	体验问题	问题来源	相应部门	相应角色	具体员工	可能的解决方案
预订阶段	查询响应时间慢	客户反馈、CE KPI	客服部门	客服经理	客服代表（如张三）	优化客服流程、增加人员等
	网站/应用程序难以使用	客户调查、CE KPI	技术部门	UI/UX设计师	设计师（如李四）	重新设计用户界面、改善客户体验
	价格信息不透明	客户投诉、CE KPI	营销部门	定价策略经理	定价团队成员（如王五）	清晰标明所有价格、优化定价策略
值机阶段	自助值机流程复杂	客户反馈、CE KPI	机场运营部门	自助服务经理	自助机维护人员（如赵六）	重新设计自助值机流程、提供说明等
	排队等待时间过长	客户反馈、CE KPI	机场运营部门	值机区域经理	值机柜台负责人（如张七）	增加值机柜台、改进自助值机流程等
登机与飞行阶段	座位舒适度差	客户调查、CE KPI	维护部门	舱内设备经理	维护人员（如李八）	更换座椅、定期维护等
	餐饮质量差	客户反馈、CE KPI	餐饮部门	餐饮服务经理	空乘人员（如王九）	更换食品供应商、提供更多的食物选择等
	娱乐设备的多样性和质量差	客户投诉、CE KPI	娱乐设施部门	娱乐设施经理	娱乐设备维护人员（如赵十）	升级娱乐系统、提供多样化选项等

客户体验环节	体验问题	问题来源	相应部门	相应角色	具体员工	可能的解决方案
行李提取阶段	行李提取速度慢	客户反馈、CE KPI	机场运营部门	行李处理经理	行李处理人员（如刘一）	提高行李处理效率、增加人员等
	失误和延误的处理效率低	客户投诉、CE KPI	机场服务部门	客户服务经理	客服人员（如刘五）	简化流程、及时沟通等

以值机环节中"排队等待时间过长"这一体验问题为例，深入探讨其内在溯源逻辑。

● 客户体验环节：该问题出现在值机阶段。

● 体验问题：具体表现为客户在值机柜台排队等待的时间过长。

● 问题来源：可以从客户反馈或 CE KPI 中识别。

● 相应部门：机场运营部门负责解决这个问题。

● 相应角色：在机场运营部门中，值机区域经理主要负责监管整个值机区域的流程。

● 具体员工：名为张七的员工，他直接负责某个值机柜台的工作。

● 可能的解决方案：问题的解决可能涉及增加值机柜台、改进自助值机工作流程等措施。

以上分析揭示了从问题的出现到提供解决方案的整个逻辑链路。首先，问题被值机区域经理识别，随后可以追溯到负责具体值机柜台工作的员工（如张七）。这样的分析流程不仅有助于精确找到问题的根源，还能为提升客户体验提供具体的方向和措施。

另外，当问题发生在内部员工认知差距和员工职业素养/职业能力上时，可以通过"员工和客户双视角"（包括客户和员工的评价）、"客户高满意度与低满意度关联员工"两种方式进行组合分析，找到问题突出的具体员工，从而有针对性地提升客户体验。客户体验问题溯源结构如图16-3所示。

客户体验问题溯源

（某航空公司）

员工和客户双视角
比对分析

客户高满意度与低满意
度关联员工对比分析

员工自我评价 ⟷ 客户预期评价

客户低满意度关联员工 ⟷ 客户高满意度关联员工

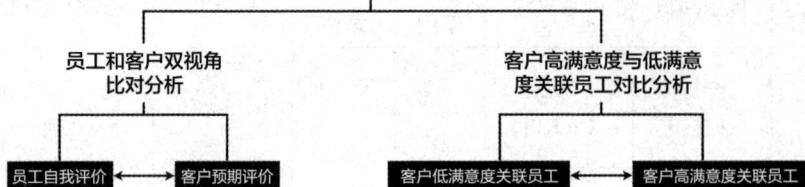

图16-3　客户体验问题溯源结构（以航空公司为例）

1.员工和客户双视角比对分析

这种分析方法可以通过让负责相应板块的员工对服务体验进行自我评价，并结合客户对服务体验的预期评价，来发现服务体验中的问题。

例如，在航空公司的飞机餐食服务上，我们解读第一组数据可以看出，客户对于服务满意度得分为3.2，员工对于服务满意度得分为4.5，如图16-4所示。那么在同一服务下，两者所表现出来的数据差距可能意味着员工的评价标准与客户的评价标准有所不同，需要进一步探索差异的根源并解决。可能的原因是员工认为提供的餐食符合或甚至超过了企业的标准，而客户的期望可能更高。这可能与航空公司的定位、客户群体、宣传等有关；还可能存在一些沟通障碍，使得员工无法充分了解客户对餐食服务的真实感受和期望；或者员工觉得他们在现有资源和供应链限制下已经做得很好了，而客户可能不了解这些限制，只看到最终的服务成果等。

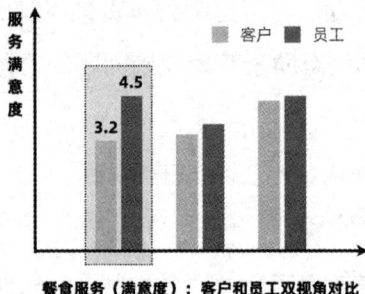

图16-4　飞机餐食服务（满意度）客户和员工双视角比对

这种对比分析在航空公司的飞机餐食服务中揭示了员工与客户在服务满意度上的显著差异，反映了双方对服务质量和标准的不同理解。这不仅暴露了潜在的沟通和期望管理问题，也指明了改善客户体验的方向、可能的培训缺陷以及企业战略与文化的一致性问题。通过深入分析这些差异，并采取针对性措施，企业可以更精确地找到问题的根源并有效改善客户体验。

2. 客户高满意度与低满意度关联员工比对分析

这种分析可以通过比较不同满意度水平的客户关联的员工在特定维度上的感受，来找出不同员工体验上的具体问题。

例如，在客户响应及时性上，通过解读第一组数据可以看出，客户低满意度关联的员工体验得分为2.7，客户高满意度关联的员工体验得分为4.3，如图16-5所示。在同一维度下，员工体验差距较大，是员工缺乏足够的资源来及时响应客户的需求（如人手不足、工具不足等），还是员工可能没有得到充分的培训来理解如何快速并有效地响应客户的需求，或是过于复杂的批准程序或沟通不畅等，需要企业进一步分析。

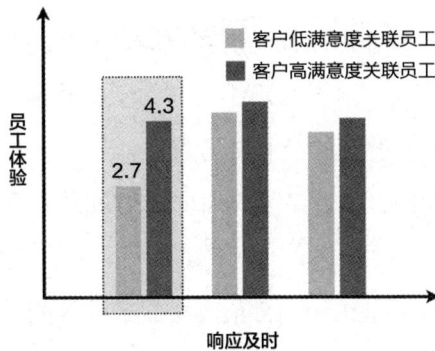

图16-5 响应及时性：客户高满意度关联员工与客户低满意度关联员工比对

这种对比分析揭示了可能存在的组织问题，并提供了解决这些问题的线索。要改善客户低满意度关联员工的表现，可能需要更多的资源投入、增加培训机会，以及审查并优化现有流程。同时，客户高满意度关联员工的成功也为企业提供了可复制的最佳实践。了解并运用这些成功因素，可能有助于提升整体的员工体验，从而进一步改善客户体验。

这两种对比分析方式可以帮助企业更准确地定位问题，制定有效的改进措施，从而提高员工的职业素养和能力，改善在员工体验，优化服务流程和沟通机制，最终提升客户体验。

16.6 激励与责任

激励机制的引入能够鼓励员工更加关注客户的需求和期望，从而提升服务水平。激励可以是物质的（如奖金、晋升机会），也可以是精神的（如荣誉和认可）。合理的激励机制能够激发员工的积极性，使他们主动去寻找提升客户体验的方法和途径。同时，明确企业各部门和员工在客户体验方面的责任和期望是激励机制成功实施的基础。每个部门和员工都应该明白他们在整个客户体验链路中的位置和作用。从接待客户、解答疑问，到提供专业的建议和售后服务，每一个环节都要有明确的责任人。

激励与责任的结合能够构建一个互相促进的正向循环。员工因为明确的责任感而更加关注客户体验，由此提高的客户满意度又能带来更多的激励，从而进一步促使员工提升表现。这一循环不仅有助于提升客户体验，还能增强团队凝聚力，营造积极向上、健康的企业文化。

同样以航空公司为例，通过以下详细步骤和案例展开。

（1）关于激励

员工激励机制可以说是组织内部最直接、最有效的动力引擎之一。它关乎员工的工作热情、积极性和整个企业的客户体验提升。

①明确目标和期望：企业需要明确员工在客户体验方面的具体目标和期望，如减少值机时间、提高飞机餐食质量等。

②激励方案的设计与实施：将员工在客户体验上的表现与奖金、晋升、表彰等挂钩。例如，可以设置每月的"最佳客户服务员工"奖项，提供物质和精

神奖励。

③持续监测与反馈：通过客户满意度调查、客户反馈等方式，持续监测员工的服务水平，及时给予反馈和指导。

④案例分享：机组人员的卓越服务。

情景：在某一国际航班上，一名机组人员发现一位身体不便的老年乘客似乎对座椅的操作有些困惑。这名机组人员主动走上前去，耐心地协助这位乘客，解释座椅的功能并展示如何使用。

结果：这位乘客因得到了及时和体贴的帮助而非常满意，飞行结束后特意向航空公司写了一封感谢信。随后航空公司在月度表彰大会上对这名机组人员进行了表彰，通过奖金和荣誉证书的方式进行了奖励。

影响：这个事件不仅提高了该机组人员的工作热情，还在全公司范围内引起了共鸣。其他员工由于受到榜样的启发，更加注重服务质量，努力发现并满足乘客的个性化需求。

（2）关于责任

①激励机制的实施离不开责任和期望的明确。在航空公司，明确各部门和员工在客户体验方面的责任，有助于形成良好的工作氛围和协同作战的团队精神。

②部门责任的划分：各部门需明确在客户体验方面的职责，如地勤部门负责值机流程，机组人员负责飞行过程的舒适度等。

③个体责任与目标的设定：每个员工应明确自己在整个服务体系中的位置和职责，设定切实可行的个人目标。

④责任落实与考核：通过定期的考核与评估，确保部门和个体责任的落实。未达到期望的部门或员工，应进行反思和改进。

⑤案例分享：成功处理飞行延误的危机。

情景：因为恶劣天气，某国内航班不得不延误飞行。地勤部门、机组人员和服务部门迅速形成了联合应对小组，共同商讨解决方案。

行动：a. 及时通报情况：机组人员及时向乘客通报了航班延误原因和预计延误时间，承诺会尽快解决；b. 安抚乘客情绪：服务部门提供了免费的食物、饮料和娱乐设施，地勤人员则耐心解答乘客的各种疑问；c. 紧密合作：3个部门保持密切沟通，共同协调资源，确保信息的一致性和服务的连贯性。

结果：虽然飞行延误了，但乘客大体上对处理结果满意。他们赞赏了航空公司的透明沟通和全面服务。

这两个案例显示了明确的责任分配和激励机制在危机处理中的重要作用。所有人都明白自己的任务和期望，也都相信自己的努力会得到认可和奖励。这种文化不仅有助于危急时刻的高效协作，还能长期提升全体员工的工作积极性和专业水准。通过激励与责任的双重作用，航空公司不仅能促进员工的工作积极性和热情，还能确保客户体验持续提升。在这个过程中，明确的目标、合理的激励、全员参与以及持续的监测与反馈是关键要素。

只有所有的轮子都朝着同一个方向转动，只有所有人都明白并认同他们的角色和责任，企业才能够创造一流的客户体验。从员工的个人成长到部门间的协同合作，再到整个企业文化的塑造，激励与责任无疑是连接这些要素的纽带。这不仅塑造了员工的职业素养，还在无形中提升了整个企业的品牌形象和市场竞争力。在新时代的客户体验管理中，如何巧妙运用激励与责任，将会是每一位从业者需要深入思考和不断实践的课题。